国家治理法治化研究文丛

孟庆瑜 主编

RESEARCH ON THE RULE OF LAW OF STATE GOVERNANCE

7

河北大学一流大学建设项目经费资助

河北省高等学校人文社会科学重点研究基地
——河北大学国家治理法治化研究中心资助

河北省社会科学基金项目"'新常态'背景下推进农村消费的政府干预问题研究"（立项编号HB15FX043）之最终研究成果

新常态背景下推进农村消费的政府干预研究

On the Government Interference to Promote the Rural Consumption under the Background of the New Normal

刘广明 尤晓娜 著

法律出版社 LAW PRESS·CHINA

《国家治理法治化研究文丛》

编　委　会

总　序

“完善和发展中国特色社会主义制度，推进国家治理体系和治理能力现代化”是党的十八届三中全会确立全面深化改革的总目标。在达致这一总目标的过程中，法治发挥着至关重要的作用。《中共中央关于全面推进依法治国若干重大问题的决定》进一步深刻指出，“依法治国，是坚持和发展中国特色社会主义的本质要求和重要保障，是实现国家治理体系和治理能力现代化的必然要求”。因此，如何将国家治理的现代化目标与全面推进依法治国的战略布局相结合，实现国家治理的法治化，不仅是党和政府需要全面推进的重大改革任务，而且是广大社会公众，特别是广大法律法学工作者必须积极参与的重大系统工程。正是在这样一个特定的时代背景下，河北大学国家治理法治化研究中心适时成立和运行，并成功获批为河北省高等学校人文社会科学重点研究基地。

河北大学国家治理法治化研究中心是依托河北大学人大制度与地方立法研究中心、河北省政府法治研究中心等学术机构，整合法学、政治学、经济学、社会学等多方面的科研力量创建的，与河北省人大常委会法制工作委员会、河北省人民政府法制办公室、河北省人民检察院和河北省高级人民法院等国家机关和法律实务部门之间已建立交流与合作长效机制。中心拥有一支政治素质高、业务能力强、富有团队协作和创新精神的专兼职相结合的学术队伍，主要围绕人大制度与地方立法、政府法治与政府执行力、社会治理与法治创新、京津冀协同发展与地方法治等方向开展科学研究、人才培养和社会服务等工作。迄今，中心在课题研究方面，承担国家社会科学基金项目近10项，其中，中心负责人孟庆瑜教授主持承担的国家社会科学基金重点项目《京津冀区域生态环境协同治理政策法律问题研究》填补了河北省在该领域的空白;在决策咨询与服务方面,接受省人大法制工作委员会、省政府法制办公室、省人民检察院等部门委托,承担委托起草、专家论证、立法后评估、检察公信力测评等工作 40 余项;在学术交流方面,承办或协办第三届海峡两岸能源经济与能源法学术交流会、第六届中国农村法治论坛、第九届中国财税法前沿高端论坛、中国经济法学研究会 2015 年年会、中国宪法学研究会 2016 年年会、第七届法治河北论坛等多次全国性或区域性学术会议。

"国家治理法治化研究文丛"是河北大学国家治理法治化研究中心创设的,由法律出版社负责的研究成果转化平台,着力对在国家治理及其法治化方面具有创新性、应用性的学术研究成果予以资助出版,以期能为推进国家治理体系和治理能力现代化这一总目标的实现做出应有的贡献。

河北大学国家治理法治化研究中心

"国家治理法治化研究文丛"编辑委员会

2015 年 12 月

目录

绪　论

一、研究背景和研究意义

（一）研究背景

1. 经济发展步入新常态

受国际金融危机的冲击和历史罕见的特大灾害影响，2008 年我国国内生产总值增长速度由 2007 年 13% 的增长率急速降至 9%，自此以后，我国国内生产总值再未达到 2007 年的增长速度（其中，2009 年为 8.7%，2010 年为 10.3%，2011 年为 9.2%），并在 2012 年进一步回落至 7.8%，此后一直保持在 6% ~7% 的中高速增长状态（其中，2013 年为 7.7%，2014 年为 7.4%，2015 年为 6.9%，2016 年为 6.7%）。[1] 另外，据国务院发展研究中心的测算，"十三五"期间，我国经济增速可能会保持在 7% 以下，甚至可能降到 6.3%。[2] 李克强总理在《政府工作报告》中指出，2017 年国民生产总值增长预期目标在 6.5% 左右。[3] 经济增长速度由高速增长转为中高速增长这一重大变化意味着我国经济发展进入了一个新阶段。习近平总书记将这一经济发展新阶段定义为新常态。2014 年 5 月，习近平总书记在河南考察时首次提及新常态，习近

---

〔1〕 相关数据来源于国家统计官方网站"年度统计公报"（http://www.stats.gov.cn/tjsj/tjgb/ndtjgb/）和 2017 年李克强总理所作的《2017 年政府工作报告》，载新浪网：http://news.sina.com.cn/china/xlxw/2017-03-05/doc-ifycaafp1903506.shtml，最后访问日期：2018 年 9 月 6 日。

〔2〕 参见张占斌、周跃辉：《释放消费红利：拉动增长引擎》，载《中国党政干部论坛》2015 年第 8 期。

〔3〕 参见李克强：《2017 年政府工作报告》，载新浪网：http://news.sina.com.cn/china/xlxw/2017-03-05/doc-ifycaafp1903506.shtml，最后访问日期：2018 年 9 月 6 日。

平总书记指出:“中国发展仍处于重要战略机遇期,我们要增强信心,从当前中国经济发展的阶段性特征出发,适应新常态,保持战略上的平常心态。”在步入“新常态”这一特定发展阶段之后,亟须创新经济发展方式,培育经济发展新功能,而其关键则在于有效扩大国内消费需求,充分发挥之于经济发展的基础性促进作用,唯有如此,方能实现我国经济发展由高速增长向中高速增长的平顺转变,才能推进我国经济进入高质量发展的新阶段。

2. 农村消费长期滞后

自改革开放以来,随着农村社会经济的发展、农民收入水平的提高,我国农村居民消费取得了长足进展,但总体来看仍处于滞后状态,消费总量不足、消费率过低、消费结构落后,尤其是与城市相比,差距悬殊,农村消费市场一直处于“启”而不“动”的状态。农村消费的持续低迷、长期滞后所带来的负面效应十分明显并相当深远,其不仅直接影响农民生活水平的提高,而且阻碍了农村经济的顺利发展和新农村建设的有效开展。[1] 农村消费滞后的原因复杂,但主要是市场自发选择的结果:资本逐利而动、农民消费能力不足、农村消费市场利润空间有限、农村消费市场经营成本较高等因素综合作用决定农村消费市场并非是一个可以轻易获利的“诱惑性”市场,现代化的、规模大的经营者不愿进入农村消费市场,由此造成了农村消费的滞后状态。长期以来的实践证明,单纯依靠市场机制自身作用,难以改变农村消费的滞后状态(至少在短期内是这样)。因而,需要外部力量介入以矫正农村消费市场的“市场失灵”状态。由此看来,政府干预是农村消费市场得以发展、融入现代经济的客观需要。[2]

新常态背景下,通过政府的适度干预以推进农村消费更是具有战略意义。因为较之于城市,由人口规模、发展水平等因素所决定,农村消费市场的发展潜力巨大,农村是扩大居民消费的“富矿”所在,农村是消费市场的一片“蓝海”,挖掘农民这个最大群体的消费潜力,可以更好地发挥消费的基础作用。[3] 推进农村消费是扩大内需的重要内核,其呈现的经济驱动效应对打通整个经济链

---

〔1〕 参见方婷婷:《新时期我国农村消费中的流通业影响发展研究》,载《商业经济研究》2016 年第 11 期。

〔2〕 参见刘广明:《农村消费市场开拓政府干预及其实现》,载《理论与改革》2011 年第 4 期。

〔3〕 参见成慧、王观、王浩:《2015 年,新常态下百姓消费底气从哪来?》,载《就业与保障》2015 年第 Z1 期。

条有着举足轻重的作用。[1] 李克强总理明确指出，要实现稳定增长，必须要挖掘农村居民消费潜力，可以更好地发挥消费的基础作用。其原因在于，"农民是我国最大的消费群体，消费层次与现有的工业产品档次和产业水平比较契合，通过推进农业现代化促进农民增收，可以激活农民潜在的巨大消费需求，为产业结构调整升级提供时间和余地"。[2]

（二）研究意义

1. 实践意义

作为一个应用性选题，本书的研究意义主要体现在实践层面，具体来说，主要包括以下方面：（1）为推进农村消费政府干预的长效机制构建提供理论指引。从已有实践来看，长效机制的缺失是导致农村消费长期滞后的制度性原因所在，在经济发展步入新常态这一崭新阶段的当下，若要实现对农村消费的适度干预进而有效推进农村消费，必须要构建相应的长效机制。这是本书的研究重点所在。在对新常态背景下推进农村消费政府干预长效机制构建的必要性进行分析、对新常态背景下推进农村消费政府干预长效机制构建的基本认知进行解读的基础上，从革新农民收入增长机制、强化农村公共产品供给机制、优化农村消费环境治理机制、完善农村消费经济激励机制、建立农村居民消费教育机制等方面进行了系统深入阐述，进而期冀为具体机制的构建提供必要理论指引。（2）为新常态背景下推进农村消费政府干预的着力点把握提供理论指引。在推进消费的过程中，消费增长点的确定与培育至关重要，其直接关系经济中高速增长的保持、经济结构的转型升级以及经济发展的创新驱动，唯有科学确定和有效培育消费增长点才能实现"以点带面"效应并真正促进消费发展。就农村消费推进的政府干预而言，其亦有"轻重缓急"之分。在新常态背景下，基于农村实际情况，亟须从农村文化消费、农村住房消费两个关键着力点入手，以实现农村消费的有效推进。通过对促进农村文化消费、引导农村住房消费这两大具体问题的深入阐述，期冀为具体工作的开展提供必要理论指引。

---

〔1〕 参见陈治国、李成友、辛冲冲、刘向晖、李红：《基于 OPLS 回归模型的农村金融对农村居民消费支出的影响效应研究》，载《经济与管理评论》2016 年第 2 期。

〔2〕 李克强：《以改革创新为动力，加快推进农业现代化》，载《求是》2015 年第 4 期。

2. 理论意义

除具有重要的实践意义外，本书的研究还具有一定的理论意义，这体现在很多方面。其中，最主要体现在提出从政府干预视角进行研究，这也是本书的最大理论创新所在。本书不仅对新常态背景下推进农村消费政府干预的必要性进行了全面分析，为政府介入农村消费领域的正当性提供了必要理论支持，而且对新常态背景下推进农村消费政府干预过程中所应秉持的基本理念、所应遵循的基本原则以及所应解决的基本前提进行了系统性阐释，进而勾勒出新常态背景下推进农村消费政府干预的理路。此外，本书对于新常态背景下推进农村消费重要性的阐释以及对推进农村消费既往政策的实践考察与成效分析也有具有一定的理论意义，也期冀借此引发学界对于农村消费问题的更多关注。

二、研究现状述评

从笔者所掌握的资料来看，当前对新常态背景下推进农村消费政府干预这一具体问题所进行的专门性研究还比较少，但对于农村消费及相关问题的研究不在少数，现概述如下：

（一）关于农村消费问题的研究

对于农村消费问题的研究历史久远，从 CNKI 检索的结果来看，最早可追溯至 20 世纪 60 年代，其代表性成果为舟展、尚农二位老师发表于《学术月刊》(1964 年第 4 期)的《论农村人民公社中积累获得消费的关系》一文，该文在对正确处理人民公社中积累和消费关系的意义及其特点进行论述的基础上，重点阐释了正确处理二者关系的原则和关键问题。但在 20 世纪末以前，农村消费问题都未引起学界的关注，这一状态在 1999 年发生了改变，当年所完成的成果无论是在数量上还是在质量上都有了巨大的飞跃。这一改变的时代背景是在因亚洲遭受经济危机冲击、我国外部经济形势发生重大变化的情况下，我国适时提出了扩大内需战略，旨在通过加强基础设施建设、扩大居民消费而确保社会经济的持续健康快速发展。其中，推进农村消费是扩大内需战略的关键节点所在，进而引起了学界对于农村消费问题的关注。研究者主要对农村消费市场的启动问题进行了深入研究，包括农村消费市场启动的意义、思路及相应制度建设等。时至今日，学界对农村消费问题的研究已经非常深入和全面，但已有研究主要出自于经济学、管理学以及社会学领域，来自法学或交叉学科领域的研究不多。同时,学界更多地是将农村消费问题定位于经济问题和管理问题而开展研究,但实际上农村消费的推进还关涉农村居民消费需求的满足、消费权益的实现与保障。因此,其还是一个法律问题。由此决定对于农村消费问题的研究还应该有一个更广阔的视野,应将其置于经济学、管理学、社会学、法学等多学科交叉研究的视阈之下。

(二)关于新常态与消费问题的研究

随着我国经济发展步入新常态这一崭新阶段,尤其是在习近平总书记对新常态进行系统阐释之后,学界开始关注新常态与消费这一问题。从笔者所掌握的资料来看,研究者主要对新常态推进消费这一问题进行了研究,代表性成果包括《经济新常态下消费发展的基本特征与主要对策》(易培强,《湖南师范大学社会科学学报》2015 年第 5 期)、《新常态下促进消费扩大和升级的税收政策》(付敏杰、张平,《税务研究》2015 年第 3 期)、《经济新常态下我国生态消费发展的困境及对策研究》(周红民,《甘肃理论学刊》2016 年第 2 期)、《消费新常态中信息消费可持续发展问题研究》(刘敏,《求索》2016 年第 5 期)等文。此外,还对新常态下消费发展趋势、消费需求变化、消费增长点、居民消费意愿等问题进行了研究。总体来看,对于新常态与消费这一问题的研究还有待深化。

三、研究方法和逻辑架构

(一)研究方法

在本书的写作中,主要采用了以下研究方法:

1. 实证分析法

研究对象的界定、研究思路的厘定是影响研究方法采用最关键的两个因素。就本书而言,一方面,其是以推进农村消费为研究对象,以政府干预为研究视角,并将研究置于新常态这一崭新时代背景下,属于典型的应用性研究;另一方面,在对新常态背景下推进农村消费政府干预这一应用性选题开展研究时,基本上是按照"提出问题—分析问题—解决问题"这一基本研究思路而渐次展开并据此搭建逻辑框架的。因此,实证分析法是本书所采用的首要研究方法。这一研究方法基本上贯穿于本书的整个写作过程中。

2. 系统分析法

农村、农业、农民问题向来盘根错节，相互交织，农村消费的推进就是一个关涉农民收入、农村公共产品与消费品供给、农村消费环境、农村消费文化等诸多领域的综合性研究课题，而政府干预视角的选取、新常态研究背景的设定，又进一步强化了这一选题的综合性特征。因此，在新常态背景下推进农村消费政府干预这一选题的研究过程中，还需采取系统分析这一研究方法。在本书的写作过程中，系统分析法的运用体现在很多方面。比如，在对新常态背景下推进农村消费政府干预的长效机制构建这一重点问题进行研究时，就主要运用了系统分析法，从革新农民收入增长机制、强化农村公共产品供给机制、优化农村消费环境治理机制、完善农村消费经济激励机制、建立农村居民消费教育机制等方面对长效机制的构建进行了系统阐释。又如，对新常态背景下推进农村消费的现实约束问题进行研究时，也主要运用了系统分析法，从农民收入、农村公共产品供给、农村消费环境、农村消费品供给、农村消费文化等方面对新常态背景下推进农村消费现实约束和农村消费长期滞后的原因进行了系统分析。

3. 历史分析法

新常态背景下推进农村消费的政府干预研究是一个时代性色彩特别鲜明的选题，但其并不意味着对其不需要进行历史反思，尤其是对推进农村消费这一研究内核而言更是如此。在推进农村消费这一问题上，我们曾经面临过与当下相似的问题，并且一直在不断探索。因此，对新常态背景下推进农村消费政府干预这一选题的研究还需采用历史分析这一研究方法。比如，对推进农村消费既往政策的实践考察及成效评价就主要运用了历史分析法。期冀通过对“家电下乡”和“万村千乡市场工程”两大政策实践的历史分析，总结经验、反思不足，以为新常态下推进农村消费科学路径的厘定提供必要参考。

4. 价值分析法

在新常态下，通过政府对农村消费的适度干预进而实现有效推进农村消费的目的，其直接关乎扩大内需战略的实现、关系社会经济的持续健康协调发展，但绝不能仅将其定位于经济问题，其还涉及农民消费权益的保护、农村民生水平的提高等问题。因此，价值分析法是本书所采用的又一重要研究方法。比如，对推进农村消费政府干预理念的厘定就主要运用了价值分析法，发展、权利、公平、民生、绿色等基本理念的提出就是在价值分析基础上所得出的结论。

此外,对推进农村消费政府干预原则的解读也主要是运用了价值分析法。

5. 比较分析法

在本书的研究中,还采用了比较分析这一研究方法。比如,对“家电下乡”“万村千乡市场工程”两大政策的成效分析就主要采用了比较分析法。又如,对新常态背景下推进农村消费政府干预的着力点探析也主要采用了比较分析法,农村文化消费和农村住房消费两大着力点的提出就是通过比较分析而得出的结论。

(二)逻辑架构

除绪论与后记部分外,本书共有五章,其逻辑思路和章节架构总体安排如下:

第一章,“新常态背景下推进农村消费的理论概述”。这部分主要探讨了以下问题:(1)新常态背景下推进消费的缘由分析。主要从经济学经典理论、我国经济发展方式转变、新常态的特定时代背景、发达国家和我国已有成功经验等四个方面对新常态下推进消费的缘由或必要性进行了深入分析,对新常态下推进消费的重要性进行了阐释。(2)新常态背景下推进消费的科学认知。一是对新常态下推进消费的前景进行了分析与判断;二是对新常态下推进消费的应有态度进行了分析。(3)新常态下推进农村消费的现状考察、意义阐释及前景展望。首先,对新常态下推进农村消费的现状进行了考察,包括所取得积极进展和所存在的不足;其次,对新常态下推进农村消费的意义进行了阐释,既体现在对经济稳定持续健康发展和农村社会发展的促进,又体现在对农村社会安定的保障;最后,对新常态下推进农村消费的前景进行了展望。(4)新常态背景下推进农村消费的现实约束分析。主要从农民收入、农村公共产品供给、农村消费环境、农村消费品供给、农村消费文化等方面对新常态背景下推进农村消费现实约束和农村消费长期滞后的原因进行了深入分析。

第二章,“推进农村消费既往政策实践考察及成效评价”。农民消费有效需求不足,农村消费市场开拓乏力,是我国社会经济发展中长期存在的一个突出问题。为促进农村消费进而助推经济发展方式的顺利转变,近年来,党中央、国务院不仅在“一号文件”中对农村消费问题多次予以强调,且相继推出了旨在推进农村消费的系列政策,对农村消费予以积极干预。其中,以“家电下乡”和“万村千乡市场工程”为典型代表。此部分就对“家电下乡”和“万村千乡市场工程”两大政策的实施进行了实践考察及成效评价。期冀通过总结经验、反思不足,为新常态下推进农村消费科学路径的厘定提供必要参考。

第三章,“新常态背景下推进农村消费的政府干预及其理路阐释”。该部分主要探讨了以下问题:(1)新常态背景下推进农村消费政府干预的必要性分析。主要从农村消费滞后的原因、农村消费市场发展的客观需要、政府的经济管理职能、新常态这一特定发展阶段的历史使命等方面对新常态背景下推进农村消费政府干预的必要性进行了全面分析。(2)新常态背景下推进农村消费的政府干预理念厘定。理念是规律性认识的凝练与升华。在新常态下,若要充分发挥政府在推进农村消费上的积极作用,确保能够实现政府的适时、适度干预,需秉持包括发展、权利、公平、民生、绿色等在内的基本理念。(3)新常态背景下推进农村消费的政府干预原则解读。在新常态下,若有效实现推进农村消费的目的,政府干预还需遵循包括尊重市场规律、保障农民权益、政府适度干预、资源倾斜性配置、政策推进与法律主治有效结合等基本原则,以对政府干预予以必要指导和应有约束。(4)新常态背景下推进农村消费政府干预的基本前提阐释。在政府干预农村消费的过程中,若要实现有效推进农村消费的目的,需着重解决好包括推进供给侧结构性改革、深化收入分配制度改革、加快政府职能转变、优化政府财政支出等在内的前提性问题,以农村消费的推进奠定坚实基础。

第四章,“新常态背景下推进农村消费政府干预的长效机制构建”。该部分主要讨论了以下问题:(1)新常态背景下推进农村消费政府干预长效机制构建的理论概述。一是对新常态背景下推进农村消费政府干预长效机制构建的必要性进行了分析;二是对新常态背景下推进农村消费政府干预长效机制构建的基本认知进行了解读。(2)革新农民收入增长机制。在对革新农民收入增长机制的意义进行阐释的基础上,主要对革新农民收入增长机制的关键节点进行了分析。(3)强化农村公共产品供给机制。在对强化农村公共产品供给机制的意义进行阐释的基础上,主要对强化农村公共产品供给机制的基本思路探讨,对强化农村公共产品供给机制的关键节点进行了分析。(4)优化农村消费环境治理机制。在对优化农村消费环境治理机制的意义进行阐释的基础上,主要从两方面对农村消费环境治理机制优化问题进行了论述:一是要强化农村消费安全性环境治理,二是要加强农村消费市场化环境培育。(5)完善农村消费经济激励机制。在对完善农村消费经济激励机制的意义进行阐释的基础上,主要对完善农村消费经济激励机制的关键节点进行了分析。(6)建立农村居民消费教育机制。在对建立农村居民消费教育机制的意义进行阐释的基础上,主要对建立农村居民消费教育机制的基本路径进行了分析。

第五章,新常态背景下推进农村消费政府干预的着力点探析。在推进消费的过程中,消费增长点的确定与培育至关重要,其直接关系经济中高速增长的保持、经济结构的转型升级以及经济发展的创新驱动,唯有科学确定和有效培育消费增长点才能实现"以点带面"效应并真正促进消费发展。就农村消费推进的政府干预而言,其亦有"轻重缓急"之分,唯有把握好重点问题,学会"弹钢琴",方能实现政府干预的目的,方能有效促进农村消费。在新常态背景下,立基于农村实际情况,在对农村消费进行政府干预、在推进农村消费的过程中,关键是把握好促进农村文化消费和引导农村住房消费两个关键着力点。

第一章　新常态背景下推进农村消费的理论概述

一、新常态背景下推进消费的缘由分析

（一）基于经济学经典理论的分析

经济发展是人类社会得以延续的基础所在，正因如此，经济学成了人类最关注的社会科学领域，几千年的人类文明在经济学领域结出了丰硕成果。以西方经济学理论为例，其自20世纪30年代中后期开始不断发展变化，并衍生出许多具体流派，各流派的关注重点不同，但几乎都对消费与经济发展问题有所研究，各流派的理论主张有别，但均认为消费对于经济发展具有重要意义。例如，西方古典经济学的代表人物亚当·斯密早就指出："消费是一切生产的唯一目的。"[1]大卫·李嘉图认为，消费是一切生产的自然目的，生产的自由发展必然包括一切形式的消费的发展，认为"资本由于不消费而增加，那就大错特错了"。[2] 凯恩斯在其《就业利息和货币通论》中提出，经济危机的根源在于有效需求不足，所以，需要通过需求管理来扩大有效需求。阿费里德·马歇尔则把消费需要之于生产的作用称为"指挥棒作用"，并提出："一切需要的最终调节者是消费者的需要。"[3]

---

[1] [英]亚当·斯密：《国富论》（下），杨敬年译，陕西人民出版社2001年版，第725页。

[2] 参见《马克思恩格斯文集》（第8卷），人民出版社2009年版，第534页。

[3] [英]阿尔弗雷德·马歇尔：《经济学原理》（上），朱志泰、陈良壁译，商务印书馆1981年版，第11页。

不同于其他问题,中西方经济学研究者在消费与经济发展问题上达成了非常高的共识,均认为消费对于经济发展具有十分重要的作用。马克思在批判继承西方古典经济学理论的基础上丰富了马克思经济学,并从消费与生产的辩证统一关系中论证了消费在社会生产、经济发展中的重要地位和作用,[1]其核心主张在于生产决定消费,消费反作用于生产。一方面,生产创造消费材料和消费对象,产品只有在被生产出来之后才能用于消费,生产规定消费的性质和方式,生产创造消费结构;另一方面,生产性资料的消费再生产出从事生产活动的劳动者,劳动产品只有在被消费后才得以最终完成,消费创造出新的需求,在观念上为生产提供了对象,成为推动生产发展的内在动力。[2] 其具体主张包括:(1)消费是需要的满足,没有需要就没有生产。人以其需求的无限性和广泛性区别于其他一切动物,马克思认为:“没有消费,也就没有生产,因为如果这样,生产就没有目的。”[3](2)消费是生产的实现。马克思认为,产品需在消费中得到证实,才成为现实的产品;没有实现消费或者消费不充分,则产品的价值无法对象化而只会导致资源浪费。(3)消费创造新的生产的需要。马克思认为:“消费创造新的生产的需要,也就是创造出生产的观念上的内在动机,后者是生产的前提……消费为生产创造作为内在对象、作为目的的需要。”[4]

从国内来看,绝大多数研究者认为,消费对于拉动经济增长至关重要,是长期经济发展的根本动力所在。迟福林认为,形成消费主导的基本格局,既是经济发展的内在动力,也是发展方式转变的基本目标。[5] 刘尚希认为,消费是目的,而生产只是手段。[6] 汪海波认为,消费长期得不到应有改善,不符合社会主义生产目的。[7] 夏斌明确提出,经济发展要“以消费为纲”。[8] 匡贤明认

---

〔1〕 参见刘金新:《马克思的消费理论及现实思考——以〈政治经济学批判导言〉为对象》,载《重庆理工大学学报》(社会科学版)2016 年第 8 期。

〔2〕 参见臧旭恒、贺洋:《坚持用马克思主义政治经济学指导消费经济理论研究》,载《马克思主义与现实》2016 年第 5 期。

〔3〕 《马克思恩格斯选集》(第 2 卷),人民出版社 1972 年版,第 27 ~ 33 页。

〔4〕 《马克思恩格斯文集》(第 8 卷),人民出版社 2009 年版,第 17 页。

〔5〕 参见迟福林:《第二次改革:中国未来 30 年的强国之路》,中国经济出版社 2010 年版,第 76 页。

〔6〕 参见刘尚希:《改革成效要以国民的“消费状态”来衡量》,载《中国发展观察》2007 年第 9 期。

〔7〕 参见汪海波:《再评“迷思论”——对〈破解中国消费不足论的谜思〉一文的商榷意见》,载《中国经济时报》2013 年 2 月 26 日,第 6 版。

〔8〕 参见夏斌:《如何实现消费为纲》,载《中国产业经济动态》2009 年第 15 期。

为,真正有利于经济持续、稳定发展的“新增长因素”,应该是以国内消费为主导的“结构变革因素”,而不是维持过去出口主导下的投资推动因素。[1] 文峰等人认为,扩大内需是实现经济增长的基石所在,而内需不足问题的解决归根结底还是取决于居民消费需求的增长。[2] 研究者除提出消费是国民经济持续发展基本力量这一主张,还通过各种方式对其进行了论证。李占风除依据经济学理论对消费的重要作用进行了分析,还通过对比研究得出了消费是拉动经济增长的最重要因素的结论。[3] 孙海涛等人利用数学模型、通过计量经济方法对消费之于经济增长的影响进行了分析,并得出消费需求系影响经济增长的最重要因素这一结论。[4]

(二)基于我国经济发展方式转变的分析

改革开放以来,随着我国市场经济体制的逐步确立,经济得到了长足发展,在很长一段时期保持在两位数的增长率,由此创造了世界经济发展奇迹。经济发展在取得显著成绩的同时存在严重问题,要素价格与资源配置间的矛盾突出,[5]突出表现为经济发展过分依赖于投资和出口,[6]而消费长期低迷、严重滞后,成为制约我国社会经济持续健康快速发展的“短腿”。相关数据显示,2007~2011年,我国投资率由41.6%上升到48.3%,最终消费率从49.6%下降到49.1%,作为最终消费主体的居民消费率则从36%下降到35.5%。[7] 而据世界银行的统计资料显示,世界平均消费率在78%左右(高收入国家为80%,中上收入国家为75%,中低收入国家为66%,低收入国家为75%)。[8] 另据统计,中国从2006年开始居民消费率已连续9年低于40%,而同期同等收

---

〔1〕 参见匡贤明:《消费拉动经济增长的理论探析》,载《中国井冈山干部学院学报》2015年第2期。

〔2〕 参见文峰、姚树荣:《居民消费与经济增长关系的实证分析及政策选择》,载《学术论坛》2002年第4期。

〔3〕 参见李占风:《消费对经济增长拉动作用的计量分析》,载《统计与决策》2008年第21期。

〔4〕 参见孙海涛、宋荣兴:《消费需求与经济增长关系的计量经济分析》,载《技术经济与管理研究》2012年第1期。

〔5〕 参见汪伟、郭新强、艾春荣:《融资约束、劳动收入份额下降与中国低消费》,载《经济研究》2013年第11期。

〔6〕 相关数据显示,我国外贸依存度曾连续多年高达70%左右。参见谢春玲:《新常态下提高居民消费率的政府行为选择》,载《现代经济探讨》2015年第11期。

〔7〕 参见谢春玲:《新常态下提高居民消费率的政府行为选择》,载《现代经济探讨》2015年第11期。

〔8〕 参见叶熠阳:《试论消费需求对安徽经济的作用》,载《时代金融》2015年第1期。

入国家的消费效率大多在60%以上。[1] 由此来看，我国消费率严重落后于世界平均水平，而与发达国家相比则更是相差悬殊。同时，居民消费支出与国民生产总值之比不仅远低于欧美发达国家，甚至低于印度、巴西等中等收入国家，这与我国世界经济大国的地位严重不相称。[2]

而更严重的是，不受限制的投资和过量的出口容易导致经济增长的供需失衡，并直接影响经济结构的优化和经济的稳定性。[3] 有数据显示，从2004年至2013年，全国最终消费对国内生产总值的贡献率由54.4%降至49.8%。[4] 消费的严重滞后造成拉动经济增长的“三驾马车”实际上是在“跛脚前行”，造成经济发展的内生能力日益减弱，而“两高一低”（高投资、高消费、低消费）的经济结构以及“两头在外”（原材料主要从国外采购、产品主要出口外销）的产业结构蕴藏着巨大风险。实际上，由消费低迷所引发的问题已然出现，突出表现为外部风险加剧、产能过剩、经济效益下降和金融风险积累，2008年金融危机中所遭受的重大困难是一个典型例证。[5] 2008年国际金融危机爆发后，因国际市场需求萎缩、贸易保护主义抬头，我国出口严重受阻，对经济增长的拉动作用明显减弱，投资与消费长期失衡造成的产能过剩急剧凸显，证明传统的依靠投资和出口拉动经济增长的模式已难以为继。[6]

近年来，我国经济发展速度趋缓、经济结构进入关键期的现实情况再次证明，我国经济发展方式亟须转变，过分依赖出口与投资、外延式的扩张发展不仅导致经济发展质量低下，而且造成不必要的资源浪费、能源消耗以及生态环境的恶化，并且亦被实践证明是不可持续的。在实现经济发展方式转变的过程中，必须要高度重视消费之于经济发展的“引擎”作用，通过推进消费为我国经

---

[1] 参见张国光：《有效消费不足与经济可持续增长》，载《西南金融》2015年第12期。

[2] 参见丁丽琼：《消费需求发展变化趋势及其应对措施》，载《湖南行政学院学报》2015年第3期。

[3] 参见王保花、鹿方圆：《我国农村居民消费行为特征及影响因素研究》，载《理论与改革》2016年第1期。

[4] 参见张斌峰：《释放消费潜力引领消费新常态——陕西消费转型升级的路径调查》，载《陕西日报》2016年2月24日，第12版。

[5] 实际上，消费需求严重不足、经济增长过于依赖投资和出口的结构性矛盾在1997年亚洲金融危机时已经暴露。为应对外需严重萎缩的问题，中央政府采取了扩张性的财政政策和扩张性的货币政策，依靠政府主导的投资急剧增加保证了经济增长的相对稳定。

[6] 参见谢春玲：《新常态下提高居民消费率的政府行为选择》，载《现代经济探讨》2015年第11期。

济发展提供支撑最强、最持久的动力。[1] 由此不难看出,推进消费是加快经济发展方式转变的内在要求,是实现经济结构优化升级的必然选择,[2]是提高经济增长质量、增强经济增长内生动力的重要条件。[3] 尤其是在世界经济复苏前景不明、外需日趋疲软的现实情况下,积极扩大消费需求、不断提升内生动力是促进我国社会经济持续健康快速发展的关键所在。[4]

(三)基于新常态这一特定时代背景的分析

新常态是历史任务与现实问题共同催生出的新境遇,是国内外因素综合作用而造就的新阶段。从世界范围看,自2008年国际金融危机发生,世界经济进入了深度调整阶段,消费需求呈现常态性萎缩,"全球化红利"逐渐衰退;从中国国内看,我国经济处于转型升级关键期,过去的"三高式"(高投入、高污染、高增长)发展模式已难以为继,中国经济发展的传统动力呈现衰减趋势,经济发展方式亟待转型。[5]

作为一个不同于以往的经济发展新阶段,经济发展新常态绝非西方所称的"危机之后经济恢复的缓慢而痛苦过程",而是我国经济在实现30多年高速增长后的稳定"换挡",是在国家宏观经济政策许可的正常运行区间进入新阶段的标志,是在经济增速"换挡期"、结构调整阵痛期、前期刺激政策消化期叠加的新时期,加快推进经济结构战略性调整的战略选择。[6]

2014年11月9日,习近平总书记在亚太经合组织(Asia-Pacific Economic Cooperation,APEC)工商领导人峰会上作题为《谋求持久发展　共筑亚太梦想》的主旨演讲,对新常态予以系统阐释。习近平总书记指出,中国目前所进入的经济新常态阶段主要有以下几个特点:一是从高速增长转为中高速增长;二是经济结构不断优化升级,第三产业、消费需求逐步成为主体,城乡区域差距逐步缩小,居民收入占比上升,发展成果惠及更广大民众;三是从要素驱动、投

[1] 参见徐科:《消费需求渐成支撑经济增长持久动力》,载《证券日报》2014年11月5日,A02版。
[2] 参见江泽清:《新常态下江苏淮安城镇居民消费领域新特点》,载《统计科学与实践》2016年第1期。
[3] 参见马晓旭:《家电下乡政策对农村可持续发展的影响》,载《价格理论与实践》2010年第9期。
[4] 参见王婷:《新常态下烟台消费领域新特点》,载《中国统计》2015年第7期。
[5] 参见张艳涛:《新常态境遇下中国消费文化建设路径探析》,载《山东社会科学》2016年第1期。
[6] 参见张慧芳、朱雅玲:《新常态下中国经济自主协调发展的驱动力模型——基于消费主导视域》,载《现代经济探讨》2015年第2期。

资驱动转向创新驱动。[1] 由此可见，在经济发展步入新常态这一新阶段之后，经济发展将"从高速增长转为中高速增长"，过去的经济发展方式已不可持续而亟须转变，其关键就是实现"从要素驱动、投资驱动转向创新驱动"，并且从发展趋势来看，"第三产业、消费需求逐步成为主体"。其中，消费作为有效配置社会资源的重要依托与拉动经济增长的根本动力起至关重要的作用，[2] 其能否适应新常态、服务新常态进而引领新常态关系着我国社会经济能否实现更加稳健、更有质量、更可持续发展。2014 年 12 月，中央经济工作会议在北京召开，此次会议从九个角度全面阐释了新常态的主要特征，并将消费需求特征放在第一位予以阐释，进而提出，在新常态下，必须要"采取正确的消费政策，释放消费潜力，使消费继续在推动经济发展中发挥基础作用"。[3] 为此，当前必须要有积极推进消费总量增长、加快推进消费结构升级、大力推动消费创新发展、充分发挥消费驱动作用，这既是创新经济发展新动能的当务之急，又是实现经济发展方式转变、经济结构调整的长期战略任务。[4] 总之，在经济发展进行新常态这一新阶段后，要实现经济发展由高速增长向中高速增长的平顺转变，"调结构、稳增长、促转型、扩消费"成为促进经济社会发展的基本要求，而要确保我国经济发展平稳进入持续健康轨道，就必须要积极推进消费，使其成为经济增长的新动力。同时，从一定意义上讲，没有消费的有效开展，就不会有经济发展中高速增长的实现。[5]

（四）基于发达国家和我国已有成功经验的分析

理论和实践均证明，"一切需求的最终调节者是消费者的需求"，只有依靠消费拉动的经济增长才是可持续的、良性的经济增长。[6] 发达国家经济发展的实践表明，当一个国家进入工业化中期阶段以后，消费需求将成为一国经济

---

〔1〕 参见《习近平首次系统阐述新常态》，载新华网：http://news.xinhuanet.com/world/2014-11/09/c_1113175964.htm，最后访问日期：2018 年 9 月 20 日。

〔2〕 参见文启湘：《消费经济学》，西安交通大学出版社 2005 年版，第 24～25 页。

〔3〕 参见《中央经济工作会议在京召开》，载新华网：http://www.xinhuanet.com/fortune/cjzthgjj/84.htm，最后访问日期：2018 年 9 月 20 日。

〔4〕 参见文启湘、文晖：《加快推进消费转型升级——新常态下消费发展的若干思考》，载《消费经济》2016 年第 1 期。

〔5〕 参见张敏：《对城乡居民消费拉动经济增长的思考》，载《合作经济与科技》2015 年第 7 期。

〔6〕 参见马晓旭：《家电下乡政策对农村可持续发展的影响》，载《价格理论与实践》2010 年第 9 期。

增长的主要动力,消费率会得到逐步提高。[1] 为顺利实现这一过程,应积极推进消费、实现经济发展方式转型。以日本为例,从20世纪50~60年代开始到20世纪70年代这一阶段,日本经济经历了持续20年的高速增长,但在1973年受世界石油危机的影响,日本经济增长急剧减缓,为实现经济的稳定发展目标,日本政府从多角度培育消费增长、全力推进消费发展,而后来的事实也证明,日本这一选择是正确的,对于消费的促进以及消费增长点的培育使得消费需求逐渐成为日本经济发展的重要支撑,进而实现了经济的稳定及发展。[2] 我国目前正处于工业化中期向工业化后期的过渡阶段,亟须转变经济发展方式,推动消费需求成为拉动经济增长的主导力量,实现由生产大国、出口大国、向投资大国、消费大国的转型,将消费打造成我国未来经济发展的"主引擎"。[3] 因此,在当前世界经济前景不明、复苏乏力的外部环境下,在我国经济发展进入新常态的时代背景下,在出口、投资两大经济增长引擎不再像过去那么强劲之际,我们可以借鉴发达国家的已有成功经验,扩大消费需求、推进消费增长、优化消费结构,将消费适时提升至促进经济增长的主体地位,使其成为支撑我国经济持续健康稳定发展的重要引擎。

我国已有实践亦证明,推进消费是扩大内需的关键所在,对于实现经济的持续健康稳定发展具有十分重要的意义。例如,在20世纪90年代的亚洲经济危机中,一场突如其来又积蓄已久的金融风暴打湿了亚洲经济的羽翼,使第二次世界大战后创造经济奇迹的东亚地区遭遇沉重打击,[4] 中国之所以在这次危机中能够临风而立,是因为我们适时地启动了扩大内需战略,通过推进消费、扩大投资以确保经济的持续健康可持续发展。

二、新常态背景下推进消费的科学认知

(一)新常态背景下推进消费的前景可期

消费需求是最终需求。在我国经济进入新常态这一新的发展阶段后,无论

---

[1] 参见丁丽琼:《消费需求发展变化趋势及其应对措施》,载《湖南行政学院学报》2015年第3期。

[2] 参见鲁钊阳、郑中伟:《经济新常态下新消费增长点培育的逻辑起点、约束条件与路径选择》,载《经济问题探索》2016年第1期。

[3] 参见丁丽琼:《消费需求发展变化趋势及其应对措施》,载《湖南行政学院学报》2015年第3期。

[4] 参见本刊编辑部:《走过暗夜是黎明——亚洲经济危机周年反思》,载《南风窗》1998年第9期。

是从适应经济新常态的实际需要看,还是从长远发展的根本目的看,我们都必须将扩大消费需求,特别是居民消费需求放到更突出的位置,[1]必须要推进消费并转变经济发展方式,唯有如此,方能适应新常态、引领新常态,进而实现经济发展的持续健康稳定发展。更有研究者指出,在新常态这一特定时代背景下,单纯依靠投资、出口拉动经济增长的发展模式已不可持续,作为"三驾马车"之一的消费应责无旁贷、理所应当地成为中国经济增长的新动力。[2] 实践对此亦已证明,近年来,[3]尤其是自2014年以来,无论是消费占国内生产总值的比重,还是居民的消费率,都已有了显著提高,消费需求在经济发展中的贡献稳步提升,消费的推动引领作用日趋强化,长期存在的投资—消费—出口失衡问题有所缓解。[4] 例如,以2014年上半年经济数据为例,消费对国内生产总值增长的贡献率为54.4%,拉动国内生产总值增长4个百分点,而固定资本形成对国内生产总值增长的贡献率为48.5%,拉动国内生产总值增长3.6个百分点,国内消费已经超过投资和出口,成为最主要的经济增长推动力量。[5] 据国家统计局的公开数据显示,2015年度,全年社会消费品零售总额300,931亿元,比上年增长10.7%,扣除价格因素,实际增长10.6%,占国内生产总值(2015年国内生产总值为676,708亿元)的比重为44.47%;[6]2016年度,全年社会消费品零售总额332,316亿元,比上年增长10.4%,扣除价格因素,实际增长9.6%,占国内生产总值(2015年国内生产总值为744,127亿元)的比重为44.66%。[7] 由此可见,在新常态下,消费需求对于经济发展的拉动效应日渐

---

[1] 参见张占斌、周跃辉:《释放消费红利 拉动增长引擎》,载《中国党政干部论坛》2015年第8期。

[2] 参见王艳:《新常态下中国经济增长新动力研究》,载《中共郑州市委党校学报》2016年第4期。

[3] 有数据表明,2010~2013年,消费占GDP的比重由48.2%上升到49.8%,居民消费率则由34.94%上升到36.17%。参见刘东皇、谢忠秋、潘冬:《新常态下消费驱动需要驱动消费》,载《当代经济管理》2016年第1期。

[4] 参见祁京梅、肖晓程:《消费模式的新常态》,载《金融博览》2015年第1期。

[5] 参见李培林:《当今中国社会正经历着哪些转折》,载中国社会科学网:http://www.cssn.cn/shx/shx_shxtt/201501/t20150104_1465271.shtml,最后访问日期:2018年9月7日。

[6] 相关数据来自于《2015年国民经济和社会发展统计公报》,载国家统计局官方网站:http://www.stats.gov.cn/tjsj/zxfb/201602/t20160229_1323991.html,最后访问日期:2018年9月7日。

[7] 相关数据来自于《2016年国民经济和社会发展统计公报》,载国家统计局官方网站:http://www.stats.gov.cn/tjsj/zxfb/201702/t20170228_1467424.html,最后访问日期:2018年9月7日。

凸显,依靠消费更多地拉动经济增长的宏观走势初步形成。[1] 另外,基于对我国13亿人口这一巨大消费市场的考虑,巨大的消费潜力将是我国经济发展的最大优势,消费需求的释放、消费结构的升级和消费规模的扩大将为我们未来发展提供重大战略机遇。[2] 经济新常态意味着消费新常态的到来,在新常态这一新的历史发展时期,消费驱动型的发展模式将会最终确立,消费会成为"三驾马车"当中的重中之重。[3]

(二)新常态背景下推进消费需积极作为

从未来趋势来看,消费对于我国经济发展的支撑作用将不断提高,并将助推我国经济发展方式转变,前景可期。[4] 但是,不意味着这就是一帆风顺、水到渠成的。或者说,消费虽然已经逐渐成为拉动中国经济发展的主要动力,但这一动力并不稳定。[5] 对于新常态下经济保持中高速增长、消费需求逐渐成为主体是从战略高度、宏观视角的科学判断。正如有研究者所指出的那样,在供给推动经济增长的常态趋于消退时,应该出现消费拉动的常态还没有上位。[6] 在经济发展步入新常态后,中高速经济增长目标的实现、消费需求的主体地位的形成是需要克服诸多国内外不利因素影响、破除系列机制体制障碍、创造相应必备条件方能实现的,这注定是一个艰苦努力而非轻而易举的过程,甚至可能比单纯追求经济的高速增长更困难。[7] 其原因在于,在新常态下,除经济的适速增长外,我们更看重经济增长质量、经济结构合理度、经济发展综合成效、生态环境治理水平以及人民群众满意度。从一定意义上讲,就目前而言,经济新常态在很大程度上是目标状态而非现实状态。[8] 例如,在2013年,我国居民消费率为36.2%,最终消费率为49.8%,而发达国家的消费率普遍在

[1] 参见张占仓:《中国经济新常态与可持续发展新趋势》,载《河南社会科学》2015年第1期。

[2] 参见匡贤明:《消费拉动经济增长的理论探析》,载《中国井冈山干部学院学报》2015年第2期。

[3] 参见赵萍:《从消费市场发展看汽车消费走势》,载《汽车纵横》2015年第8期。

[4] 参见怀仁、李建伟:《我国实体经济发展的困境摆脱及其或然对策》,载《改革》2014年第2期。

[5] 参见胡玲:《加快培育增长点为消费注入新活力》,载《理论参考》2015年第3期。

[6] 参见洪银兴:《论中高速增长新常态及其支撑常态》,载《经济学动态》2014年第11期。

[7] 参见简新华、郭洋志:《中国经济发展新常态的几种误读》,载《新疆师范大学学报》(哲学社会科学版)2015年第5期。

[8] 参见谢春玲:《新常态下提高居民消费率的政府行为选择》,载《现代经济探讨》2015年第11期。

80%以上。[1] 总体来看,推动中国经济实现新常态不是一件容易的事情,更不是自然而然就能够实现的,必须经过艰苦的努力奋斗才有可能实现。[2]

就消费之于经济发展促进作用发挥或者说消费需求在经济发展中主导地位形成的问题而言,从长期来看,在经济步入新常态的当下,消费需求将逐渐代替投资、出口在经济发展中取得主导地位,推进消费对于我国经济实现中高速增长、提高经济发展质量、优化产业结构具有十分重要的意义。但从短期来看,消费目前还难以完全取代投资、出口在经济发展中的主导。[3] 相关数据显示,一方面,从国内消费的绝对量来看,其增长迅速,已从1983年的2849.4亿元增长到2014年的262,394.6亿元;另一方面,从国内消费的相对量来看,地位弱化,消费占国内生产总值的比重从1983年的66.4%下降到2014年的49.6%。[4] 另有研究数据表明,虽然近年来消费总量是持续增长的,但增长速度却在逐渐下降。社会消费零售总额增长从2012年的14.3%,下降到2013年的13.1%,2014年的10.9%,有一个加速下行的趋势。[5] 从一定意义上讲,目前消费占比的提高、贡献度的提升是因出口、投资贡献度急剧弱化而"被动"实现的,即目前不是消费突然"变强了",而是出口、投资急剧"减弱了"。此消彼长的结果自然是消费占比的提高和贡献度的提升。

消费之于经济发展促进作用的发挥、消费需求主导地位的形成需要一个过程,是由消费所面临的障碍决定。其中,收入不足是制约消费有效开展的一个根本性要素。从总体上看,虽然我国从政策方面早已对推进消费开展、提高消费需求作出明确要求和安排,但目前尚未形成有收入支撑的消费需求,消费也因此没有成为经济发展的核心动力。其根本原因在于,居民收入的提高、有效

---

〔1〕 参见杨瑞龙、毛振华、刘元春等:《将调整结构放在突出位置》,载《中国经济时报》2014年8月8日,第6版。

〔2〕 正如有的研究者所指出的,要实现新常态的预期目标,未来一段时期,我们要坚持稳中求进的工作总基调,既要保持战略上的平常心态,稳妥应对各种不确定性因素带来的冲击,努力实现实实在在和没有水分的增长,又要在战术上主动作为,积极推进经济结构的优化升级,坚定不移地推进全面深化改革。参见国家行政学院经济学部课题组:《中国经济新常态若干问题研究》,载《经济研究参考》2015年第1期。

〔3〕 参见徐科:《消费需求渐成支撑经济增长持久动力》,载《证券日报》2014年11月5日,A02版。

〔4〕 参见胡在铭:《收入分配状况对消费率的影响理论研究与实证检验》,载《商业经济研究》2015年第17期。

〔5〕 参见范玉波、张卫国:《新常态下经济增长动力机制转型三重解析》,载《经济问题探索》2015年第10期。

消费的培育，需要以全面深化收入分配改革、优化收入分配结构为前提，尤其是要实现普通民众收入的普遍提高，但这并不容易。[1]

适应新常态要有新心态。2014 年 5 月，习近平总书记在河南考察时曾指出，适应新常态，应当保持战略上的平常心态。战略上的平常心态绝不意味着战术上的消极无为。恰恰相反，适应新常态要求积极推进我国经济转型升级与提质增效。[2] 反映在消费层面就是要积极扩大消费需求、积极推进消费开展、科学优化消费结构，进而尽早确立消费需求在经济发展中的主体地位。其原因在于，消费主导的经济自主协调发展，既是实现旧常态向新常态平稳过渡的主要路径，也是经济结构战略性调整要解决的首要核心问题。[3]

三、新常态下推进农村消费的现状考察、意义阐释及前景展望

（一）新常态下推进农村消费的现状考察

1. 农村消费取得积极进展

自改革开放以来，随着农村社会经济的发展、农民收入水平的提高，我国农村居民消费取得了长足进展，主要表现为以下方面：

（1）消费水平的日渐提升。一方面，农村消费规模得到了快速提高。研究数据显示，从 2010 ~ 2014 年，农村社会消费品零售额由 20,864.8 亿元提高到了 36,026.6 亿元，5 年增长近 172.67%，与改革开放初期相比，增长了近 53 倍。[4] 另一方面，农民消费支出实现大幅增加。研究数据显示，2009 ~ 2015 年，农村居民人均消费的额度由 4386 元提升到了 7568 元，农村居民消费水平增长了 76%，年增长 11.8%，除物价水平因素外，农村居民消费水平实际每年增长 7.5%。[5] 另有研究数据显示，1981 年我国农村居民家庭人均现金消费支出水平为 108.90 元，2013 年上升到了 6112.90 元，相对于 1981 年扩大了

---

〔1〕 参见毛振华：《新常态下的宏观风险缓释机制》，载《中国金融》2014 年第 14 期。

〔2〕 参见张艳涛：《新常态境遇下中国消费文化建设路径探析》，载《山东社会科学》2016 年第 1 期。

〔3〕 参见张慧芳、朱雅玲：《新常态下中国经济自主协调发展的驱动力模型：基于消费主导视域》，载《现代经济探讨》2015 年第 2 期。

〔4〕 参见夏妍、程斌：《我国农村流通业与农村居民消费水平协调发展机制研究》，载《商业经济研究》2016 年第 13 期。

〔5〕 参见郝爱民、王章留：《论我国农村消费升级的趋势与流通业发展方式转变及扩大农村消费的对策》，载《农业现代化研究》2011 年第 2 期。

56.13倍,年均增速为13.69%。[1] 根据相关国际贫富标准的划定,目前我国农村居民消费处于小康水平,且我国农村居民的消费水平还在逐步提高。[2]

(2)消费结构的不断优化。农村居民消费结构的优化主要表现为,生存消费(如食品消费支出)的比重持续下降和享受与发展性消费(如文化教育、服务类消费支出)比重不断提升。例如,在农村居民的消费中,服务类的消费额度在2009年为1269元,而到2015年则上升到了2112元,呈逐年稳步提高状态。[3]

(3)消费率的逐步提高。近年来,农村居民的消费率在逐步提高,至2015年我国农村居民的消费率为36.4%,相比之前的消费率有了明显提升。[4]

2. 农村消费一直存在不足

正如上文所述,改革开放以来,尤其是近年来,我国农村消费取得了积极进展,农村消费总量显著增加、农村消费水平持续提高、农村消费结构不断优化,但在看到成绩的同时,还要看到不足。实际上,农村消费不足问题一直存在,主要体现在以下方面:

(1)农村消费总量不足、消费率过低。一方面,由于长期以来城乡二元结构的影响,我国农村居民消费总量严重不足,与农村消费人口数量对比严重失衡。相关数据表明,2014年我国居民消费支出为242,927.4亿元,农村居民消费支出为54,574.1亿元,仅占全国居民总消费支出的22.47%。[5] 另一方面,农村居民消费率过低。有研究数据显示,2014年我国居民消费率[居民消费支出占国内生产总值(Gross Domestic Product,GDP)的比重]为37.7%,远低于60%的世界平均居民消费率。[6] 其中,农村居民消费率(农村居民消费支出占

---

〔1〕 参见王小华、温涛:《城乡居民消费行为及结构演化的差异研究》,载《数量经济技术经济研究》2015年第10期。

〔2〕 参见金春雨、程浩、杨慧宇:《我国农村居民消费与收入的关系实证分析:基于变参数模型的计量检验》,载《江汉论坛》2011年第12期。

〔3〕 参见仇焕广、严健标、李登旺、韩炜:《我国农村生活能源消费现状、发展趋势及决定因素分析:基于四省两期调研的实证研究》,载《中国软科学》2015年第11期。

〔4〕 参见张龙、雷蕾:《收入与消费的协整检验下的我国农村消费水平的计量经济研究》,载《时代金融》2016年第21期。

〔5〕 参见钟燕琼:《农村电商发展现状及对农村居民消费的影响》,载《商业经济研究》2016年第11期。

〔6〕 参见杨彬如:《基于解构模型的中国农村居民消费影响因素分析——基于1999~2012年面板数据》,载《中国农业资源与区划》2016年第3期。

GDP的比重)仅为8%,城乡消费差距较大。[1]

(2)与城市消费差距悬殊。受我国长期存在的城乡二元结构的影响,我国城乡居民收入存在较大差距,甚至呈现不断扩大的趋势。有研究者据《中国统计年鉴》相关数据得出如下结果:20世纪80年代,我国城乡居民收入差距为1.8∶1;20世纪90年代,这一比例为2.2∶1;2009年,这一比例达到改革开放以来的峰值,高达3.3∶1;2010年以来,尽管国家采取一系列措施以缩小城乡收入差距,2014年城乡收入差距仍然高达2.75∶1。[2]

城乡居民收入较大差距的存在甚至扩大所带来的后果就是城乡消费结构的严重失衡和农村消费的长期低迷。[3] 有研究数据显示,从城乡居民消费对比情况来,城镇居民消费占比一直不断上升,而农村居民消费占比却从62.1%(1978年)大幅下降至21.8%(2013年),36年的时间下降了40.3个百分点。[4] 有研究表明,无论从消费的数量、质量还是结构上,农村居民的消费水平比城市居民至少要落后10年。[5] 如果考虑到城乡基础设施的巨大差距和城乡消费品之间的差距,城乡消费差距将会更大。[6] 另外,从城乡居民消费绝对额的对比来看,虽然差距在不断缩小,但绝对比仍然在3.24,还是处在一个较高的水平上。[7] 另外,从城乡恩格尔系数的对比来看,[8] 城乡差距也十分巨大,2014年我国城镇居民家庭恩格尔系数为35.6%,而农村居民家庭恩格尔

---

〔1〕 参见林岗、王一鸣、马晓河、刘元春:《中国经济改革与发展研究报告(2014)》,中国人民大学出版社2014年版,第42~43页。

〔2〕 参见鲁钊阳、郑中伟:《经济新常态下新消费增长点培育的逻辑起点、约束条件与路径选择》,载《经济问题探索》2016年第1期。

〔3〕 参见张娜:《我国农村社会保障对农村居民消费影响的实证分析》,载《天津农业科学》2016年第2期。

〔4〕 参见王小华、温涛:《城乡居民消费行为及结构演化的差异研究》,载《数量经济技术经济研究》2015年第10期。

〔5〕 参见汪利娜:《城市化进程中的农村消费抑制》,载《中国农村金融》2013年第10期。

〔6〕 参见王小华、温涛:《城乡居民消费行为及结构演化的差异研究》,载《数量经济技术经济研究》2015年第10期。

〔7〕 参见张喜才:《新常态下农村市场体系建设研究》,载《商业经济》2016年第7期。

〔8〕 参见所谓恩格尔系数(Engel's Coefficient),是指是食品支出总额占个人消费支出总额的比重。19世纪德国统计学家恩格尔根据统计资料,对消费结构的变化得出一个规律:一个家庭收入越少,家庭收入中(或总支出中)用来购买食物的支出所占的比例就越大,随着家庭收入的增加,家庭收入中(或总支出中)用来购买食物的支出比例则会下降。一般来说,在其他条件相同的情况下,恩格尔系数较高表明家庭收入较低,恩格尔系数较低则表明家庭收入较高。

系数为37.9%(2005年城镇居民家庭恩格尔系数为37.1%)。[1]

(3)农村消费结构不合理。自改革开放以来,随着农村经济的发展,农村消费结构发生较大变化,主要表现在食品、衣着等消费占比的下降和交通、通讯、医疗保健等消费占比的提高,但总体而言,农村消费结构仍然不合理,生存型或温饱型消费支出占比过高,而发展型或享受型消费占比过低。有研究数据表明,从1985~2013年,农村居民食品消费、衣着消费占消费总支出的比重虽然有着较大幅度的下降,分别由57.78%、9.7%下降到37.67%、6.62%,但食品、衣着消费占比仍然高达44.29%,若再加上交通、通信、医疗保健等生活必需性消费,其占比则高达65%以上,而旅游、娱乐、教育等发展型消费支出所占比例则过低。总体来说,农村居民基本生活需要方面的消费支出占比虽有所下降但仍然过大,而旅游、娱乐、教育等发展型消费支出所占比例则过低。[2] 另有研究者基于中国农村居民消费面板数据解构模型分析而得出如下结论,中国农村居民的消费结构未发生根本变化,仍然处在生存消费阶段,历年中国农村居民的恩格尔系数均在40%以上也可以说明这一点。[3] 另外,农村消费结构的不合理还表现在物质消费水平和文化消费水平的严重不平衡。一方面,农村居民在物质消费水平有了较大提高,享乐型物质消费支出占家庭消费总支出的比重在增长;另一方面,农村文化消费进展缓慢,消费水平涨幅远低于物质消费。[4]

农村消费的持续低迷、长期滞后所带来的负面效应十分明显并相当深远,其不仅直接影响农民生活水平的提高,而且阻碍了农村经济的顺利发展和新农村建设的有效开展。[5]

---

〔1〕 参见傅雅慧:《关于拓展我国农村消费市场的思考》,载《商场现代化》2016年第1期。

〔2〕 参见段冲冲、吴杰:《新型城镇化背景下中国财政支农支出对农村居民消费影响的实证分析》,载《湖北农业科学》2016年第4期。

〔3〕 参见杨彬如:《基于解构模型的中国农村居民消费影响因素分析——基于1999~2012年面板数据》,载《中国农业资源与区划》2016年第3期。

〔4〕 参见贺景霖:《改善农村居民消费结构的有效路径分析》,载《吉林工商学院学报》2016年第1期。

〔5〕 参见方婷婷:《新时期我国农村消费中的流通业影响发展研究》,载《商业经济研究》2016年第11期。

(二)新常态下推进农村消费的意义阐释

1. 有助于促进经济稳定持续健康发展

在新常态下,过去支撑我国经济高速增长的人口、全球化、环境资源等红利逐渐弱化,过度依赖投资和出口拉动经济增长的传统发展模式已不可持续,消费对于经济增长贡献度的不足使我国经济发展受到极大制约。“消费乃是一切经济活动之唯一目的,唯一对象。”[1]中国经济进入新常态,当前和今后较长时期保持经济增长的根本途径就是扩大内需。我国最大的内需在农村,最大的消费群体是农民。[2] 在中国经济步入新常态的当下,若要在当前和今后较长时期内保持经济的稳定增长,其根本途径就是扩大内需。[3]

在新常态下,扩大内需已经成为我国经济改革中不得不面对的问题。扩大内需是新常态下实现经济平稳健康发展的主导战略,撬动国内消费潜力和促进居民平滑消费,是当前乃至较长时期实现经济平稳增长的必然选择。[4] 农业、农村问题不仅是保障经济持续健康发展的“压舱石”、调节劳动力就业波动的“蓄水池”,而且是推进消费的增长点。[5] 较之于城镇居民消费,农村居民消费市场的发展潜力巨大,[6]农村是我国扩大消费的“富矿”所在,我国最大的存量消费需求在农村,农村是消费市场的一片“蓝海”,挖掘农民这个最大群体的消费潜力,可以更好地发挥消费的基础作用。[7] 推进农村消费是扩大内需的重要内核,其呈现的经济驱动效应对打通整个经济链条有着举足轻重的作用。[8] 李克强总理明确指出,要实现稳定增长,必须要“挖掘农村居民消费潜力,可以

---

〔1〕 [英]约翰·梅纳德·凯恩斯:《就业、利息和货币通论》,高鸿业译,商务印书馆 1983 年版,第 91 页。

〔2〕 参见闻天:《从家电下乡看改善民生》,载《红旗文稿》2009 年第 4 期。

〔3〕 参见史云、田珍:《新常态下农村中等收入者消费特征及市场驱动研究——以江苏为例》,载《江苏商论》2015 年第 10 期。

〔4〕 参见刘艳华:《农业信贷配给对农村居民消费的间接效应——基于面板门槛模型的阐释》,载《农业经济问题》2016 年第 7 期。

〔5〕 参见宋林飞:《主动把握、适应经济发展新常态》,载《南京农业大学学报》(社会科学版)2015 年第 1 期。

〔6〕 参见刘琪欣:《农村居民消费现状及影响因素研究》,载《安徽农业科学》2016 年第 1 期。

〔7〕 参见成慧、王观、王浩:《2015 年,新常态下百姓消费底气从哪来?》,载《就业与保障》2015 年第 Z1 期。

〔8〕 参见陈治国、李成友、辛冲冲、刘向晖、李红:《基于 OPLS 回归模型的农村金融对农村居民消费支出的影响效应研究》,载《经济与管理评论》2016 年第 2 期。

更好地发挥消费的基础作用”。其原因在于,“农民是我国最大的消费群体,消费层次与现有的工业产品档次和产业水平比较契合,通过推进农业现代化促进农民增收,可以激活农民潜在的巨大消费需求,为产业结构调整升级提供时间和余地”。[1] 从实践来看,农村消费滞后是内需不足的主要原因所在,而农村居民消费能力的提升决定着中国扩大内需的实现程度,对拉动经济增长将起到事半功倍的效果。[2] 促进农村消费进而实现扩大内需目标已成为当前促进我国经济持续稳定健康发展、实现经济新常态发展目标的关键所在。[3] 扩大内需离不开农村消费市场的全面开拓,增加农民有效消费需求、促进农村消费增长、拓展农村消费需求直接关系经济发展方式的转变。

2. 有助于促进农村社会发展

首先,在新常态下推进农村消费有助于改善农村居民生活。“民生是国家的根本”。农村居民消费的质量、农村居民消费需求的满足度、农村消费结构的状况直接关乎农村居民的生活质量水平。因此,提高农村居民消费质量、提升农村居民消费满足度、优化农村消费结构对提高农村居民的生活水平具有非同一般的意义。[4] 释放农村消费潜力、提高农村居民消费水平不仅有利于促进我国持续稳定发展,而且有利于改善人民生活。[5]

其次,在新常态下推进农村消费有助于实现小康建设目标。“小康不小康,关键看老乡。”农民的小康是我国全面实现小康的关键,只有农民实现了小康,我们才可能全面实现小康。社会生产力发展、人民生活水平提高和国家综合国力提升是建设小康社会的应有之义和必备条件,而关涉人民生活水平的消费问题则至关重要。农村消费的发展是农村小康社会建设的重要指标之一。党的十八届五中全会明确提出,除“经济保持中高速增长”“产业迈向中高端水平”“户籍人口城镇化率加快提高”外,“消费对经济增长贡献明显加大”也是全

---

〔1〕 李克强:《以改革创新为动力,加快推进农业现代化》,载《求是》2015 年第 4 期。

〔2〕 参见马会:《中国农村居民消费水平的变化趋势分析》,载《河北青年管理干部学院学报》2016 年第 1 期。

〔3〕 参见乔焱宁:《我国物流业发展对农村居民消费结构的影响研究》,载《商业经济研究》2016 年第 24 期。

〔4〕 参见贺景霖:《改善农村居民消费结构的有效路径分析》,载《吉林工商学院学报》2016 年第 1 期。

〔5〕 参见方松海、王为农、黄汉权:《增加农民收入与扩大农村消费研究》,载《管理世界》2011 年第 5 期。

面建成小康社会的新的目标要求之一。[1] 因此，可以说，能否在 2020 年全面建成小康社会，农村居民消费能力的有效提升是重中之重。[2] 提升农村居民消费能力、满足农村居民消费需求、优化农村居民消费结构将有利于提高农村居民的生活水平，进而促进全面建设小康社会目标的实现。[3]

最后，在新常态下推进农村消费有助于促进新农村建设。农村居民消费水平的提高是衡量新农村建设成果的一个重要指标，且居民消费水平的提高并趋于优化是社会发展的必然趋势。[4]

3. 有助于保障农村社会安定

推进消费不仅有助于驱动经济发展，而且有着更深刻的社会含义，其关涉收入分配、发展机会、社会稳定等诸多领域。诺贝尔奖获得者经济学家安格斯·斯图尔特·迪顿（Angus Stewart Deaton）就曾指出，"消费是评价社会发展、健康与公平更重要的指标"。[5] "农民富天下富，农民安天下安。"农民的富裕必然会带来消费能力的提高，而消费需求的满足则直接关系农民的生存与发展。农民消费能力的提升、农民消费需求的满足是"农民富"的最终落脚点，也是实现"农民安"的最关键保障，这不仅是一个经济问题，同时是一个社会问题和政治问题。因此，农民消费能力的提高和农民消费需求的满足直接关系农村社会稳定的实现，要想确保农村社会稳定，就必须要千方百计提高农民的消费能力、满足农民日益增长的消费需求。[6]

（三）新常态下推进农村消费的前景展望

在经济发展步入新常态的当下，亟须调整"三驾马车"在拉动经济增长中的地位，其关键是强化消费的作用，通过扩大消费以实现社会经济的持续

---

[1] 参见《中国共产党十八届中央委员会第五次全体会议公报》，载新华网：http://news.xinhuanet.com/politics/2015-10/29/c_1116983078.htm，最后访问日期：2018 年 9 月 11 日。

[2] 参见马会：《中国农村居民消费水平的变化趋势分析》，载《河北青年管理干部学院学报》2016 年第 1 期。

[3] 参见段冲冲、吴杰：《新型城镇化背景下中国财政支农支出对农村居民消费影响的实证分析》，载《湖北农业科学》2016 年第 4 期。

[4] 参见王保花、鹿方圆：《我国农村居民消费行为特征及影响因素研究》，载《理论与改革》2016 年第 1 期。

[5] 参见尹夼：《高房价是如何挤压国民消费的？》，载《南风窗》2016 年第 18 期。

[6] 参见马会：《中国农村居民消费水平的变化趋势分析》，载《河北青年管理干部学院学报》2016 年第 1 期。

健康、稳定发展，而扩大消费的“富矿”则在农村，其市场潜力广阔，是消费市场的“蓝海”所在。挖掘农村居民消费潜力、开拓农村消费市场，可以更好地发挥消费的基础作用。[1] 并且，从前景来看，无疑是光明的，这主要是由以下因素所决定的：(1)农村居民的人数众多。中国有世界最多的农民、世界最大的农民消费群体。据《2015 年国民经济和社会发展统计公报》的相关数据测算，截至 2015 年年末，我国农村常住人口为 60,346 万人，同时，农民工为 27,747 万人。[2] 仅从人口数量来看，关涉 6 亿 ~ 9 亿人口的农村消费至关重要，就应该成为新常态下推进消费的重点所在，如果能有效提高数亿农民的消费能力、满足其消费需求，无疑将会对拉动经济增长起到事半功倍的作用。[3] (2)农村居民的消费能力不断增强。连续多年的强农惠农政策和“工业反哺农业”战略举措有效地实现了农民增收，显著提升了农民的消费能力。[4] 尤其是近年来，随着我国城乡居民收入的较快增长、消费方式的创新、消费结构的升级以及消费环境的不断改善，我国消费潜力不断激发。2015 年，全社会实现消费品零售总额同比实际增长 10.6%，最终使消费对经济增长的贡献为 66.4%。其中，农村消费品零售额增长 11.8%。[5] (3)新生代农村居民逐渐成为农村消费的主体。目前，以“70 后”“80 后”“90 后”为代表的新生代农村居民正逐渐成为农村消费的主力，这些新生代农村居民是在改革开放后、城乡开放环境下成长起来的，其观念先进、模仿性强，接受新型业态快，受城镇消费示范效应影响大。[6] 消费主体的变化对于农村居民消费需求的提升和农村消费结构的

---

[1] 参见成慧、王观、王浩：《2015 年，新常态下百姓消费底气从哪来？》，载《就业与保障》2015 年第 Z1 期。

[2] 现行统计公报已无“农户户籍人口”统计项目，因此，本数据是经测算得来。《2015 年国民经济和社会发展统计公报》显示，2015 年年末全国（除台湾地区）总人口 137,462 万人，其中城镇常住人口 77,116万人，全国农民工总量 27,747 万人。粗略测算，总人口（137,462 万人）—城镇常住人口（77,116 万人）= 农村常住人口（60,346 万人）。载国家统计局官网：http://www.stats.gov.cn/tjsj/zxfb/201602/t20160229_1323991.html，最后访问日期：2018 年 9 月 10 日。

[3] 参见吴云勇：《“十二五”期间中国农民持续增收的路径选择研究》，中国社会科学出版社 2012 年版，第 6 页。

[4] 参见刘艳华：《农业信贷配给对农民居民消费的空间溢出效应——基于静态空间面板模型和动态空间面板模型的比较分析》，载《东岳论丛》2016 年第 7 期。

[5] 参见王娜、张磊：《拉动农村居民消费的财政支持机制研究》，载《价格理论与实践》2016 年第 2 期。

[6] 参见王强：《中国农村消费与市场变局》，载《经济日报》2014 年 3 月 19 日，第 15 版。

优化具有十分重要的意义,进而有助于推进农村消费的发展。(4)农村居民消费增长的空间巨大。目前,农村消费正处于由"温饱型消费"向"小康型消费"演进的特定阶段,其改善型下消费提升空间巨大。有研究者估算,若把一般农民的现有消费水平提高20%,再把7000万贫困人口的现有消费水平提高60%,将会为中国经济发展赢得40万亿元的巨大消费市场。[1]

因农村人口众多、消费潜力巨大,在新常态下,推进农村消费的前景还是光明的,实践对此也已证明。例如,相关数据显示,2014年,我国前三季度消费对GDP增长的贡献率达到48.5%,首次高于投资的拉动效应,成为拉动经济增长的第一驱动力,新常态的经济环境已呈现。[2] 而商务部研究院所发布的《2015年消费市场发展报告》则指出,2015年消费驱动型发展模式将基本确立,消费增速、结构、热点、动力等将发生相应变化,消费率将在近10年中首次突破50%,位居"三驾马车"之首。[3] 但需要指出的是,在新常态背景下,推进农村消费的前景虽然可期,但并不意味这一过程是一帆风顺、水到渠成、自然而然的。正如有的研究者所指出的那样,我们不能对近年来消费快速增长的数据抱以过于乐观的态度,进而作出错误的判断,这一数据的作用没有想象的那么大,甚至在一定程度上是被夸大了。其道理比较简单,近年来,消费对经济增长贡献度的增加实际上是因为投资、出口贡献度的大幅下降,三者之间是一个"此消彼减"的状态。[4] 有研究者进一步指出,虽较于严重依赖国际市场环境的出口和与政府支出直接相关的投资,消费是稳定的经济发展动力,但消费与居民消费意愿、消费需求、消费能力等因素紧密相关。因此,消费又是最难在外部经济"刺激"下立竿见影的,这是我国消费尤其是农村消费长期疲软、迟滞不前的重要原因所在。[5] 因此,总体来看,虽然在我国经济发展步入新常态之后,尤其是随着农村社会经济的发展、农村居民收入的提高,并在"家电下乡""万村

---

〔1〕 参见张国光:《有效消费不足与经济可持续增长》,载《西南金融》2015年第12期。

〔2〕 参见周月桂:《消费需求进入新常态——解读湖南社会消费品零售总额首过万亿元》,载《湖南日报》2015年1月23日,第5版。

〔3〕 参见《2015年消费市场发展报告》,载商务部官网:http://www.mofcom.gov.cn/article/shangwubangzhu/201504/20150400946803.shtml,最后访问日期:2018年9月12日。

〔4〕 参见张国光:《有效消费不足与经济可持续增长》,载《西南金融》2015年第12期。

〔5〕 参见付小为:《理解新常态下的新消费》,载《长江日报》2014年12月12日,第5版;郭安丽:《个性化、多样化的消费将成新常态》,载《中国联合商报》2014年12月22日,C01版。

千乡市场工程”等相关政策的推动下，农村消费需求释放的趋势已经形成、农村消费总量和增长速度得以不断提高、农村消费结构实现持续优化，但并不意味着消费潜力会自动释放，[1]对于农村消费的推进并不能一蹴而就或者是在短期内毕其功于一役，农村消费的推进之路注定不是平坦的阳光大道，必然会遇到问题。“前途光明，过程曲折”应是对推进农村消费前景的全面揭示。

四、新常态背景下推进农村消费的现实约束分析

在新常态下，亟须充分发挥消费对于经济增长的拉动作用，而关键则是要全力推进农村消费，但从现实情况来看，推进农村消费还面临诸多现实约束，或者说过去障碍农村消费发展的固有因素并未消除。

（一）基于农民收入的分析

经典经济学理论认为，在所有影响消费的因素中，收入因素最重要，[2]消费是收入的函数，收入是消费的前提，收入水平特别是可支配收入是影响消费的根本性因素。[3] 一般而言，消费的顺利开展需以一定的收入水平为基础，消费的持续增长需以收入的稳定增长为基础。就农村消费而言，亦是如此，农民的消费能力受其收入水平的直接影响，农村消费的正常发展有赖于农村居民收入的持续增长。自改革开放以来，农村居民的收入得到快速、巨大增长，1978年，农村居民的人均可支配收入为134元，2014年就增加到10,488.88元，我国农村居民收入水平长期保持一定的增长百分比，稳步提升。[4] 但从横向比较来看，农村居民收入增长远没有纵向比较那么“出色”。我国城乡居民收入差距一直处于高位徘徊的状态，2014年城镇居民人均可支配收入为28,843.85元，城乡收入比约为2.8∶1；2010年城乡收入比则曾高达3.56∶1，而世界大多数国家的城乡收入则在1.5∶1的水平，由此使我国成了世界上城乡收入差距

〔1〕 参见蔡文龙、匡贤明：《金融发展应适应新常态》，载《中国金融》2014年第24期。

〔2〕 无论是凯恩斯的“绝对收入假说”、杜森贝里的“相对收入假说”，还是弗里德曼和莫迪利亚尼的“持久收入假说”，均认为收入是影响消费需求的最主要因素，收入水平直接决定消费的需求度及满足度。

〔3〕 参见王保花、鹿方圆：《我国农村居民消费行为特征及影响因素研究》，载《理论与改革》2016年第1期。

〔4〕 参见傅雅慧：《关于拓展我国农村消费市场的思考》，载《商场现代化》2016年第1期。

最大的国家之一。[1] 另有研究数据显示,从 1978～2013 年,城镇居民人均可支配收入从 343.4 元攀升至 26,955.1 元,增长了近 78 倍;农村居民人均纯收入从 133.6 元上升至 8895.9 元,增加了约 67 倍多。同时,城镇居民人均可支配收入和农村居民人均纯收入的绝对差距呈现出不断拉大的态势,从 1978 年的 209.8 元升至 2013 年的 18,059.2 元。无论是绝对值还是相对值,城乡居民收入差距都呈现出了不断扩大的趋势。[2] 总体来说,与城市居民相比,无论是绝对规模还是相对规模,农村居民的收入水平均相对较低,比城镇居民落后了近 10 年的时间,目前,农民收入水平仅略高于 2003 年城镇居民的收入水平。[3] 持续较高的城乡居民收入差距导致农村居民消费存在明显的"棘轮效应",[4] 且消费始终处于一个较低的水平。[5] 农民收入水平低下、增长乏力使农民"不能消费",是导致我国农民消费不足的核心因素。[6] 调查结果显示,在被问及"影响您消费的最主要因素是什么"时,88.3% 的人选择"收入的问题"。偏低的收入导致农民难以形成较强的消费能力和有效的消费需求,在通常情况下,大多数农民能不消费就不消费、能少消费就少消费、能低消费就低消费。[7] 可以说,农村居民收入水平低已经成为制约农村居民消费能力提高、农村消费增长、农村消费市场发展的第一大障碍。

除收入水平低,农村居民收入还存在另一"掣肘",即收入不稳定。第一,受农业生产的产业特点所限,作为农民收入的主要来源——经营性收入稳定性

[1] 参见郝爱民:《构建扩大农村居民消费长效机制研究——一个制度分析框架》,载《中国农学通报》2013 年第 11 期。

[2] 参见张超:《我国居民消费需求不振与收入分配失衡》,载《宿州学院学报》2016 年第 2 期。

[3] 参见王小华、温涛:《城乡居民消费行为及结构演化的差异研究》,载《数量经济技术经济研究》2015 年第 10 期。

[4] 一般认为,所谓棘轮效应,又称制轮作用,是指人的消费习惯一旦形成之后就有不可逆性,尤其是在短期内消费是不可逆的,其习惯效应较大。"棘轮效应"是经济学家杜森贝里所首先提出的。

[5] 参见王小华、温涛、朱炯:《习惯形成、收入结构失衡与农村居民消费行为演化研究》,载《经济学动态》2016 年第 10 期。

[6] 参见王志:《制约中国农村居民消费增长的原因及促进政策》,载《大连海事大学学报》(社会科学版)2014 年第 2 期。

[7] 参见山西行政学院理论研究中心:《构建扩大农村居民消费需求长效机制研究——基于山西农村的调查分析》,载《国家行政学院学报》2014 年第 2 期。

不足。[1] 农业生产本身具有季节性特点,我国又是一个自然灾害频发的国家,小农化经营现状以及风险规避机制的不健全,[2]使我国农业生产具有低效率和高风险的特点。一方面,目前我国农业生产灾害防控体系尚未健全,一旦遭受暴雨、大旱以及疫病等重大自然灾害,就可能导致从事种养殖生产的农民"颗粒无收";另一方面,目前我国尚未形成健全的农产品价格调控机制,农产品价格波动性较大,一旦遭遇重大市场波动,将会使农民遭受重大损失。而小农化经营的现状不仅造成农业生产的现代化水平和整体效率偏低,而且导致农民应对自然风险和市场风险的能力不足,农民收入预期的不稳定将会直接影响消费的正常开展。第二,在我国经济发展步入"三期叠加"的特殊时期下,由产业结构调整、经济增长方式转型以及经济增长速度调整所决定,作为农民收入的另一主要来源——工资性收入也存在较大的不稳定性。这一点在"次贷"危机期间表现得尤为突出,出口的受阻、传统产业的调整导致大批农民工不得不返回农村,尤其是在劳动密集型行业,农民工的工资性收入大幅缩水。[3] 而随着近年来我国经济下行压力的增大,农民务工机会和收入都受到了直接影响。收入的不稳定性导致农民的消费观念趋于保守、消费行为趋于谨慎、消费能力提升受阻,使农民具有非常强力的储蓄动机,消费倾向主要着眼于满足基本生活消费,难以形成有效购买力,进而影响了消费行为的正常开展和农村消费的有效增长。[4]

---

〔1〕 通说认为,从收入来源看,农村居民收入主要体现在四个方面:一是基于农业生产所获得的经营性收入;二是基于务工所获得工资性收入;三是基于自有或集体所有资产所获得财产性收入;四是基于政府财政转移支付所获得转移性收入。其中,经营性收入和工资性收入是农民的主要收入来源。据国家统计局的相关数据显示,在20世纪90年代,经营性收入在农民总收入中的占比曾高达70%以上,随着市场经济的发展以及农民进入第二、三产业的增加,经营性收入的占比逐年下降,而工资性收入的占比则逐年上升,到2012年,农民工资性收入在农民总收入中的占比达到43.55%,与经营性收入的占比趋于相近,两者共同占到农民总收入的88.18%,成为农民收入的主要来源。相关论述参见刘琪欣:《农村居民消费现状及影响因素研究》,载《安徽农业科学》2016年第1期。

〔2〕 我国农业生产风险规避机制的不健全体现在很多方面。例如,目前我国农业生产灾害防控体系尚未健全,一旦遭受暴雨、大旱以及疫病,都可能导致农民"颗粒无收"。再如,目前我国尚未形成健全的农产品价格调控机制,农产品价格波动性较大,一旦遭遇重大市场波动,将会使农民遭受重大损失。而小农化经营的现状则决定农民应对自然风险和市场风险的能力不足,由此导致收入预期不稳定,进而影响到消费的正常开展。

〔3〕 参见王保花、鹿方圆:《我国农村居民消费行为特征及影响因素研究》,载《理论与改革》2016年第1期。

〔4〕 参见孙保营:《河南省农村居民消费行为特征及其优化研究》,载《当代经济》2016年第16期。

(二)基于农村公共产品供给的分析

一般认为,所谓公共产品,是相对于私人产品而言的,是指具有消费或使用上的非竞争性和受益上的非排他性的产品。所谓非竞争性,是指一部分人对公共产品的消费不会影响其他人对于公共产品的消费,一部分人从公共产品中受益不会影响到其他人从公共产品中受益,受益对象之间不存在利益冲突,如国防;所谓非排他性,是指在公共产品消费中所产生的利益不能为某个人或某些人所专有,要将其他人排除在公共产品消费过程之外,不让其他人享受公共产品利益是不可能的。由非排他性和非竞争性所决定,公共产品的供给应由国家及其实际代理人——政府所提供,宜由财政资金予以保障。[1] 从我国当前的实际情况来看,当前对于基础性公共产品的供给还相当滞后,由此导致了居民预期消费支出的增加、居民正常消费需求的抑制、居民消费水平和质量低下。具体表现为政府在社会保障、医疗卫生、养老服务、基础教育等基本公共服务方面的投入离预期还有较远距离,使广大居民对未来支出预期大幅提高,很大程度上挤占了其他形式的消费。[2] 李克强总理也曾经指出,“中国经济发展虽然取得很大成就,但公共产品与服务不足仍是‘短板’。目前,中国人均公共设施资本存量仅为西欧国家的38%、北美国家的23%;服务业水平比同等发展中国家低10个百分点”。[3] 而就农村而言,受政府公共支出“非农”偏好所限,[4] 农村公共产品供给严重不足,远滞后于农村社会经济发展的实际需要,极大地制约了农村消费的正常开展,具体来说,主要体现在以下方面:

1. 基础设施建设滞后

必要的基础设施是消费行为得以正常开展的基础性条件,基础设施建设在很大程度上影响着消费需求的实现和消费结构的升级,基础设施因此成为影响

---

[1] 实际上,公共产品又可进一步划分为纯公共产品和准公共产品,对于准公共产品的供给方式,还存在不同认识,即除政府供给外,也并完全排除其他社会主体的参与。但对于纯公共产品的供给而言,无一例外地认为,应由政府充当供给主体之角色。因此至少可以断定,政府是公共产品供给的主要主体,在一般情况下,公共产品应由政府负责提供。

[2] 参见国家行政学院经济学部课题组:《中国经济新常态若干问题研究》,载《经济研究参考》2015年第1期。

[3] 参见李克强:《维护和平稳定推动结构改革增强发展新动能——在世界经济论坛2015年年会上的特别致辞》,载《光明日报》2015年1月23日,第3版。

[4] 参见王志:《制约中国农村居民消费增长的原因及促进政策》,载《大连海事大学学报》(社会科学版)2014年第2期。

消费的重要因素之一。从农村的实际情况来看,随着近年来政府投入的逐渐增多,农村基础设施状况有了很大改善,但与城市相比还存在较大差距,“底子薄”“基础差”,在很多方面尚不能满足农村居民消费需求的实现、消费结构的升级以及消费质量的提高之需,道路、交通、通信、商业网点、文体娱乐等基础设施还普遍落后,由此在很大程度上影响了农村消费的正常开展和有效增长。[1] 例如,农村交通设施的滞后在很大程度上制约了农村流通体系的建设,直接影响了消费品的运输以及农村消费售后服务的进行,并直接增加了农村消费市场经营者的成本、压缩了其利润空间;农村自来水管网和下水道铺设的滞后导致以洗衣机为对象的农村生活消费受到很大影响;农村通信设施建设的滞后制约了手机、电视、电脑等产品的购买与使用;加油站、加气站以及修理厂数量的稀少影响到以汽车为代表的交通运输工具的消费。[2] 相关调查数据也印证了这一点,据第二次全国农业普查的结果显示,彼时全国未实施集中供水的镇还有28%,其中中部地区达到35%;全国近1/3乡镇没有综合市场,3/4乡镇没有专业市场;全国近20%的乡镇没有完成农村电网改造;17%的自然村没有通公路,30%的村在3公里之内没有车站或码头;26%的村没有卫生室;80%以上的村不能实施垃圾集中处理,80%以上的镇生活污水没有经过集中处理,80%以上的乡镇没有体育场馆、影剧院。[3] 中国消费者协会的调查数据显示,有31.3%的受访农民认为生活资料购入不便,有37.2%的受访农民认为生产性资料购买不便。[4] 另有调查数据显示,32%的受访农村消费者认为,“消费基础设施差”是阻碍其进行耐用品消费的主要原因所在。[5] 总之,以供水困难、电网老化、交通不便、信号不稳等为表现形式的落后农村消费基础设施导致农村居民陷入“买得起用不起”或“买得起不能用”的尴尬境地,并因此制约了农村

[1] 参见郭月梅、蒋勇、武海燕:《新供给经济学视角下扩大消费需求的财税政策探讨》,载《税务研究》2015年第9期。

[2] 参见王杜方玫:《基于ELES模型的陕西省农村居民消费结构分析》,载《宝鸡文理学院学报》(社会科学版)2016年第1期。

[3] 参见张静、王环:《农村居民消费制约因素研究》,载《山东理工大学学报》(社会科学版)2011年第5期。

[4] 参见郑斌斌:《我国农村流通体系对农村消费需求的影响分析》,载《商业经济研究》2016年第18期。

[5] 参见山西行政学院理论研究中心:《构建扩大农村居民消费需求长效机制研究——基于山西农村的调查分析》,载《国家行政学院学报》2014年第2期。

消费的正常开展和有效增长。

2. 社会保障水平低下

自党的十六大报告首次提出,要"探索建立农村养老、医疗保险和最低生活保障制度"后,我国即开始正式着手农村社会保障体系建设,尤其是党的十七大之后,我国农村社会保障体系建设的步伐明显加快,以"全覆盖、保基本、多层次、可持续"为显著特点的农村社会保障体系日益健全。2008 年党的十七届三中全会所通过的《关于推进农村改革发展若干重大问题的决定》以专题的形式对"健全农村社会保障体系"这一战略规划做了全面规定,并确立了"加快健全农村社会保障体系"的基本原则,即"贯彻广覆盖、保基本、多层次、可持续原则"。2012 年 11 月党的十八大报告更进一步提出,要坚持全覆盖、保基本、多层次、可持续方针,以增强公平性、适应流动性、保证可持续性为重点,全面建成覆盖城乡居民的社会保障体系。由"广"到"全"的调整,凸显了党中央对社会保障问题的越发重视。现行农村社会保障体系虽实现了"会"的目标,但现有的社会保障水平相对来说还比较低,保障的深度和广度还远不能适应农村经济社会发展的实际需要。《中国统计年鉴》数据显示,2011 年,全国社会保险基金支出总额为 18,054.6 亿元,其中,城镇基本养老基金支出为12,764.9亿元,而同期新型农村社会养老保险基金支出为 587.8 亿元,仅为城镇居民养老金支出的 4.6%。[1] 另有统计数据显示,截至 2014 年,我国农村居民的低保资金每月不足 150 元,与一般生活需求相比,这一标准明显偏低。[2] 有调查结果显示,在面对"您认为当前农村社会保障的最大问题是什么"这一问题时,有 90.8% 的被调查者选择了"保障水平低",有 51.0% 的被调查者觉得当地社会保障对他"帮助很小"。[3] 理论和实践证明,社会保障水平是影响消费的关键性因素之一,而农村社会保障对于农村消费的影响则更为明显。对于广大农村居民而言,其收入不高且稳定性不足,在面对疾病、子女教育、父母赡养以及意

---

〔1〕 参见王志:《制约中国农村居民消费增长的原因及促进政策》,载《大连海事大学学报》(社会科学版)2014 年第 2 期。

〔2〕 参见司春燕:《新型城镇化中扩大消费需求的财税政策研究》,载《商业经济研究》2016 年第 4 期。

〔3〕 参见山西行政学院理论研究中心:《构建扩大农村居民消费需求长效机制研究——基于山西农村的调查分析》,载《国家行政学院学报》2014 年第 2 期。

外事故等问题时,没有一定的储蓄往往是无法应对的。因此,农民普遍将其收入投入到储蓄中,由此直接制约了正常消费行为的开展以及农村消费需求的增长。

除保障水平低下外,农村社会保障还存在如下问题:(1)社会保障覆盖面不足,农民参与社会保障的积极性不高。例如,据统计数据显示,2011 年,我国新型农村社会养老保险参保人数仅为 32,643.5 万人。[1] 另有调查数据显示,目前我国仍有约 1/3 的乡镇没有敬老院。[2] (2)社会保障城乡二元分割问题十分严重,农村社会保障在范围上和标准上都低于城市社会保障。[3] 有统计数据显示,城市居民享受 89% 的养老保障经费,而占人口绝大多数的农村居民只占 11% 的社会保障资金。[4] 社会保障二元分割的存在不仅导致其社会公平性的受损,而且进一步固化了城乡存在的社会经济发展差距。[5]

总而言之,尽管近年来农村社会保障体系日趋健全,新型农村合作医疗、新型农村养老保障和农村最低生活保障等核心制度相继建立,但受限于农村社会保障水平的低下、保障覆盖面的不足以及城乡差距的严重,农村社会保障的"安全网""稳定器"功能并未得到应有发挥,导致农村居民预防性储蓄动机强烈,农村居民将更多的收入转化为储蓄,用于未来生活之需,节俭消费、谨慎消费行为特征明显,正常消费需求严重受挫、农村消费市场发展长期裹足不前。农村社会保障的滞后成为制约农村消费正常开展的重要因素。

(三)基于农村消费环境的分析

一般认为,所谓消费环境,是指在对消费者消费心理与消费行为具有一定影响的、外在的各种因素的总和。消费环境不仅是消费行为开展的前提条件之一,而且对消费行为的实施、消费需求的满足、消费成本的增减、消费结构的优

---

[1] 参见王志:《制约中国农村居民消费增长的原因及促进政策》,载《大连海事大学学报》(社会科学版)2014 年第 2 期。

[2] 参见郝爱民:《构建扩大农村居民消费长效机制研究——一个制度分析框架》,载《中国农学通报》2013 年第 11 期。

[3] 参见史云、田珍:《新常态下农村中等收入者消费特征及市场驱动研究——以江苏为例》,载《江苏商论》2015 年第 10 期。

[4] 参见韩丽娜、张树安、马树昇:《传统文化、消费习惯与农村居民消费行为》,载《大连民族大学学报》2016 年第 4 期。

[5] 参见张云生:《对新常态下缩小贫富差距的思考》,载《齐齐哈尔大学学报》(哲学社会科学版)2015 年第 8 期。

化产生直接影响,直接关系消费目的能否实现。[1] 消费环境会对消费者的心理预期产生重大影响,会消除或加重消费者在消费过程中的信任危机,其结果是刺激或抑制消费者的即期消费。[2] 一般来说,优良的消费环境会降低消费的成本支出,并有助于推进消费结构的优化,进而有助于推进消费行为的开展。而恶劣的消费环境则会造成消费成本的提高、阻碍消费结构的优化、抑制消费需求的满足,进而阻碍消费行为的开展。

消费环境有自然环境和社会环境之分,社会环境又可进一步划分为"硬"环境和"软"环境。所谓"硬"环境,主要是指对消费行为能够产生直接或间接影响的基础设施建设,如道路、水、电、气等;所谓"软"环境,则是指对消费行为能够产生直接或间接影响的机制体制。此处所讲的消费环境系狭义上的,仅指"软"环境而不包括"硬"环境。从农村的实际情况来看,农村消费环境有待完善,消费环境还无法满足农村消费行为的正常开展,进而直接制约了农村消费的增长,具体来说主要体现在以下方面:

1. 农村消费安全性环境不佳

安全、放心的环境是消费行为得以正常实施的基本条件,安全环境是关系消费开展的关键性要素之一。但从目前的实际情况来看,[3]农村消费安全环境的总体状况还不容乐观,主要体现在以下两个方面:(1)消费者的人身安全保护不力。人身安全,即生命、健康得以确保,是消费者安全权最核心的内容,[4]也是消费者在消费过程中最基本的权益诉求、法律保护的"底线"所在。

---

[1] 参见李峰、赵怡虹:《新常态下统筹城乡公共服务促进农民消费的作用机制研究》,载《当代经济管理》2015 年第 9 期。

[2] 参见陈丽芬、郭君平:《"十三五"消费环境和影响因素分析》,载《中国经贸导刊》2016 年第 24 期。

[3] 笔者曾就农村消费安全环境进行过专项调研,此次调研是分期进行的,时间跨度由 2011 年 7 月至 2014 年 8 月,集中调研时段主要包括 2011 年 7 月 28 日至 8 月 15 日、2012 年 8 月 2 日至 8 月 21 日、2013 年 8 月 15 日至 8 月 30 日、2014 年 7 月 25 日至 8 月 10 日,调研地域范围主要涉及河北省鹿泉市、平山县、任丘市、文安县、清苑县、晋州市、大城县、灵寿县等 11 个县(市、区),调研采取了问卷、访谈和座谈相结合的方式,其中,共收回有效调查问卷 360 份。

[4] 安全权是消费者所应享有的首要权利,亦是知情权、公平交易权等其他权利的基础。1993 年《消费者权益保护法》颁布之初,即对安全权予以了明确规定,且将其排在消费者几大权利之首。《消费者权益保护法》(2013 年)的修订对消费者安全权予以了再次强调,即"消费者在购买、使用商品和接受服务时享有人身、财产安全不受损害的权利","消费者有权要求经营者提供的商品和服务,符合保障人身、财产安全的要求"。

但在当前农村消费市场的实际运行中,农村消费者的人身安全还未得到应有的保护,尤其体现在食品安全领域。专项调查结果显示,有80.8%的农村消费者表示,自己或家人曾因购买、使用假冒伪劣商品而对人身安全造成损害。其中,这部分消费者中又有92.1%的人将致害因素归结为假冒伪劣食品。[1] 进一步调查发现,在很多农村地区,"康帅傅"方便面、"太白兔"奶糖等为代表的假冒伪劣食品大行其道,无厂家、无生产日期、无质量合格证的"三无"食品,过期、变质食品随处可见,这无疑对农村消费者的健康乃至生命带来了巨大危害。此外,更让人忧虑的是,农村中小学周边所售卖的小食品,其质量状况更是堪忧,由此带来的危害性不容小觑。此次调研发现,在农村中小学周边所售卖并成为农村中小学生主要零食的小食品多为小厂家所生产,食品成分标注不清、生产日期标注不明,更有过期食品在公开售卖,食用这种食品即便当时不会产生直接、明显的危害,但对中小学生身体健康的潜在危害、对中小学生成长发育的负面影响是显而易见的。(2)消费者的财产安全保护不周。数年前,商务部所进行的一次问卷调查显示,有75%的农村消费者买到过假冒伪劣商品。[2] 而此次所进行的问卷调查结果则显示,有高达96.1%的农村消费者表示自己或家人曾经买到过假冒伪劣商品。[3] 之后的访谈、座谈调查也证实,当前农村消费市场的一个普遍性现象是假冒伪劣商品随处可见,从食品、服装到电器、农资,农村在某种程度上成为"假冒伪劣商品的集散地",农村消费者俨然成为"消废者"。假冒伪劣商品在农村的泛滥,无疑是对农村消费者财产权的侵害,且突出体现在农资领域。以农资为代表的生产资料消费在农村消费中占据很大的比重,而假农药、假化肥、假种子的存在则让农民苦不堪言,经济利益严重受损。"人误地一时,地误人一年",假冒伪劣农资让农村消费者"很受伤",农民一旦购买并使用假种子、假农药、假化肥,必将会造成农作物减产,甚至颗粒无收。

---

〔1〕 在所收回的360份有效调查问卷中,在"是否曾因购买、使用假冒伪劣商品而给自己或家人造成人身安全损害(包括损害健康和危及生命)"这一问题的回答上,有291人选择了"是";而对接下来问题的回答,即"所遭受的人身安全因何种假冒伪劣商品而导致的",有268人选择了"假冒伪劣食品"(该问题为多项选择)。

〔2〕 参见刘连伟、邢明贵:《健全农村维权网络 提高农民维权意识 关键要改善农村消费环境》,载《消费日报》2006年3月28日,B01版。

〔3〕 在所收回的360份有效调查问卷中,在"自己或家人是否曾经买到过假冒伪劣商品"这一问题的回答上,有346人选择了"是"。

此次调研发现,假冒伪劣农资的危害是普遍存在的:假的除草剂没有消灭杂草,却把农作物"打"死了;假的种子导致农作物大规模减产,甚至颗粒无收,让农民1年的辛苦白费;假的化肥则耽误了农时、影响了农作物产量,甚至会造成土地板结、土壤污染,给农民带来持续性损害。此外,假的饲料非但没有让农民所饲养的鸡、猪等家禽家畜实现增蛋、增肉,且造成其体质下降、罹患疾病。

农村消费安全性环境的不佳,不仅使农村消费者的财产权遭到严重侵害,直接危及农村消费者的人身安全,而且直接制约了农村消费的正常开展、影响了农村消费市场的有效开拓,其负面效应主要体现在以下方面:(1)抑制农村消费的正常开展。作为影响消费行为的各种外在条件,消费环境会对消费者的消费需求及消费结构产生直接影响。[1] 简言之,良好的消费环境有助于推进消费的增长,而不佳的消费环境会直接抑制消费的开展。农村消费安全环境不佳、假冒伪劣产品的泛滥导致农村消费者在进行消费时心有余悸,"一朝被蛇咬,十年怕井绳",基于自我保护的本能而"不敢"消费。[2] 农村消费安全环境不佳除会导致农村消费者"不敢"消费外,还会造成农村消费"移转",即农村消费者因对农村消费安全环境的不放心、对农村消费市场所售的商品不信任而选择去城里消费(这往往需要承受额外的经济、时间成本为代价),尤其体现在大额消费上。[3] 无论是"不敢"消费,还是消费"移转",无疑都在很大程度上抑制了农村消费的正常开展,导致农村消费市场的发展长期处于停滞不前的状态。(2)造成农村消费市场的畸形发展。农村消费安全环境不佳,除会导致农村消费者权益受损、农村正常消费遭受抑制外,还会造成农村消费市场的畸形发展。"竞争是市场经济的灵魂",良好竞争秩序的有效维护、优胜劣汰作用的充分发挥,不仅可以促进经营者提高产品与服务质量、重视消费者权益保护,而

---

〔1〕 参见陈幼红:《优化农村消费环境的对策》,载《商业时代》2010年第10期。

〔2〕 参见李璐:《提高农村居民消费质量需要优化农村消费环境》,载《消费经济》2010年第1期。

〔3〕 笔者就农村消费安全环境问题进行了专项调研,时间跨度由2011年7月至2014年8月,集中调研时段主要包括2011年7月28日至8月15日、2012年8月2日至21日、2013年8月15日至30日、2014年7月25日至8月10日,调研地域范围主要涉及河北省鹿泉市、平山县、任丘市、文安县、清苑县、晋州市、大城县、灵寿县等11个县(市、区),调研采取了问卷、访谈和座谈相结合的方式,其中,共收回有效调查问卷360份。在所收回的360份有效调查问卷中,对于"会不会因为担心农村售卖的商品质量不合格或有假而选择去城里购买所需商品"这一问题的回答上,有358人选择了"会";而在座谈、访谈调查环节发现,农村消费者选择到城里购买的商品主要是以家电、大型农业机械等为代表的经济价值较高的商品。

且可以推动经营者采用新技术、开发新产品,进而有利于提振消费信心、提高消费倾向、推进消费升级、扩大消费需求。[1] "优胜劣汰"是市场机制作用的必然结果,也是一个正常市场的应有竞争状态,但在很大一部分农村地区,却并非如此。由于农村消费安全环境不佳、假冒伪劣商品泛滥,加之农村消费者的综合素质整体偏低,其商品质量认知能力有限、商品质量意识薄弱,农村消费者在市场上难以有效辨别商品的真正优劣,由此导致在农村消费市场中商品竞争的焦点由质价并重转向漠视质量而单纯比拼价格。假冒伪劣商品在农村的泛滥使农村消费者无法基于品牌、价格等常识去判断拟购商品的质量,由此导致很多农村消费者在选购商品时轻视品质而更关注于价格。"没花多少钱,假的也无所谓",这既是很多农村消费者当下的一种消极消费心态,更是在农村消费安全环境不佳背景下农村消费者的"无奈选择"。而违规经营者则借此以降低质量、减少功能等为手段进行恶性竞争。在这种情况下,守规经营者在市场竞争中往往占不到优势,在当前的农村消费市场竞争中普遍存在违规者"占优"而守规者"失意"的非正常现象。[2] 在很多农村地区,消费市场的竞争处于一种不正常状态,"柠檬效应"明显、"劣币驱逐良币"现象盛行,很多守规经营者不是倒在"真刀真枪"的正常竞争中,而是死于"假冒伪劣"的"铺天盖地"之下。[3] 作为农村消费市场开拓的"先行者",辽宁省蒲公英商贸有限公司董事长王吕权就曾尖锐地指出,在当前农村,真产品比不过假产品,低价是许多农村居民对商品的"首选"。在农村,仅依靠市场调节还远不能通过优胜劣汰起到资源优化配置的作用。[4] 总之,安全环境的不佳非但未使得农村消费市场得到合理有效的引导,更是造成农村消费市场的畸形发展。

2. 农村消费市场化环境羸弱

消费行为的正常开展及成长离不开优良的消费环境,[5]但从农村的实际

---

〔1〕 参见刘勇:《发挥消费对增长的基础作用推动经济新常态下的工业增长》,载《理论探讨》2016年第1期。

〔2〕 参见宋红羽:《关于农村消费市场状况及监管情况的调查报告》,载国家工商总局网站:http://www.saic.gov.cn/yjzx/laowangzhan/201202/t20120216_123620.html,最后访问日期:2018年9月8日。

〔3〕 参见郑风田:《如何改善农村消费环境》,载《时事报告》2011年第3期。

〔4〕 参见陈黎明:《市场失灵政府越位导致农村劣质商品横行》,载《中国改革报》2005年1月13日,第2版。

〔5〕 参见卢嘉瑞:《优化消费环境提高消费质量载》,载《河北经贸大学学报》2006年第6期。

情况来看,除安全性不佳外,农村消费环境还存在另一重大缺陷——市场化环境羸弱。受农村消费市场化环境羸弱所限,消费不实惠、不方便与消费不放心[1]一起共同成了制约农村消费正常开展的三大"拦路虎"。[2] 农村市场化环境羸弱主要表现在农村消费市场发育不良。首先,农村消费市场发育不良表现为农村流通体系的滞后。流通是生产和消费的中间纽带,对经济运行具有先导性影响,关系消费市场的繁荣程度和消费品的流通状况,良好的流通体系对挖掘消费需求、扩大消费市场、改善消费水平、优化消费结构具有重要的保障和促进作用。[3] 长期以来,"重生产、轻流通"的传统观念迟滞了我国流通体系的现代化进程,[4]而这一问题在农村尤为凸显,落后的流通手段障碍了农村消费市场商品的丰富及规模的扩大,滞后的流通方式制约了农村居民的消费行为。[5] 在部分农村地区,"大件用品跑城里,油盐酱醋找个体,日用百货赶大集"是当前农村消费市场现状的一个生动写照。农村流通体系建设滞后所导致的直接后果就是农村居民消费的"不安全、不方便、不实惠"。调查结果显示,约有1/3的农村居民面临消费不方便的问题,其购买生产资料、消费用品往

---

〔1〕 所谓消费不实惠,是指因农村消费市场中同类同种商品的价格往往高于城市而导致农村居民的消费成本较高;并且,在一段时期内,农村消费价格涨幅持续高于城市。所谓消费不方便,是指因农村消费市场中商品种类过少、农村区域过于广阔、农村消费网点稀少而导致农村居民的消费便利性不足。中国消费者协会所进行的调查结果显示,31.3%的农民认为购买生活资料不方便,37.2%的农民认为购买生产资料不方便。所谓消费不放心或不安全,是指因农村消费市场假冒伪劣产品泛滥、农村消费政府监管不力而导致农村居民在消费过程中人身、财产安全受到侵害并因此不敢大胆、放心消费。商务部进行的调查结果显示,觉得有消费不放心认知的农民高达46.2%。相关论述参见林超群:《"万村千乡"市场工程存在的问题及对策》,载《农村经济与科技》2007年第1期。

〔2〕 参见刘纯银:《经济运行新常态下需挖掘农民消费潜力》,载《农民日报》2015年1月14日,第3版。

〔3〕 参见夏妍、程斌:《我国农村流通业与农村居民消费水平协调发展机制研究》,载《商业经济研究》2016年第13期。

〔4〕 有研究者进一步指出,这种影响主要体现在三个方面:一是制约了商业流通组织的发展。相关数据显示,在2013年,我国限额以上连锁零售企业销售额占社会消费品零售总额的16.0%,而欧美发达国家的这一比例则达到60%以上,美国更是达到80%。二是导致流通效率低下。2013年,我国限额以上批发零售企业库存商品总额占全年销售比重为6.5%,而发达国家这一比例则仅为1.3%左右。三是造成流通总费用居高不下。2013年,我国物流总费用占GDP的比重为18%,而从世界平均水平来看,这一比例则仅为6.8%。相关论述参见胡清升:《引领消费新常态 释放消费潜力》,载《中国统计》2015年第7期。

〔5〕 参见郑斌斌:《我国农村流通体系对农村消费需求的影响分析》,载《商业经济研究》2016年第18期。

往需要到县城解决。[1] 另有调查结果显示，农村家电产品价格普遍比城市高5%～10%，有些地区甚至更高，并且越是经济落后的地区，家电价格就越高。[2] 其次，农村消费市场发育不良表现为农村消费市场主体的普遍弱小及高度分散，以集贸市场、小型杂货店、流动商贩为代表的传统流通业态在农村消费市场长期占据主导地位，以“夫妻店”“代销店”等为代表的农家店在大部分地区仍是农村消费市场的核心甚至唯一主体，消费市场主体的弱小直接限制了其管理水平和经营方式，不仅难以提供更好的服务，且在一定程度上恶化了农村消费市场的安全状况。[3] 在农村地区，农村消费市场中不仅可选择的商品种类少，且价格较高，对于很多商品，农村居民不得不到城里去采购，形成消费“转移”。农村消费的被动“转移”导致农村居民消费成本的无端增加，并进而影响了农村居民的正常消费。[4] 最后，农村消费市场发育不良还体现为农村售后服务机制的滞后。对于城市，农村售后服务机制十分滞后，主要表现为商品售后服务体系残缺、售后服务功能虚化。因此，售后服务无法保证。[5] 据工业和信息化部的调查显示，多数农民对农村售后服务不满意，主要表现在以下方面：一是售后服务网点少，距离过远导致农村居民在此方面的经济、时间成本支出增加；二是售后服务保障体系不健全，产品配件储备不足导致维修时间不合理延长，影响农民生产生活；三是售后服务人员综合素质不高、售后服务保障能力不足，导致售后服务大打折扣。[6]

除农村消费市场发育不良，农村消费市场化环境羸弱还表现在农村消费市

---

〔1〕 参见刘玉萍、郭珺珺：《“万村千乡”推广悖论及其解决方案》，载《重庆工商大学学报》（西部论坛）2008年第6期。

〔2〕 参见王峰：《疏浚流通渠道　降低农村家电价格》，载《中国消费者报》2009年1月16日，A01版。

〔3〕 农村消费市场主体弱小带来的问题就是经营者素质参差不齐，农村消费市场主体分散化则意味着政府部门对经营者的监管难度加大，经营者素质参差不齐且难于监管也正是造成农村消费安全环境不佳的重要因素之一。其典型表现为，受管理水平所限，传统农家店的进货渠道比较混乱，进而助推了假冒伪劣产品在农村消费市场的泛滥，进而恶化了农村消费市场的安全状况。

〔4〕 参见山西行政学院理论研究中心：《构建扩大农村居民消费需求长效机制研究——基于山西农村的调查分析》，载《国家行政学院学报》2014年第2期。

〔5〕 参见孙保营：《河南省农村居民消费行为特征及其优化研究》，载《当代经济》2016年第16期。

〔6〕 参见郭晓妍、欧阳静宜、高嘉悦：《家电下乡“困境”的成因与对策——基于农村消费环境要素的分析》，载《北京电子科技学院学报》2011年第3期。

场竞争和交易秩序的失范。[1] 2015 年，工商行政管理总局官网的相关数据显示，侵犯知识产权行为、虚假广告、虚假宣传、虚假标识案件仍然很严重。[2] 而实践调查结果亦表明，农村消费市场秩序总体状况不佳，市场竞争机制尚未处于正常状态。

（四）基于农村消费品供给的分析

在经济发展的过程中，市场供给与消费需求两大要素关系密切：从经济发展的长期趋势来看，需求对于供给具有引导作用，正所谓"有需求则有供给"；从经济发展的特定阶段来看，供给对于需求具有决定性作用，其决定需求的实现程度，即需求只能在供给范围内实现，同时对需求具有引领示范作用。有效供给与有效需求的平衡是消费行为得以顺利开展、经济得以可持续增长的基础，供给与需求的不匹配（尤其表现为有效供给不足）会抑制消费行为的开展、影响社会经济的发展。从我国社会经济发展的实际情况来看，随着消费市场由卖方市场转为买方市场以及个性化、多样化消费需求的扩张至少在某些领域，产业结构与市场供给结构失衡已成为消费需求扩大和消费结构升级的重要约束。[3] 其突出表现为，有效供给的严重不足和产品供给的高度同质化，即在我国消费市场中，不适应市场需求的无效供给过多而产品适销对路的有效供给严重不足。长期以来，大规模的重复投资和低准入门槛限制造成区域产业高度同构、产品同质化现象严重，由此造成结构性过剩与有效供给短缺并存。[4] 这一问题在农村消费领域表现得尤为突出。近年来，随着农村社会经济的发展、农民收入水平的提高，农村居民恩格尔系数逐年递减，以食品、服装等为代表的生活必需品在消费结构中的占比逐年下降。相应地，多元化和个性化的消费支出在消费结构中的占比逐年增加，但市场供给并未能实现与消费需求的"同步"，供给不力在一定程度上阻碍了农村居民消费需求的满足、抑制了农村居民消费行为的开展、迟滞了农村消费的增长。有调查结果显示，39.3%

[1] 参见徐绍史：《积极发挥新消费引领作用　加快培育形成新供给新动力》，载《中国经贸导刊》2015 年第 36 期。

[2] 参见刘璐、张泽一：《怎样应对新常态下的消费需求升级》，载《经营与管理》2016 年第 1 期。

[3] 参见郭月梅、蒋勇、武海燕：《新供给经济学视角下扩大消费需求的财税政策探讨》，载《税务研究》2015 年第 9 期。

[4] 参见胡清升：《引领消费新常态　释放消费潜力》，载《中国统计》2015 年第 7 期。

被受访农民认为,“缺乏适合农村消费的产品”是阻碍农村消费的主要原因所在。[1]

农村消费市场供给不力主要体现在农村市场消费品供给结构不合理。农村市场中的很多消费品缺乏创新,达不到“适销对路”,由此直接障碍农村消费品的升级换代和农村消费结构的优化,导致农村居民陷入“想消费、想提升,但没有合适产品可消费、可提升”的尴尬状况。[2] 此外,农村市场消费品质量低下和价格不合理也是农村消费市场供给不力的重要表现,农村消费品质量低下直接影响了其使用效能并反过来影响正常消费的开展,[3]农村市场消费品价格的不合理不仅提高了农村消费者的消费支出,而且抑制了其消费需求,二者都从一定程度上制约了农村消费水平的提升。[4] 换言之,农村市场供给与农村消费需求之间的矛盾已经越来越尖锐,并严重制约了农村消费的发展、农村居民消费需求的满足以及农村消费结构的优化升级。

农村消费市场供给不力的原因大致有以下几个:(1)在农村承担供给重任仍为治理机制不良、管理体系滞后、创新能力低下的中小型经营者,因此,其所提供的供给无效多而有效少。(2)农村消费市场秩序的混乱、假冒伪劣产品的泛滥、“柠檬效应”的存在,进一步挤占了有效供给的市场空间。(3)农村消费市场成本高、经济回报低的特点导致许多大的厂商不愿进入农村消费市场,更不会将产品开发的重点放在农村。因此,适合农村消费市场特点的高质量、现代化产品供给滞后。

(五)基于农村消费文化的分析

消费不仅是一种经济活动和心理现象,同时是一种文化活动和社会现象。[5] 所谓消费文化,一般是指在特定历史阶段中,消费者在物质生产与精神生产、社会生活以及消费活动中所表现出来的消费观念、消费认知、消费倾向和

---

〔1〕 参见山西行政学院理论研究中心:《构建扩大农村居民消费需求长效机制研究——基于山西农村的调查分析》,载《国家行政学院学报》2014 年第 2 期。

〔2〕 参见张国光:《有效消费不足与经济可持续增长》,载《西南金融》2015 年第 12 期。

〔3〕 农村消费市场中产品和服务质量的低下,会导致农村消费者的不信任感,影响其消费信心和消费意愿,降低消费安全感,导致“不敢消费”,进而影响消费需求的增长。

〔4〕 参见梁达:《从改善供给角度重构经济增长新动力》,载《金融与经济》2014 年第 3 期。

〔5〕 参见张艳涛、林倩倩:《论新常态视阈下中国消费文化建设》,载《广义虚拟经济研究》2016 年第 1 期。

消费态度的总和。[1] 消费文化主要包括两个层次：一是个人消费者的内心认知，二是群体消费者的群体观念。在影响消费的因素中，消费文化因素贯穿于消费活动的整个过程并起着重要的引导作用。[2] 良好、正面的积极消费文化不仅会推进消费的开展、实现经济的增长，而且会产生良好的社会效果；落后、负面的消极消费文化不仅会抑制消费的开展，而且将产生不良的社会效果。随着我国社会经济的发展以及精神文明建设的加强，从整体上讲，我国居民的消费文化逐渐成熟，并对消费的开展产生良好的促进作用；但相较而言，我国消费文化建设的起步较晚，理性而健康的消费文化在全社会范围尚未形成，[3] 在诸多领域，消费文化的培育还有待加强，[4] 对于农村来说就是如此。总体而言，农村消费文化还很不成熟，主要表现为以下几个方面：

（1）攀比消费盛行。“面子文化”在农村根深蒂固，渗透到消费领域就体现为攀比消费文化的盛行、“邻居效应”的凸显，其所带来的后果是造成农村消费者的不理智消费。不理智消费所带来的负面效应十分严重，其不仅造成消费浪费（包括农民金钱和社会资源的浪费），而且还会产生“挤出效应”，影响正常消费需求，抑制消费层次和质量升级，即农村居民因攀比消费而无端耗费大量资金后无力再进行其他正常消费。有调查结果显示，这种攀比消费存在于房屋建

---

[1] 目前，对于消费文化的内涵界定还存在不同认识。例如，刘江老师认为，所谓消费文化，是指文化在人类消费活动中的以特定方式存在和体现的“全部社会传统，即全部知识和习俗的总和”（参见刘江：《消费行为研究的新视野：消费文化》，载《北京商学院学报》1994 年第 4 期）；尹世杰老师则认为，消费文化是指消费领域中人们创造的物质财富和精神财富的总和，是人们消费方面创造性的表现，是人们各种合理消费实践活动中的升华和结晶（参见尹世杰：《加强对消费文化的研究》，载《光明日报》1995 年 4 月 30 日，第 10 版）；熊汉富、袁丹洁认为，消费文化实际上是作为消费反映的思想、观念、知识和理论（参见熊汉富、袁丹洁：《消费文化是消费的知识化和理论化形态》，载《湖南教育学院学报》2000 年第 1 期）；蒲心文认为，消费文化是渗透到消费行为中的整体化文化观念与传统（参见蒲心文：《论消费文化——左右企业经营成败看不见的手》，载《广东社会科学》1997 年第 2 期）；黄平认为，消费文化是一种以推销商品为动力，无形中使现代社会普通大众都被相继裹挟进去的消费至上的生活方式与价值观念（参见黄平：《面对消费文化，要多一份清醒》，载《人民日报》1995 年 4 月 30 日，第 10 版）；肖浩辉则认为，消费文化有广义和狭义之分，广义的消费文化是消费物质文化和消费精神文化的总和，而狭义的消费文化是指消费在人们的观念形态上的反映（参见肖浩辉：《加强消费文化研究，提高消费文明》，载《消费经济》1994 年第 6 期）等。其中，争议比较大的就是消费文化是否仅限于正面向上的积极文化。我们这里所指的消费文化是广义上的，既包括良好、正面的积极文化，也包括落后、负面的消极文化。

[2] 参见刘璐、张泽一：《怎样应对新常态下的消费需求升级》，载《经营与管理》2016 年第 1 期。

[3] 参见张艳涛：《新常态境遇下中国消费文化建设路径探析》，载《山东社会科学》2016 年第 1 期。

[4] 例如，有研究者就指出，近年来以“抢购日本马桶盖”为典型代表的中国游客海外爆买行为背后实际上体现了中国消费文化的不成熟，是一种消费文化不自信的表现。参见刘璐、张泽一：《怎样应对新常态下的消费需求升级》，载《经营与管理》2016 年第 1 期。

设、婚丧嫁娶等诸多领域。例如,在房屋建设方面普遍存在攀比消费问题。从目前农村的实际情况来看,对于多数地区的大部分农民而言,其金钱主要用于满足人生的必要开支,其中最大的一笔就是建房子。在部分农村地区,受"富不富、看高度"等不良文化的影响,很多农民把住房视为"面子工程",为此不惜投入多年省吃俭用的积蓄甚至四处举债,贪大求洋、超前消费的特征明显,但从实际情况来看,耗费大量人力、物力、材料所建设的房屋实际使用效率并不高。[1] 在有的地区甚至存在这样的现象:农民为攒钱盖房而多年不用电。对于很多农民而言,由于在房屋建设方面耗费了过多金钱,因此,在房屋建好之后,再没有金钱用于房屋装修和生活设施建设,"房子很好但屋里却没有一件像样的家具",盲目攀比的后果就是房屋"好看"却失去了实用功能。[2] 此外,在部分农村地区,婚丧嫁娶方面所存在的攀比消费问题也比较严重。每逢婚丧嫁娶,基于讲排场、摆阔气、争脸面的错误认识,大操大办成为惯例,甚至为此借贷,似乎不摆几十桌宴席就低人一等,常常出现"一人结婚、全村送礼;一人去世,全村举丧"的壮观场面,为此而陷入过度消费的不良境地。[3]

(2)人情消费过度。总体来看,受农村"人情社会"传统以及"从众心理"和"面子思想"的影响,农民用于"人情消费"的支出在消费总支出中所占比重较高。特别是随着收入的普遍提高,"人情消费"呈现出持续走高的态势。婚丧嫁娶、乔迁新居,甚至子女升学、生日满月等诸多场合,很多农民均会大办酒席。[4] 而在部分农村地区,人情消费过度问题严重,人情往来的事由不断增

---

〔1〕 根据研究者调查,住房低效率利用主要体现在以下几个方面:一是受资金实力所限,住房的配套建设不足,由此极大地降低了其使用效率。受攀比消费文化和资金实力限制双重因素作用,很大一部分举全家之力、耗多年积累所建设的住房仅是"外表光鲜"但"内里空空",房屋应有的装修、生活必需的设施严重缺失,造成住房并未真正发挥居住功能。二是盲目跟风,大拆大建造成资源严重浪费。在农村还存在这样的情况,受攀比心理影响,部分农民在住房建设上盲目跟风,因怕住房落后于他人而轻易拆掉建成时间不长的住房,由此造成严重资源浪费。"以前是三代人建一次房,现在是一代人建三次房"这一顺口溜在部分农村地区的流行就是一个典型例证。三是基于追求大面积以及交通方便的考虑,向村外发展的建房趋向明显,由此造成土地资源浪费。为追求大面积住房以及交通便利,相当一部分农民将住房建在村间公路沿线和村庄外围,其不仅使大量农用地被占用,而且导致村内原有宅基地的闲置,形成内空外延的"空心村"现象,进而造成土地资源浪费。参见孙保营:《河南省农村居民消费行为特征及其优化研究》,载《当代经济》2016 年第 16 期。

〔2〕 参见贺雪峰:《我为什么反对家电下乡?》,载《新西部》2009 年第 4 期。

〔3〕 参见朱长明:《我国农村居民消费结构升级的制约因素分析》,载《生产力研究》2012 年第 4 期。

〔4〕 参见张小莉:《农村消费文化的现状分析及建议》,载《理论视野》2014 年第 3 期。

加、人情礼金也是节节升高,甚至为此而挤占生产、生活性资金和对外举债。有调查结果显示,2014 年度,在河南部分农村地区平均每户农民在人情消费方面所耗费的资金为 3360 元。[1]

(3)愚昧违法消费严重。在部分农村地区,愚昧违法消费的问题也比较严重,有的农民耗费大量资财用于看宅相面、烧香拜佛、修庙敬神等愚昧消费;有的农民则涉足沉迷于黄赌毒等违法消费。正可谓,"丧事奢办风气盛,封建陋习又抬头""封建迷信死灰复燃,巫婆神汉大行其道""赌博恶习沉渣泛起,不法活动渐成规模"。[2] 愚昧违法消费行为的发展不仅增加了农民负担、限制了正常消费的增长,而且助长了社会不良风气,所引来的问题多多。[3]

(4)享乐消费渐长。随着收入水平的提高,在部分农村地区,享乐消费之风渐长,如主要存在于农村中青年人群体中的"车轮式"宴请吃喝风愈演愈烈。实际上,除消费文化外,消费观念、消费习惯也是影响消费行为开展具有重要因素,[4]就农村消费而言,亦是如此,消费观念的滞后、消费习惯的不良也是制约农村消费发展的重要因素。[5] 并且,与收入水平、消费环境、消费品与公共产品供给等客观、外在因素不同的是消费文化、消费观念、消费习惯属于影响消费行为的主观、内在因素。如果说收入水平、消费环境、消费品与公共产品是障碍消费行为开展的"硬"约束,那么,消费文化、消费观念、消费习惯则属于制约消费行为开展的"软"约束。

---

[1] 参见孙保营:《河南省农村居民消费行为特征及其优化研究》,载《当代经济》2016 年第 16 期。

[2] 参见贾书海:《农村文化消费的悲哀》,载《领导之友》2005 年第 2 期。

[3] 参见孙保营:《河南省农村居民消费行为特征及其优化研究》,载《当代经济》2016 年第 16 期。

[4] 一般认为,消费观念是指消费主体在进行或准备实施消费行为时对消费对象、消费行为方式、消费过程、消费趋势的总体认识与价值判断;而消费习惯则是指消费主体在长期消费实践中所形成的对一定消费事物具有稳定性偏好的心理表现。消费文化、消费观念、消费习惯三者虽互为独立概念,但彼此之间存在交叉,从范畴上讲,一般认为,消费文化的范畴要大于消费观念、消费习惯,且消费文化对消费观念、消费习惯具有较大影响。

[5] 有研究者指出,总体而言,农村居民的消费观念还较滞后。例如,多数农村消费者对价格因素过于敏感。很大一部分农村消费者还是以价格作为判断商品质量的核心标准,甚至是唯一标准,"好货不便宜,便宜无好货"的观念普遍存在,但仅通过价格来判断商品质量,容易为不良经营者所利用,以价格信息扰乱农村消费者消费判断及消费行为,农村消费者因此而遭受损失或伤害反过来又会进一步抑制其正常消费行为的开展。相关论述参见郭晓妍、欧阳静宜、高嘉悦:《家电下乡"困境"的成因与对策——基于农村消费环境要素的分析》,载《北京电子科技学院学报》2011 年第 3 期。

综上所述,长期以来制约农村消费发展并可能在未来障碍农村消费发展的主要原因所在的,但如果深入分析,长期以来所形成的且在短期内难以革除的城乡二元体制应是根本性原因所在。

第二章　推进农村消费既往政策实践考察及成效评价

农民消费有效需求不足，农村消费市场开拓乏力，是我国经济发展中长期存在的一个突出问题。为促进农村消费进而助推经济发展方式的顺利转变，近年来，党中央、国务院不仅在“一号文件”中对农村消费问题多次予以强调，且相继推出了旨在推进农村消费的系列政策，对农村消费予以积极干预。其中，以“家电下乡”和“万村千乡市场工程”为典型代表。在我国经济步入新常态之后，农村消费问题被再次置于关键地位，其直接决定扩大内需目标能否得以顺利实现，并最终影响经济发展能否由高速增长向中高速增长的平稳过渡。“前事不忘后事之师”“以史为鉴，可知兴替”，通过对推进农村消费的既往实践予以考察、对其成效予以评价，总结经验、反思不足，实际上是对新常态下推进农村消费科学路径厘定的有益探索。

一、“家电下乡”政策实践考察及成效评价

（一）“家电下乡”政策实施考察

1. 政策实施历程

“家电下乡”政策持续时间之长、涉及范围之广，其被认为是开创了一个推进农村消费的时代——“家电下乡时代”，[1]对农村消费乃至中国社会经济发展的影响极为深远。从“家电下乡”政策实施的历程来看，其大致包括以下几

[1] 参见于昊：《“家电下乡”——历史名词》，载《电器》2013年第2期。

个阶段：

（1）“家电下乡”政策试点阶段。2007 年 11 月 15 日，财政部发布《关于开展家电下乡试点工作的通知》，该通知提出：“为扩大农村消费，提高农民生活质量，更好地统筹城乡发展及国内外市场，促进社会主义新农村建设，财政部、商务部决定，2007 年 12 月 1 日至 2008 年 5 月 31 日，在山东、河南、四川三省实施家电下乡试点工作。”同时，《家电下乡补贴资金管理暂行办法》一并下发。这标志着“家电下乡”政策的正式启动。2007 年 11 月 26 日，商务部、财政部联合发布《关于开展家电下乡工作的通知》，其对家电下乡试点工作予以再次确认，并同时下发《家电下乡试点工作实施方案》，从试点产品标准、流通企业条件等方面对试点工作进行了具体规定。2008 年 5 月 26 日，财政部、商务部联合发布《关于继续实施家电下乡政策的通知》，该通知提出：“在山东、河南、四川三省及青岛市继续实施家电下乡政策，实施截止时间暂定为 2008 年 12 月 31 日。”

（2）“家电下乡”政策“扩围”阶段。2008 年 10 月 13 日，财政部、商务部联合发布《关于家电下乡推广工作方案的通知》，随同印发的《家电下乡推广工作方案》不仅明确，在山东（含青岛）、河南、四川三个试点省份继续实施“家电下乡”，而且提出将内蒙古、辽宁（含大连）、黑龙江、安徽、湖北、湖南、广西、重庆、陕西等共计 14 个省、自治区、直辖市及计划单列市纳入推广地区范围。《家电下乡推广工作方案》还提出：“为保持政策公平，家电下乡在各地区实施的时间统一暂定为 4 年。”其中，山东（含青岛）、河南、四川等省和计划单列市实施截止时间为 2011 年 11 月底，内蒙古、辽宁（含大连）、黑龙江、安徽、湖北、湖南、广西、重庆、陕西等 14 个省、自治区、直辖市和计划单列市从 2008 年 12 月 1 日开始，到 2012 年 11 月底截止。

（3）“家电下乡”政策的全面推广阶段。2008 年 11 月 28 日，财政部、商务部、工业和信息化部联合发布《关于全国推广家电下乡工作的通知》，该通知提出，在前期试点、“扩围”的基础上，决定在全国范围推广家电下乡工作，吉林、新疆、甘肃、青海、宁夏、西藏、北京、天津、河北、山西、上海、江苏、浙江、宁波、福建、厦门、海南、江西、广东、深圳、云南、贵州等 22 个省（自治区、直辖市、计划单列市）及新疆生产建设兵团成为第三批入围“家电下乡”的地区，从 2009 年 2 月 1 日起开展家电下乡工作。

为保证地区间公平，依据相关规定，“家电下乡”政策在各地区实施的时间统一为4年。其中，作为最先试点的山东、青岛、河南、四川等4个省（计划单列市）执行到2011年11月底；作为“扩围”阶段实施的内蒙古、辽宁、大连、黑龙江、安徽、湖北、湖南、广西、重庆、陕西等10个省（自治区、直辖市和计划单列市）执行到2012年11月底；全面推广阶段实施的其余12个省（自治区、直辖市和计划单列市）以及新疆生产建设兵团执行到2013年1月底。

2. 政策实施目的

依据《关于开展家电下乡试点工作的通知》《关于家电下乡推广工作方案的通知》《关于全国推广家电下乡工作的通知》等相关文件的规定，“家电下乡”政策实施的主要目标包括：

(1)扩大农村消费。扩大农村消费是“家电下乡”政策实施的直接目的所在。《关于开展家电下乡试点工作的通知》《关于家电下乡推广工作方案的通知》《关于全国推广家电下乡工作的通知》等相关文件均对此目的有明确规定。这是由农村消费的重要地位所决定的。党的十七大报告明确提出，要“坚持扩大国内需求特别是消费需求的方针，促进经济增长由主要依靠投资、出口拉动向依靠消费、投资、出口协调拉动转变”。由此可见，扩大消费是当时我国经济工作中的一项重要任务，其直接关系社会经济的持续健康快速发展。由农村消费人口、消费水平、消费结构等因素所决定，农村消费潜力巨大，因此农村消费成为扩大消费的关键所在。正如《关于全国推广家电下乡工作的通知》所规定的，“拉动消费带动生产，促进经济平稳较快增长”是“家电下乡”政策实施的直接目的所在。

(2)改善农村民生。改善农村民生是“家电下乡”政策实施的重要目的所在。《关于开展家电下乡试点工作的通知》提出，“提高农民生活质量”是“家电下乡”政策实施的目的所在；《关于家电下乡推广工作方案的通知》规定，“改善农民生活条件”是财政补贴“家电下乡”的目的所在；而《关于全国推广家电下乡工作的通知》则规定，“改善民生”是在全国推广“家电下乡”的目的所在。

(3)促进社会主义新农村建设。“促进社会主义新农村建设”是“家电下乡”政策实施的又一重要目的所在。《关于开展家电下乡试点工作的通知》规定，实施“家电下乡”就是为了更好地“促进社会主义新农村建设”；《关于家电下乡推广工作方案的通知》指出，财政补贴家电下乡政策“是建设社会主义新农村的一项重要惠农措施”。

(4)统筹国内外市场。“统筹国内外市场”是“家电下乡”政策实施的目的之一。《关于开展家电下乡试点工作的通知》明确规定,“家电下乡”政策实施的重要目的之一是要更好地统筹国内外市场。所谓统筹国内外市场,其核心含义在于,在世界经济发展遭遇波澜,尤其是由美国次贷危机而引发世界性金融危机的宏观背景下,外部经济环境严重恶化、包括家电在内的产品出口急剧下降而形成产品积压。与此同时,受城乡二元分割体制及其他因素所限,我国农村消费市场发展滞后、农村消费水平低下。为解决在供给领域和需求领域所存在的双重矛盾,“家电下乡”政策应运而生。

3. 政策机制设计

作为一项旨在深入贯彻落实科学发展观、积极扩大内需的重要举措,作为一次财政和贸易政策的创新突破,“家电下乡”政策的核心机制在于,通过对购买指定家电产品的农村居民以一定比例财政补贴的方式而促进家电产品在农村地区的消费。“家电下乡”政策机制设计具体内容如下:

(1)实行财政直补。这一补贴是以财政直补的方式实现的,即将补贴直接发放给购买家电的农村居民[1]而非农村集体经济组织、村民自治组织、基层政府、参与企业及其相关人员。依据《家电下乡补贴资金管理暂行办法》的规定:“凡农民在规定时间内购买补贴类家电产品、提出申请并经过审核符合相关条件的,均给予财政资金直接补贴。”从“家电下乡”补贴发放的流程来看,其也是通过不断改进、确保简便易行,进而使补贴资金能够及时直接拨付给农民。

(2)统一补贴比例。依据《关于开展家电下乡试点工作的通知》《关于家电下乡推广工作方案的通知》《关于全国推广家电下乡工作的通知》等相关文件的规定,“家电下乡”的补贴比例为13%,即“按发票载明的产品销售价格的13%核定补贴金额”。这一比例的确定是参考家电产品出口退税率而确定的,在此体现了“统筹国内外市场”的政策目的。

(3)明确补贴分担规则。相关“补贴资金由中央财政和省级财政共同负担。其中,中央财政负担80%,省级财政负担20%”。财政部将中央财政应负担的补贴资金按比例预拨到省级财政部门,省级财政部门应当落实地方应负担

〔1〕 按照相关文件的规定,“家电下乡”的适用人群限定为具有农业户口的居民。

的补贴资金并及时转拨。中央财政将与地方财政定期清算。此外,对新疆、内蒙古、宁夏、西藏、广西等5个少数民族自治区及“5·12”汶川地震51个重灾县,家电下乡补贴资金全部由中央财政全额承担,上述地区可根据财力状况加大对家电下乡补贴力度。

(4)限定适用产品。依据相关文件规定,“家电下乡”仅适用于由政府所确定的特定家电产品。在“家电下乡”政策试点之初,仅彩电、冰箱(含冰柜)、手机等三类家电产品;在“扩围”阶段,“家电下乡”适用产品扩大到四类,即除原有的彩电、冰箱(含冰柜)、手机,又增加了洗衣机;在全面推广之后,适用产品的范围扩大到九类,除彩电、冰箱(含冰柜)、手机、洗衣机,电脑、空调、热水器(含储水式电热水器、燃气热水器、太阳能热水器)、微波炉、电磁炉等五类产品被纳入“家电下乡”范围内。

(5)限定产品价格。除对适用产品严格限定外,“家电下乡”还对所适用产品的价格进行了限定,即规定了最高限价。在“家电下乡”政策试点之初,仅彩电、冰箱(含冰柜)、手机三类家电产品的最高限价分别为:1500元(单价)、2000元(单价)、1000元(单价);在“扩围”后,彩电、冰箱(含冰柜)的最高限价有所调整,分别提高到2000元、2500元,(手机最高限价仍为1000元,而新纳入“家电下乡”适用产品范围的洗衣机,最高限价为2000元);在全面推广之后,九类“下乡”家电产品的最高限价分别为,彩电3500元、冰箱(含冰柜)2500元、手机1000元、洗衣机2000元、壁挂式空调2500元、落地式空调4000元、储水式电热水器1500元、燃气热水器2500元、太阳能热水器4000元、电脑3500元、微波炉1000元、电磁炉600元。

(6)限定购买数量。依据相关文件的规定,对于农村居民,其在购买“家电下乡”产品时,是有数量限制的,即每户农民每类家电产品限购2台(件),超出者,超出部分不再享受“家电下乡”财政补贴。

(7)实行招标准入。依据相关文件的规定,一方面,家电下乡产品应通过公开招标方式确定,具体由财政部会同商务部、工业和信息化部组织实施;另一方面,家电下乡产品销售企业亦通过邀请招标方式确定,具体由省级商务主管部门和财政部门根据本地区实际情况推荐销售企业。

(二)“家电下乡”政策成效评价

作为财政政策和贸易政策层面的重大制度创新,“家电下乡”政策的力度空前，对农村消费、农村民生、家电行业发展等都产生了深远影响。但正因如此，对其争议非常之大，从政策实施之初到政策结束之日，反对声一直存在。有的研究者认为，“家电下乡”政策存在许多弊病：造成实质不公，因为能够购买下乡家电的农民都是比较富裕的。因此，“家电下乡”是在补贴“富人”，从而进一步拉大贫富差距；刺激农民不理性消费，13%的财政补贴会刺激农民不理性消费，导致农民贪图小便宜去购买本来并不想买的东西；[1]在农民收入水平低下、财富积累不足的情况下，“家电下乡”的实施实际上是对农民消费能力的一种“压榨”；[2]家电下乡的实施会导致农民消费需求透支，造成“寅吃卯粮”的现象；[3]“家电下乡”的实施影响了价格调节作用的挥发，是对价格体系的扭曲；打破了市场公平竞争规则，不利于现代企业制度的建立。[4] 而支持者认为，作为扩大国内内需、拉动经济增长以及面对国际金融危机时“软着陆”的重要措施之一，[5]“家电下乡”政策的实施，有助于提高农民的购买力进而缩小城乡居民消费差距，[6]有助于刺激农民家电消费需求进而改善农民生活条件，有助于转移家电企业出口能力进而减少贸易顺差和贸易摩擦，[7]有助于家电企业开拓农村消费市场进而净化农村家电消费市场环境，[8]其极大地调动了农民消费的积极性，把农村潜在的巨大消费需求转化为现实购买力，为我国日益形成的强大生产力提供有力支撑，为国民经济提供了持久拉动力。[9]

正如有研究者所指出的那样，对于“家电下乡”政策褒贬不一的评价，更多的是在基本价值观层面的争论，因缺乏实证性研究而难于达成理论共识。[10]

---

〔1〕 参见贺雪峰：《我为什么反对家电下乡？》，载《新西部》2009年第4期。

〔2〕 参见郭振宗：《对“家电下乡”成效的思考》，载《管理科学文摘》2009年第5期。

〔3〕 参见方筱萍、卢璇：《家电下乡政策的实证分析》，载《经营管理者》2009年第12期。

〔4〕 参见汪露：《家电下乡财政补贴政策分析》，载《当代经济》2009年第2期。

〔5〕 参见温铁军、刘海英：《家电下乡与问题分析》，载《中国金融》2009年第6期。

〔6〕 参见孙菲菲：《“家电下乡”的经济效应分析》，载《商业经济》2009年第17期。

〔7〕 参见闫福丽、王小洋、卓伟年：《我国家电下乡政策的综合效应评价》，载《特区经济》2009年第7期。

〔8〕 参见崔潮、李娣：《家电下乡政策的背景、目标即效应分析》，载《地方财政研究》2010年第7期。

〔9〕 参见王曙光、高峰：《我国家电下乡政策的影响及其建议》，载《商业经济》2012年第7期。

〔10〕 参见赵莎莎、杨建立：《家电下乡的实施效果与政策完善——基于全国246村3656农户的调查与回访》，载《西部论坛》2011年第2期。

正是基于这样的考虑,笔者对“家电下乡”政策实践进行了专项调研,[1]并在借鉴前人已有研究成果的基础上,以期对“家电下乡”政策效应予以全面评价。

1.“家电下乡”政策积极效应分析

(1)促进了农村消费。对于农村消费的促进是“家电下乡”政策实施的首要目的所在。而实践亦证明,“家电下乡”政策的实施也确实促进农村消费的开展,这是其最为重要的积极效应。作为一项旨在推进农村消费的制度创新,“家电下乡”对于农村消费的影响是直接和深远的,其最直接的贡献就是激活了长期处于“休眠”状态、犹如“一潭死水”的农村消费市场,[2]使家电产品在农村的保有量显著提高,农村家电产品消费规模实现了快速增长。据统计数据显示,2009~2011年,与政策实施之前相比,以彩电、空调、冰箱和洗衣机等为代表的家电产品在农村消费的增长速度提高了1倍,[3]并保持在20%以上。其中,空调的销量增速在2010年、2011年分别达到31.85%和33.74%。[4] 仅2012年一年,家电产品销售数量就达到了7990万台,销售额达2145亿元。[5]

笔者就此所进行的专项调研也印证了这一点,“家电下乡”的实施使家电等相关产品在农村的保有量、普及率得到了很大的提高。在问卷调查环节,就“有没有在‘家电下乡’期间购置(包括更换和新添)家电等相关产品”这一问题的回答,280位受访者中有272位选择了“是”;而就“都购置了哪些产品”这一问题的回答上,排在前七位的分别为手机、电视、冰箱(柜)、电动自行车、洗衣机、电脑、空调。[6] 访谈调查环节发现,“家电下乡”的实施不仅使家电等相

---

[1] 此次调研在时间上是分段进行的,主要集中在2013年7月20日至8月25日、2013年9月10日至25日、2014年8月15日至9月5日三个时段,调研区域主要包括河北省鹿泉市、平山县、灵寿县、任丘市、文安县、大城县、河间市、清苑县、高阳县等9个县市,此次调研主要采取了问卷与访谈相结合的调查方式,累计收回有效调查问卷280份。

[2] 参见梁坤、刘广明:《后“家电下乡”时代推进农村消费政府干预论纲》,载《河北学刊》2015年第3期。

[3] 在“家电下乡”政策实施之前,彩电、空调、冰箱和洗衣机等家电产品的销量增速均低于10%。其中,空调在2008年的销量增速仅有0.03%。

[4] 参见本刊编辑部整理:《“家电下乡”历程回顾》,载《日用电器》2013年第2期。

[5] 参见林冈:《家电下乡只能是“急就章”》,载《青岛日报》2013年2月25日,第4版。

[6] 在调查问卷中,“都购置了哪些产品”这一问题为多项选择,选项包括:电视、手机、冰箱(柜)、电脑、洗衣机、空调、电动自行车、摩托车、其他产品等,并与“有没有在‘家电下乡’期间购置(包括更换和新添)家电等相关产品”这一问题相关联,在272位选择“是”的受访者,有201人选择了“手机”、196人选择了“电视”、160人选择了“冰箱(柜)”、112人选择了“电动自行车”、98人选择了“洗衣机”、96人选择“电脑”、92人选择了“空调”,另有56人选择了“其他产品”、16人选择了“摩托车”。

关产品在农村的保有量、普及率得到了很大的提高，而且极大地提升了农村家电产品的现代化水平。在经济较发达的地区，手机、电视在农村的普及率（以户为单位）已提高至100%，冰箱（柜）、洗衣机、电动自行车的普及率（以户为单位）也基本上在60%以上，且手机、电脑的增长速度较其他产品要快不少。此外，农村家电产品的现代化水平也得到了很大的提升，许多农村家庭除新添了手机、电脑等产品外，还借“家电下乡”的“东风”实现了以电视、洗衣机、冰箱（柜）等传统家电产品的升级换代。[1]

实际上，家电产品在农村保有量的提高仅是消费促进效应的外在或直接表现，“家电下乡”政策对于农村消费的促进还体现在以下更具深远意义的层面：

其一，促进了农村消费市场体系的完善。经营者规模普遍偏小且高度分散是农村消费市场的典型特征之一，以集贸市场、小型杂货店、流动商贩为代表的传统流通业态在农村消费市场长期占据主导地位。规模小带来的问题是经营者素质参差不齐，分散化意味着政府对经营者的监管难度较大，经营者素质参差不齐且难以监管是导致农村消费市场体系滞后、农村消费市场秩序不规范的根本性原因所在。此次调研发现，“家电下乡”的实施在一定程度上促进了农村消费市场体系的完善、提高了农村消费市场秩序的规范性。较之于城市，农村地区地广人稀，由此导致企业的运输成本、网点建设、售后服务等日常费用较高，加之前期的广告宣传、渠道建设等成本较大，所以，大品牌厂商和规模性企业进入农村消费市场的动力不足。在“家电下乡”以及“万村千乡市场工程”的实施过程中，政府的大力宣传实际上大大降低了企业的广告宣传费用，而财政补贴的给予则在一定程度上抵销了企业相当部分的渠道建设费用，进而极大地调动了大品牌厂商和规模性企业进入农村消费市场的积极性。[2] “家电下乡”政策的实施促使大品牌厂商和规模性企业更加关注农村消费市场，激励大牌厂商和规模性企业重视农村销售渠道建设，在财政补贴资金杠杆作用的助推下，实现了农村流通体系和服务网络建设的升级。例如，以日日顺、多方达、汇银等为代表的新兴、规模化现代企业借助“家电下乡”政策之利已在农村市场站稳脚跟、快速成长起来，

---

〔1〕 参见梁坤、刘广明：《后“家电下乡”时代推进农村消费的政府干预论纲》，载《河北学刊》2015年第3期。

〔2〕 同上。

这对农村流通体系的现代化具有十分重要的意义。[1] 此外,“家电下乡”政策的实施,还在一定程度上促进了城乡信息、文化和经济交流,并推动了农村基础设施建设,进而从“软”“硬”两方面推动了农村消费环境的优化。总之,大品牌厂商和规模性企业的进入不仅直接改善了农村消费市场主体的构成状况,而且使农村消费市场竞争秩序得以进一步规范、使农村消费品流通体系得以进一步完善、使农村消费服务网络得以进一步健全、使农村消费环境得以进一步优化、使农村消费市场竞争机制作用得以进一步强化,进而促进了农村消费市场体系的完善。

其二,改变了农村居民的消费观念。此次调研还发现,“家电下乡”政策的实施还推动了农村居民消费观念的改变。在当前农村消费市场,“70 后”“80 后”已经日渐成为农村消费的主力,而“90 后”在农村消费市场所发挥的作用也越来越多大,不同于“50 后”“60 后”,“70 后”“80 后”“90 后”不仅消费观念更为先进,且消费模仿性较强,其更易受“消费示范效应”的影响,对于新产品的接受度也更大。正是在此背景下,“家电下乡”的实施、现代化产品的进入,在很大程度改变了以“70 后”“80 后”“90 后”为代表的农村居民的消费观念和消费习惯,“年青一代”的农村居民已经抛弃了父辈们“将就用”“凑合用”“能用就先用着”等传统消费观念,其更看重产品的性能、品牌等因素。“70 后”“80 后”“90 后”是智能手机、电脑等现代化家电产品的主要消费者,而在部分经济发达地区,“网购”也已成为很多年青农村居民所青睐的消费方式。[2]

(2)有利于改善农民生活。农村地区幅员辽阔、农村居民人数众多既是我国的现实国情也是我国的长期国情。因此,从一定意义上讲,农民的民生是最大的民生,民生问题的解决关键在于农村、在于农民。对于农村民生的改善,需要着重把握以下三点:一是要把解决广大农民群众最关心、最直接、最现实的问题作为工作的重点;二是要以保护广大农民群众根本利益为工作的基本出发点和落脚点;三是要坚持广大农民群众共享改革发展成果为工作的基本要求。[3]“家电下乡”政策正是因应了上述要求,其在实施之初,即确立了“改善民生”的基

---

[1] 参见于昊:《“家电下乡”——历史名词》,载《电器》2013 年第 2 期。

[2] 参见梁坤、刘广明:《后“家电下乡”时代推进农村消费的政府干预论纲》,载《河北学刊》2015 年第 3 期。

[3] 参见闻天:《从家电下乡看改善民生》,载《红旗文稿》2009 年第 4 期。

本目标。从政策实施的实践来看,亦是如此。除促进农村消费外,“家电下乡”政策实施的另一大成效是极大地改善了农民生活。这一功效的实现是与“家电下乡”政策设计特点密切相关的。一方面,与以往惠农财政补贴最大的不同之处在于,“家电下乡”财政补贴是针对农村消费领域而非农村生产领域。因此,其对农村消费的促进是完全体现在生活层面;另一方面,从下乡家电产品的选择来看,其均是与农民生活息息相关且亟须换代升级的产品,针对性极强,准确定位于农民生活水平的提高。据统计资料显示,“家电下乡”实施期间,农村家电产品的总销售量突破了3亿台,冰箱、洗衣机等传统家电产品在农村地区的普及率提升了2倍。其中,农村每百人拥有冰箱的数量从5年前的不足20台提升到如今的60多台,[1]而在2012年,农村彩电的拥有规模首次超过了城市。[2] 另有数据显示,截至2012年年底,在农村,百户家庭的冰箱拥有量为60台、洗衣机拥有量为70台,而在“家电下乡”政策实施之前的2008年,其拥有量仅为30台和19台,4年间分别增长了一倍和近两倍。[3] 据测算,“家电下乡”政策的实施使得农村主要家电产品拥有率达到城市2000年水平,城乡家电普及率也由近20年的差距缩小到10年。[4]

除此之外,“家电下乡”政策的实施还促成了家电企业对于农村消费市场的态度转变。借助于财政补贴支持,国内大型家电企业不仅成功敲开了农村消费市场的大门,而且从农村消费市场获得不错的利润回报,由此也提高了其对于农村消费市场的重视。在“家电下乡”实施过程中,许多家电企业将农村居民消费需求作为产品研发的重要要求,其针对农村市场的特点,不断开发在功能和质量上更符合农村居民消费需求的产品,如具有防雷、防潮、超宽电源、超强接收、适合高强度运输、待机功耗小、说明书简易化等适应性功能

〔1〕 参见朗朗:《后“家电下乡”时代　政策红利哺乳期完结》,载《中国商报》2013年2月19日,W04版。

〔2〕 参见吴力:《后家电下乡时代　促消费如何借力》,载《国际商报》2013年2月4日。

〔3〕 参见于昊:《“家电下乡”——历史名词》,载《电器》2013年第2期。

〔4〕 受城乡二元体制的束缚以及城乡间社会资源分配不均的制约,农村消费水平长期落后于城市,尤其是作为耐用消费品的家电产品难以大规模进入农村家庭。据统计资料显示,2007年,农村地区主要家电的家庭拥有情况为:电冰箱的百户拥有量为26.12台,洗衣机为45.94台,空调为8.54台,电视机为94台,这相当于我国城市20世纪80年代中后期的水平。参见孙菲菲:《“家电下乡”的经济效应分析》,载《商业经济》2009年第17期。

的家电产品。[1]

一方面,"家电下乡"政策的实施、财政补贴的应用提高了农村居民的消费能力,使其有能力购置生活必需的家电产品;另一方面,农村消费市场的开拓、农村消费需求的引导促使家电企业针对农村消费市场和农村消费需求特点开发产品,确保农村居民能够买到质量过关、价格低廉、功能强大、服务有力的家电产品。这无疑有助于改善农村民生、提高农村居民生活水平。特别是彩电、手机在农村的普及和电脑在农村的增加,对农村居民精神文化生活的丰富起到了巨大的推动作用,其有利于帮助农村居民更为便捷地了解国家政策、获取市场信息、学习生产技术,进而有助于促进农村社会经济发展目标的实现。[2] 因此,多数研究者认为,"家电下乡"政策是继粮食直补、良种补贴、农机购置补贴、农资综合补贴后的又一项支农惠农政策。[3]

(3)有利于促进家电行业深度调整。在"家电下乡"之初,"是补贴农民,还是补贴企业"这一话题成了社会讨论的热点之一。从"家电下乡"政策的机制设计来看,13%的财政补贴直接补贴到农村居民头上,但其以购买国家通过招标方式所确定的家电产品(指定品牌、指定型号)为前提。因此,财政补贴虽然直接补贴给农民,但同时是间接补贴给成功中标的家电企业。"家电下乡"政策实践对此亦已证明。"家电下乡"为家电行业带来了巨大的政策"红利",13%的财政补贴让长期处于休眠状态的农村家电消费市场获得启动,农村主要家电产品的拥有量快速接近城市,甚至有部分家电产品(如彩电)的拥有量已经超过城市。[4] 这对于当时深受世界金融危机影响的家电行业而言,其意义

---

[1] 参见秦大磊、张坚:《家电下乡对农村消费者品牌意识的影响分析》,载《商业时代》2010年第11期。

[2] 参见何静:《"家电下乡"过程中的相关法律问题探讨》,载《江西农业学报》2009年第6期;马晓旭:《家电下乡政策对农村可持续发展的影响》,载《价格理论与实践》2010年第9期;王曙光、高峰:《我国家电下乡政策的影响及其建议》,载《商业经济》2012年第7期。

[3] 参见宋成华:《"家电下乡"政策的经济学思考》,载《黑龙江社会科学》2009年第4期。

[4] 参见朗朗:《后"家电下乡"时代 政策红利哺乳期完结》,载《中国商报》2013年2月19日,W04版。

非凡。[1] 在国际市场急剧萎缩、出口严重受阻的危急时刻,作为"急就章","家电下乡"发挥了重要作用,对于家电行业持续发展功不可没。[2]

但需要特别说明的是,"家电下乡"政策给家电行业所带来的"红利"并非是普遍意义上的,"家电下乡"也绝不是人人均可享用的"大锅饭"。对于规模领先的行业巨头而言,"家电下乡"可谓是一场饕餮盛宴,但对于中小家电企业来说,则是"别有一番滋味在心头"。资料显示,海尔集团在"家电下乡"政策实施期间,家电产品销售额超过了1500亿元;而空调巨头格力电器在2012年仅单一空调产品的销售额就突破了千亿元,净利润达到创纪录的73亿元,创造了国产家电行业的奇迹。[3] 更关键的是,对海尔、格力等家电领军企业而言,"家电下乡"政策的实施除了给其带来巨额销量、巨大利润外,还帮助了其开拓、占领了原来涉足不深的农村家电市场。[4] 总之,"家电下乡"政策的实施让家电领军企业获益颇丰,"鱼"与"渔"兼得,其行业领先地位得以进一步巩固。[5] 但与此形成鲜明对比的是,对于绝大多数中小家电企业而言,其受招标准入政策门槛所限,未能参与"家电下乡"政策之中,并因此非但未能享受到政策红利,且还遭受到了严峻挑战与相应损失。"家电下乡"政策的实施、大型家电企业的进入,让长期占据、主导农村消费市场的一些中小家电企业"很受伤",其

---

〔1〕 改革开放后,家电行业在我国发展迅速,其仅用了20多年时间就成为全球第一,彩电、冰箱、洗衣机、手机产量现均居世界第一,海尔更是自2009年以来连续8年成为世界第一家电企业。但所存在的问题,家电行业与海外市场关联度较高、对出口依存度过大。例如,有数据显示,2007年,彩电、冰箱、洗衣机和手机的累计出口额达到579亿美元,出口依存度约为50%(参见徐晨雪:《家电下乡政策实施效果分析》,载《安徽农业科学》2013年第5期)。在2008世界金融危机爆发之后,其受国际市场急剧萎缩影响,出口严重受阻、行业发展遭受重大困难。据有关数据显示,仅在2009年1~2月,我国家电和消费电子类出口规模就下降了29%。"家电下乡"政策实施的一个重大功效就是,有利于消化家电产品过剩产能,缓解了家电产品积压、企业利润下降的困境,进而为企业调整产品结构、促进行业健康发展拓展了空间。参见孙菲菲:《"家电下乡"的经济效应分析》,载《商业经济》2009年第17期;王曙光、高峰:《我国家电下乡政策的影响及其建议》,载《商业经济》2012年第7期;何静:《"家电下乡"过程中的相关法律问题探讨》,载《江西农业学报》2009年第6期。

〔2〕 参见林冈:《家电下乡只能是"急就章"》,载《青岛日报》2013年2月25日,第4版。

〔3〕 参见朗朗:《后"家电下乡"时代 政策红利哺乳期完结》,载《中国商报》2013年2月19日,W04版。

〔4〕 借"家电下乡"的政策"东风",很多家电企业实现了品牌影响力的增强、销售渠道的下沉、服务网络的完善的战略布局,由此为其开拓、占领农村消费市场奠定了坚实基础。

〔5〕 参见本刊编辑部整理:《"家电下乡"历程回顾》,载《日用电器》2013年第2期。

市场被大型家电企业所抢占,而由此不得不退出农村市场甚至倒闭。[1] 对于整个行业而言,"家电下乡"政策所导致的"马太效应"明显,[2]成功竞标得以参与的大型家电企业凭借"家电下乡"政策的"东风"获得了长足发展,囿于企业规模、研发能力等因素而未能参与"家电下乡"但却在农村消费市场深耕多年、积淀一定市场优势的中小家电企业发展严重受限,与大型企业的差距进一步拉大,甚至被淘汰出市场。[3] 有研究者进一步指出,"家电下乡"政策的实施将带来新一轮的行业调整,一些中小家电企业恐怕难以继续生存下去,家电行业将会迎来一个兼并重组阶段,行业的集中度将会继续提高。[4] 反对者据此认为,"家电下乡"政策实际上为逆市场经济潮流的不当行政干预措施,政府出钱补贴少数中标企业的行为意味着"市场竞争的游戏规则被行政力量人为打破",其不仅不利于农村居民消费自主选择权的行使,而且损害了企业间的公平竞争态势。[5] 有反对者进一步指出,"家电下乡"政策的实施打破了公平竞争这一核心市场规则,不利于现代企业制度的建立。[6]

"真理愈辩愈明",不同的研究视角往往得出不同的结论。就"家电下乡"之于家电行业的影响而言,正如上文所述,如果从家电行业的整体发展以及行业领军企业实力的壮大而言,其积极效应无疑是非常明显的,但如果从中小家电企业的视角来,"家电下乡"政策绝对是一个"重大利空消息",尤其是对深耕农村消费市场多年、以农村家电消费为主要支撑的部分中小家电企业而言,更是"无法承受之重"。但如果从另外的角度——农村家电消费的历史考察来看,可能又会得出另一种结论。笔者生于农村、长于农村,对包括农村消费的诸多问题深有感触。就农村家电消费而言,在中小家电企业主导农村消费市场的

---

〔1〕 参见朗朗:《后"家电下乡"时代 政策红利哺乳期完结》,载《中国商报》2013 年 2 月 19 日,W04 版。

〔2〕 同上。

〔3〕 参见吴力:《后家电下乡时代 促消费如何借力》,载《国际商报》2013 年 2 月 4 日,A01 版。

〔4〕 参见本刊编辑部整理:《"家电下乡"历程回顾》,载《日用电器》2013 年第 2 期。

〔5〕 参见本刊编辑部:《"家电下乡"能走多远?》,载《现代商业》2008 年第 10 期。

〔6〕 持该观点的研究者认为,企业通过竞争机制作用求得生存与发展、实现优胜和劣汰是现代市场经济的应有样态,但"家电下乡"政策的实施、政府财政补贴的应用在很大程度上扭曲了成本、销售和利润间的正常关系,企业经营成果无法准确反映企业的主观努力,影响企业间公平竞争,难以调动企业积极性,进而造成现代企业制度的建立成为"纸上谈兵"。参见汪露:《家电下乡财政补贴政策分析》,载《当代经济》2009 年第 2 期。

过去,其所带来的除价格优惠这一"利好"外并无其他"功绩"可言。质量低下、服务缺失等弊病所带来的不仅是农村消费者财产的损失,而且往往造成身体的伤害。而价格优惠这唯一"优势"在与质量服务水平相关联、在于人身财产损失相比较后,对于广大农村居民而言,也难称为"利好"。所以,若唯一的价格优势与其对农村消费者权益保护的不利影响,以及扰乱农村消费市场秩序的利弊相比,应该说中小家电企业的退出才应该是真正的"利好"。总体来说,"家电下乡"政策之于家电行业所带来的"深度"调整,对家电行业整体发展、农村消费市场规范、农村消费者权益保护而言,都具有十分重要的意义。

2."家电下乡"政策消极效应分析

一分为二、全面认知是理论研究应具备的基本态度之一,就"家电下乡"政策而言,其在带来上述积极效应的同时,也存在一定消极效应或待解决问题,主要体现在以下方面:

(1)造成了一定程度上的不公平。此次调研还发现,"家电下乡"政策的实施还造成了一定程度的不公平。"家电下乡"政策的核心机制在于,农村居民购买纳入"家电下乡"目录的产品,政府以直补的方式对其予以销售价格13%的财政补贴,以激活农民购买力,进而促进农村消费、推动农村消费升级。13%的财政补贴是统一标准,因并不考虑农民的贫富差别,虽然在每户的购买数量上有所限制,但仍避免不了在实现"扶贫"目标的同时产生了"济富"的效果。这种效果不仅体现在地区内,而且体现在地区间。有研究显示,从全国来看,"家电下乡"虽然带来了农村家电消费的普遍增长,但存在明显的地区差别,其中,沿海地区的消费数量最高,而东北和西北地区的消费数量最低。例如,沿海地区户均消费家电产品由2008年的2.2台增长到2011年的17.49台,而东北、西北地区户均消费家电产品仅由2008年的不到1台提高到2011年的1.07台。[1]

反对者据此认为,"家电下乡"政策的实施、财政补贴的应用实际上是在补贴"富人",因为有能力购买下乡家电产品的人都是比较富裕的农村居民。[2]

---

〔1〕 参见李艳昀:《家电下乡政策的消费效应评估——基于全国221个村庄的4年跟踪调查》,载《湛江师范学院学报》2014年第1期。

〔2〕 参见贺雪峰:《我为什么反对家电下乡?》,载《新西部》2009年第4期。

有研究者指出,"谁买我都补"这一形式平等的背后实际上是对农村贫富差距现状的忽视,并由此导致在效果上的实质不公:富裕农民有能力购买更高端、更多的下乡家电产品,并因此而获得更多的财政资金补助;而贫困农民则因无力购买高端、多种下乡家电产品而无法获得相应的政府资金补助。因此,从一定意义上讲,"家电下乡"政策与其说是在"扶贫",但更体现为"济富"。[1] 更有研究者进一步指出,"家电下乡"虽然增加了农村社会的总体福利,但因对财政补贴的实质公平性关注不足,其"收入分配效应"在一定程度上造成了农民内部收入差距的扩大,进而影响了农村社会经济的协调发展。[2]

此次调研发现,部分贫困农村居民因经济实力受限而无法(或无法全面)享受"家电下乡"这一政策福利的同时,部分本身"不差钱"的富裕农村居民却充分利用政策局限而在最大限度上获取了财政补贴所带来的经济利益。由此来看,"家电下乡"政策的实施实际上造成了贫困农民与富裕农民在财政补贴获得方面存在不公平,并在一定程度上拉大了农村居民的生活水平(乃至贫富程度)差距。此外,"家电下乡"补贴资金的分担机制也造成了地区间的不公。相关文件规定,"家电下乡"补贴资金由中央财政和省级财政共同负担。其中,中央财政负担80%,省级财政负担20%,基本上是实行"一刀切"的做法。[3] 但这一规定没有充分考虑到我国地区间经济发展水平的较大差距,因此,经济发达地区因购买力大大强于经济落后地区而获得大量中央财政补贴资金,进而造成地区间的不公,并在一定程度上加大了地区间经济发展差距。

(2)导致部分企业患上"政策依赖症"。除造成一定程度上的不公平外,"家电下乡"政策还产生了另一消极效应——导致部分企业患上"政策依赖症"。对于部分家电企业而言,其"政策依赖症"既体现在"家电下乡"政策实施期间,也体现在政策结束的后"家电下乡"时代:在"家电下乡"政策实施期间,部分家电企业目光过于短浅,过分关注企业短期利润而忽视企业长远发展,热衷于扩生产、上规模、提产能而忽视企业转型、产品升级和技术创新;在后"家

[1] 参见张康德:《是"双赢",还是"双败"?——评"家电下乡"政策》,载《经济视角》2011年第7期。

[2] 参见马晓旭:《家电下乡政策对农村可持续发展的影响》,载《价格理论与实践》2010年第9期。

[3] 在"家电下乡"后期,相关政策对这种"一刀切"的做法有所突破,即"对新疆、内蒙古、宁夏、西藏、广西等5个少数民族自治区及'5·12'汶川地震51个重灾县,家电下乡补贴资金全部由中央财政全额承担",并规定"上述地区可根据财力状况加大对家电下乡补贴力度"。

电下乡”时代,部分家电企业不是通过促进企业转型、实施研发创新等措施度过政策调整期,而是将希望寄托于政府新一轮拉动内需刺激政策的出台,并为此而奔走呼吁。[1] 有数据显示,在“家电下乡”政策带来农村家电产品销量剧增的同时,家电行业的库存并非得到合理控制。其中,2010 年和 2011 年,洗衣机、冰箱、空调的库存同比增速均在 20% 以上,由此导致产能过剩局面未得以扭转。[2] 反对者据此认为,“家电下乡”政策“弊大于利”,[3] 其对于家电行业实际上是一针“激素”,虽然短期内效果非常明显,但“副作用”十分明显,家电企业患染“政策依赖症”、紧盯“政策饭”会导致企业创新动力丧失、行业竞争机制失灵,进而危及行业健康发展、使之再度陷入困境。[4]

3.“家电下乡”政策“中性”效应分析

作为前所未有的制度创新,“家电下乡”所带来的影响是深远的、所产生的效应是多元的,除上述积极效应和消极效应外,还产生了一些既非正面亦非反面的“中性”效应。其中,对于农村消费的部分“透支”就是典型例证。

一些研究者认为,“家电下乡”之于农村消费实际上是一柄“双刃剑”,其在极大促进农村消费、强力开拓农村消费市场的同时,也必然在一定程度上造成农村消费需求的透支。其典型论证是,因家电产品的耐用消费品属性,5 年 3 亿台的出货量实际上透支了农村家电市场未来的增量,因此,在“家电下乡”政策退出之后,曾实现持续高速增长的农村家电消费市场必然会出现大幅增速回落。[5] 这是“家电下乡”这一消费激励政策、这一市场干预措施所必然带来的负面效应,而这种影响估计需要 3 ~ 5 年的时间才能消化。[6] 有数据显示,在“家电下乡”政策实施后期的 2012 年上半年,这一效应就已显现,空调、冰箱及

---

〔1〕 参见朗朗:《后“家电下乡”时代　政策红利哺乳期完结》,载《中国商报》2013 年 2 月 19 日,W04 版。

〔2〕 参见本刊编辑部整理:《“家电下乡”历程回顾》,载《日用电器》2013 年第 2 期。

〔3〕 有研究者认为,家电下乡政策“扭曲”了市场需求,政策的不当干预不仅会导致行业产能的进一步扩张、产品库存的进一步加剧,而且会滋生一部分低效企业,实际上是在“饮鸩止渴”。相关论述参见张云中:《家电下乡不该是“替罪羊”》,载金融界网:http://finance.jrj.com.cn/opinion/2012/05/22164313225080.shtml,最后访问日期:2018 年 9 月 10 日。

〔4〕 参见林冈:《家电下乡只能是“急就章”》,载《青岛日报》2013 年 2 月 25 日,第 4 版。

〔5〕 参见朗朗:《后“家电下乡”时代　政策红利哺乳期完结》,载《中国商报》2013 年 2 月 19 日,W04 版。

〔6〕 参见于昊:《“家电下乡”——历史名词》,载《电器》2013 年第 2 期。

洗衣机销量都出现负增长,彩电的销量更比 2011 年同期下跌超过一成。[1]“家电下乡”所带来的政策性消费透支已成为后“家电下乡”时代农村消费市场发展、家电企业策略调整不可回避的事实。[2] 有研究者进一步指出,“家电下乡”政策所导致的消费需求透支会造成后“家电下乡”时代农村家电消费的低迷,且受到最明显冲击的将是中小家电企业,因为中小家电企业未能像大企业那样利用政策机遇完成销售渠道等方面的战略化布局。[3]

此次调研也印证了这一点,“家电下乡”的实施部分透支了农村居民在家电等相关产品方面的消费需求,即在“家电下乡”结束之后的一段时期内,农村居民对家电等相关产品的消费需求显著降低。这是由家电产品的性质所决定的,在“家电下乡”的几类产品中,除手机之外,包括电视、冰箱(冰柜)、洗衣机、空调、电动自行车、摩托车等其他产品的消耗和更新都相对较慢,而较之于城市,电脑在农村的更新速度也慢了许多。在调查问卷环节,272 位在此次“家电下乡”中购置了相关产品的受访者一般都表示 5 年以后才会考虑淘汰、更换其所购买的产品(手机除外);而在访谈环节,很多“50 后”“60 后”的农村消费者则表示,“等用坏了”再考虑淘汰、更换产品的问题。[4]

但对于这一问题再做进一步探讨,或许可得出另一番结论。“家电下乡”所带来的农村家电消费骤增不同于一般意义上的“提前消费”,其实际上属于正常消费需求在遭受长期压抑之后的短时间内释放,而后“家电下乡”时代农村家电消费的降温也是正常消费需求释放后的一种正常反应。如果把“家电下乡”政策实施期间的消费“高峰”和“家电下乡”政策实施完毕后的消费“低谷”放在一个更长的时间段内予以分析,实际上是所谓“透支”之说的。因此,从一定意义上讲,“家电下乡”所带来的农村家电消费需求的部分“透支”应该属于的“家电下乡”政策的“中性”效应,并非消极效应。

(三)后“家电下乡”时代农村消费问题审视

如前文所述,经过多年研究,研究者对农村消费市场迟迟“启而不动”“激

---

〔1〕 参见本刊编辑部整理:《“家电下乡”历程回顾》,载《日用电器》2013 年第 2 期。

〔2〕 参见张云中:《家电下乡政策退市风雨欲来》,载中国新闻网:http://www.chinanews.com/it/2011/11-09/3449248.shtml,最后访问日期:2018 年 9 月 10 日。

〔3〕 参见吴力:《后家电下乡时代 促消费如何借力》,载《国际商报》2013 年 2 月 4 日,A01 版。

〔4〕 参见梁坤、刘广明:《后“家电下乡”时代推进农村消费的政府干预论纲》,载《河北学刊》2015 年第 3 期。

而不活”的原因逐渐达成共识,即农村消费滞后是由多种因素综合作用而致的:“消费是收入的函数”,收入不足导致农民“不能”消费;水电路等农村基础设施的滞后,不仅导致农民“不便”消费,而且增加了农民消费的成本;农村社会保障体系的滞后则促使农民将很大一笔收入用作预防性储蓄,导致农民“不愿”消费;农村消费安全性环境的薄弱,农民人身财产安全保障不力,导致农民“不敢”消费;消费观念的滞后、封建思想的残留、不良习惯的存在,导致农民“不当”消费等。回顾“家电下乡”政策实施历程、考察“家电下乡”政策实践、分析“家电下乡”政策成效,“家电下乡”政策的实施不仅在短期内有效激活了农村家电消费市场,并在一定程度上完善了农村消费市场体系,且对农民消费观念的改变也带来一定的积极影响。但从客观上讲,“家电下乡”政策的实施并未从根本上解除农村消费原有的条件约束,农村消费所固有的问题并未得到根本性的解决。[1] 除此之外,在后“家电下乡”时代,在农村居民消费权益的保护上,还产生了一些新问题。其中,突出体现为下乡家电产品的售后保障问题。此次调研发现,在部分农村地区,下乡家电产品的售后服务保障不力,售后服务网点设置过少、有效辐射范围不足,因此,在下乡家电产品出现故障时,不仅不便维修,而且为此所支付的时间、金钱成本较高。更有甚至有些品牌的下乡家电一旦出现问题后,农村消费者根本无法联系到相应的售后部门,只能放任产品闲置。下乡家电产品售后保障不力不仅直接侵害了农村消费者的合法权益,而且影响到了“家电下乡”政策的口碑。

二、“万村千乡市场工程”政策实践考察及成效评价

除“家电下乡”外,“万村千乡市场工程”亦是近年来政府干预农村消费的又一重要政策实践。从政策的实践成效来看,“万村千乡市场工程”对农村消费所产生的影响不次于“家电下乡”政策,并且其在机制设计上与“家电下乡”政策存在显著区别。因此,在梳理、考察农村消费已有政策实践时,亦不能不对“万村千乡市场工程”政策予以梳理、考察与评价。

---

〔1〕 参见梁坤、刘广明:《后“家电下乡”时代推进农村消费的政府干预论纲》,载《河北学刊》2015年第3期。

（一）“万村千乡市场工程”政策实践考察

1. 政策实施历程

从“万村千乡市场工程”政策实施的历程来看，其大致包括以下几个阶段：

（1）“万村千乡市场工程”政策试点阶段。2005 年 2 月 6 日，商务部发布《关于开展“万村千乡”市场工程试点的通知》，〔1〕该通知提出，“为扩大农村消费，提高农村流通的商品质量，更好地为‘三农’服务，决定从 2005 年起在全国选择部分县市开展‘万村千乡’市场工程建设试点”；该通知还明确指出了“万村千乡”市场工程的目标，即“从 2005 年开始，力争用三年时间，在试点区域内培育出 25 万家左右‘农家店’，形成以城区店为龙头、乡镇店为骨干、村级店为基础的农村消费经营网络，逐步缩小城乡消费差距”；此外，该通知还对政策的试点范围进行了明确规定，即“中西部地区试点县市不超过县市总数的 20%，东部地区不超过 30%”。《关于开展“万村千乡”市场工程试点的通知》的发布标志着“万村千乡市场工程”政策的正式启动。

2006 年 2 月 13 日，商务部发布《关于继续实施“万村千乡市场工程”的通知》，该通知提出，“为贯彻落实中央经济工作会议和《中共中央国务院关于推进社会主义新农村建设的若干意见》（中发〔2006〕1 号）精神，商务部 2006 年继续实施‘万村千乡市场工程’工作”，并提出了 2006 年的具体工作目标，即“力争建成 10 万家标准化农家店”，试点范围亦进一步扩大，即“东部地区试点比例由 30% 提高到 70%，中西部地区由 20% 提高到 60%”。

（2）“万村千乡市场工程”政策推进阶段。2007 年 2 月 1 日，商务部发布《关于做好 2007 年“万村千乡市场工程”工作的通知》，该通知提出，“为贯彻落实《中共中央国务院关于积极发展现代农业扎实推进社会主义新农村建设的若干意见》（中发〔2007〕1 号），加快农村流通体系建设，商务部决定，2007 年全面推进‘万村千乡市场工程’”；该通知还对年度工作目标进行了明确规定，即“新建 10 万个连锁化农家店，到 2007 年底全国累计建设 25 万个连锁化农家店，覆盖 75% 以上的县市，完成‘万村千乡市场工程’三年工作目标”。

---

〔1〕 实际上在此之前，已有相关政策出台。例如，2004 年 7 月 14 日，国务院办公厅转发由商务部、发改委、财政部等八部门联合制定的《关于进一步做好农村流通工作的意见》，其重点工作就是要大力培育农村消费品市场、规范发展农业生产资料市场，而其首要措施就是要加强农村消费品流通网络建设、建立健全新型农资流通组织，该意见的颁布标志着政府从国家层面开始正式着手健全农村流通体系建设。

2008年2月22日，商务部发布《关于做好2008年“万村千乡市场工程”工作的通知》，该通知提出，“为贯彻落实《中共中央国务院关于加强农业基础建设进一步促进农业发展农民增收的若干意见》（中发〔2008〕1号）精神，推进农村现代流通网络建设，建立健全适应现代农业发展要求的大市场、大流通，促进农业发展农民增收”，2008年度将从建设规划、承办企业审核、“一网多用”、项目质量管理以及调研培训等方面进一步做好“万村千乡市场工程”工作。

（3）“万村千乡市场工程”政策深化阶段。2009年4月10日，商务部、财政部联合发布《关于加快实施“万村千乡市场工程”的通知》，该通知提出，“为贯彻落实《中共中央国务院关于促进农业稳定发展农民持续增收的若干意见》（中发〔2009〕1号）和《国务院办公厅关于搞活流通扩大消费的意见》（国办发〔2008〕134号）精神，健全农村流通网络，开拓农村市场，拉动农村消费”，决定加快实施“万村千乡市场工程”。该通知对2009年度的主要工作目标作出了明确规定，即“2009年，在全国新建和改造15万家农家店和1000个农村商品配送中心，形成以城区店为龙头、乡镇店为骨干、村级店为基础的农村现代流通网络”。此外，该通知还对工作任务进行了细化，主要体现在以下方面：一是进一步扩大“万村千乡市场工程”覆盖面；二是强化农村商品配送中心的商品采购、储存、加工、编配、调运、信息等功能，增加统一配送商品品种，提高配送能力和信息化水平，降低经营成本；三是推进“万村千乡”网络与供销、邮政、电信等网络的结合，提高农家店综合服务功能；四是引导生产企业开发符合农民消费特点的产品，更好地满足农村居民消费需求。

2009年9月28日，商务部办公厅发布《关于推进“万村千乡市场工程”信息化建设的通知》，该通知提出，以承办企业经营管理信息平台、信息报送管理平台和为农服务信息平台为重点，强化“万村千乡市场工作”信息化建设工作。

2010年9月28日，商务部办公厅、财政部办公厅联合发布《关于进一步加强“万村千乡市场工程”建设的通知》，该通知提出，“根据《中共中央国务院关于加大统筹城乡发展力度进一步夯实农业农村发展基础的若干意见》（中发〔2010〕1号）精神，中央财政继续对‘万村千乡市场工程’予以支持，突出农村配送能力建设，提升农村流通信息化水平，构建覆盖农村的现代流通网络”。该通知对2010年年度的工作目标作出明确规定，主要体现在两个方面：一是“2010年全国新建和改造10万家农家店、1200个农村商品配送中心，力争到

2010年底连锁化农家店覆盖80%乡镇和65%行政村，农家店服务功能不断完善”；二是“商品配送能力显著增强，统一配送率提高到50%以上。其中，食品统一配送率不低于80%”。

2011年7月26日，商务部公布《“万村千乡市场工程”考核办法》，该办法旨在通过对“万村千乡市场工程”工作绩效进行考核评价，以加强项目建设质量管理，进而推进“万村千乡市场工程”有序开展。

2. 政策实施目的

“万村千乡市场工程”政策实施的目的在于，通过健全农村消费市场流通体系、完善农村消费市场流通环境，以保障农村居民消费权益、促进农村消费发展。这在“万村千乡市场工程”政策实施之初就已明确。2005年2月6日，商务部所发布的《关于开展“万村千乡”市场工程试点的通知》明确指出，“万村千乡”市场工程政策实施的目的在于，“按照统筹城乡经济发展要求”，通过“运用现代流通方式、建立新型农村市场流通网络、改善农村消费环境”，进而“保障农民方便消费、放心消费”“扩大农村消费”。而之后的系列政策亦对此予以了多次强调。例如，2009年4月10日，商务部、财政部所联合发布的《关于加快实施“万村千乡市场工程”的通知》就明确提出，加快实施“万村千乡市场工程”的目的在于，通过“健全农村流通网络”，以“开拓农村市场、拉动农村消费”。

3. 政策机制设计

依据相关政策规定，所谓“万村千乡市场工程”，是指通过财政资金支持引导现代流通企业（城市连锁和超市）到农村地区投资连锁“农家店”建设，以健全农村消费市场流通体系、改善农村消费市场环境，并进而推动农村消费顺利开展、实现农村居民消费权益应有保护。

“万村千乡市场工程”政策具体机制设计如下：

（1）明确“万村千乡市场工程”的具体建设方式。依据商务部2005年所发布的《关于开展“万村千乡”市场工程试点的通知》的规定，“万村千乡”市场工程的具体建设方式有三个：一是引导各类大中型流通企业直接到试点县市的乡村投资建立、改造连锁农家店；二是鼓励各类大中型连锁企业通过吸引小型企业加盟的方式到乡村建立、改造农家店；三是支持各类中小型企业通过自愿连锁，即企业自愿结合，统一采购、统一建立销售网络的方式建设农家店。

（2）明确农家店的功能定位及建设标准。农家店的规范化、现代化是“万村千乡市场工程”政策的核心目标所在，而对于其准确定位则是“万村千乡市场工程”得以成功开展的前提。依据相关政策规定，乡(镇)级农家店原则上以批零结合的综合性服务为主，鼓励其从事农资、日用小商品的批发与零售经营，以及政策允许的农副产品购销业务等，村级农家店以零售服务为主。

除对农家店的功能定位进行明确外，相关政策还对“农家店”的建设标准予以详细规定。2005 年 10 月 11 日，商务部发布《商务部关于印发〈农资农家店建设与改造规范〉的通知》，《农资农家店建设与改造规范》主要从规模和营业管理两方面对农家店的建设标准作出了明确规定。例如，对于村级农家店，首先营业面积应该达到规定标准(东部地区在 30 平方米以上、中西部地区在 20 平方米以上)，还应在农业生产资料经营种类、农资商品配送率、经营环境、店面标示、计量器具使用、质量保证等方面达到规定标准。乡(镇)级农家店的建设标准在此基础上进一步提高。[1]

(3)明确流通企业的准入机制及条件。在“万村千乡市场工程”政策的机制设计中，现代流通企业的确定至关重要，其直接关系到农家店的建设质量与运行效果。为此，设立了“推荐 + 核准”的准入机制：申请试点的县市按每县 1 ~ 3 家流通企业负责落实的原则推荐实施“万村千乡”市场工程的试点企业，各地(省、自治区、直辖市、计划单列市及新疆生产建设兵团)商务主管部门根据商务部确定的试点县市核准其推荐的试点企业，并报商务部备案。

除对准入机制进行规定外，相关政策还对流通企业的准入条件予以明确规定。例如，依据商务部 2006 年 2 月 13 日所发布的《关于继续实施“万村千乡市场工程”的通知》的规定，流通企业应符合以下条件：具有较强经济实力和管理经验的流通企业；注册资金 100 万元以上，且具备发展连锁经营的硬软件条件；制订了 2006 ~ 2007 年的“万村千乡市场工程”实施规划；承诺在规定的时间内将建设情况在《商务部“万村千乡市场工程”信息服务系统》中如实登记。2007 年 2 月 1 日，商务部所发布的《关于做好 2007 年“万村千乡市场工程”工作的通知》对承办企业的准入条件进行了进一步细化，采取了分类规制的基本模式。例如，对于日用消费品经营企业，其应该符合以下基本条件：注册资本 300 万元以上、总资产 2000 万元以上、2006 年销售额 5000 万元以上，中西部地区企业注册资本 200 万元

〔1〕 2006 年 5 月 12 日，商务部发布公告，对农家店的建设标准进行了进一步完善。

以上、总资产 1500 万元以上、2006 年销售额 3000 万元以上；拥有建筑面积不少于 1000 平方米的配送中心，配送车辆不少于 10 辆；工商营业执照显示具备 3 年以上从业经验；制订了 2007 年"万村千乡市场工程"实施规划；与地级以上商务主管部门签订了不销售假冒伪劣过期商品的承诺书；承诺在《"万村千乡市场工程"信息服务系统》中如实登记。[1] 2009 年 4 月 10 日，商务部、财政部所联合发布的《关于加快实施"万村千乡市场工程"的通知》、2010 年 9 月 28 日商务部办公厅、财政部办公厅所联合发布的《关于进一步加强"万村千乡市场工程"建设的通知》等规定又对承办企业条件作了进一步完善。

(4)明确政策实施的资金支持。[2] 2005 年 7 月 8 日，商务部、财政部联合发布《关于对 2005 年"万村千乡"市场工程项目予以资金支持的通知》，该通知对"万村千乡市场工程"政策实施资金支持问题作出了全面规定，以引导企业、社会各类资本参与农村商品流通网络建设，进而推动"万村千乡市场工程"的顺利开展。资金支持的范围有两个：一是县级区域性商品（包括日用消费品、农业生产资料）配送中心、配送设施及信息系统的改造、建设项目；二是乡（镇）级与村级农家店建设和改造项目。资金支持方式及标准如下：一是财政贴息，即对建设或改造配送中心的银行中长期固定资产投资贷款，予以 1 年贷款利息补助。其中，中、西部地区贴息率不超过 3%，其他地区贴息率不超过 2%。二是财政补助，即对农家店建设进行资金补助。其中，每个乡级农家店补助 2000 元，每个村级农家店补助 3000 元。另外，中、西部地区，每个农家店补助标准分

〔1〕 除此之外，还对农业生产资料经营企业和第三方物流企业的准入条件进行了明确规定。对于生产资料经营企业，其应符合以下条件：注册资本 1000 万元以上、总资产 3000 万元以上，中西部地区企业注册资本 500 万元以上、总资产 2000 万元以上；2006 年农资类产品销售额 2 亿元以上，其中化肥年销售额 1 亿元以上，经营品种两大类以上且单品数量不少于 50 个；拥有建筑面积不少于 2000 平方米的配送中心，配送车辆不少于 30 辆；工商营业执照显示具备 3 年以上从业经验，已经发展农资连锁店不少于 100 个；制订了 2007 年"万村千乡市场工程"实施规划；与地级以上商务主管部门签订了不销售假冒伪劣农资的承诺书；承诺在《"万村千乡市场工程"信息服务系统》中如实登记。对于第三方物流企业，其应符合以下条件：注册资本 3000 万元以上，总资产 8000 万元以上，2006 年配送额 2 亿元以上；拥有建筑面积不少于 2000 平方米的配送中心，配送车辆不少于 30 辆；已与"万村千乡市场工程"农家店建立商品配送业务。

〔2〕 除财政资金外，为更好地促进"万村千乡市场工程"这一政策实施，还引进了政策性金融资金支持。2006 年 2 月 21 日，商务部、国家开发银行联合发布《关于进一步支持农村市场体系建设的通知》，该通知提出，在 5 年合作期内，国家开发银行将提供 100 亿元政策性贷款，专项用于包括"万村千乡市场工程"在内的农村市场体系建设。

别增加 800 元。[1]

(二)“万村千乡市场工程”政策成效评价

在政策成效评价上,“万村千乡市场工程”政策与“家电下乡”政策有所不同,总体而言,对其批评的少、肯定的多。[2] 从“万村千乡市场工程”政策实施的实际情况来看,其成效评价大致可从直接效应和间接效应两个层面进行。

1.“万村千乡市场工程”的直接效应

从“万村千乡市场工程”的实施情况来看,其直接效应主要包括:

(1)促进了农村消费市场流通主体的现代化。农村消费市场的一个重要特征就是经营主体规模普遍偏小、现代化水平整体偏低,以集贸市场、小型杂货店、流动商贩为代表的传统流通业态在农村消费市场长期占据主导地位,“油盐酱醋找个体,日用百货赶大集,大件商品跑城里”是农村消费市场实际运行状况的生动写照。规模小带来的问题就是经营者素质参差不齐,分散化则意味着政府部门对经营者的监管难度加大,并进而造成农村消费环境不佳。[3] “万村千乡市场工程”政策以财政贴息和补贴的应用为依托,引导规范化、现代化的流通企业进入农村,并通过“农家店”的规范化建设使农村消费市场流通主体的现代化程度得到了极大提升。“万村千乡市场工程”政策对于农村消费市场流通主体现代化的促进体现在两个方面:一是通过对原有夫妻店、小型店的

---

〔1〕 2006 年 4 月 30 日,商务部、财政部所联合发布的《关于做好 2006 年度“万村千乡市场工程”资金管理工作的通知》资金支持标准做出调整:对东部地区企业的贴息率提高至不超过 4%,对中、西部地区和东北地区等老工业基地企业贴息率提高至不超过 5%;对乡级店的财政补助提高至 3000 元,对村级店的财政补助提高至 4000 元。此外,中、西部地区和东北地区等老工业基地,每个农家店补助标准分别增加 1000 元。2007 年 4 月 9 日,商务部、财政部所联合发布的《关于做好 2007 年度“万村千乡市场工程”资金管理工作的通知》对资金支持标准再次做出调整:对乡(镇)、村两级农家的补助不再区别对待,东部地区的农家店补助统一为 4000 元,中西部地区和东北老工业基地的农家店均提高至 6000 元。

〔2〕 总体而言,对于“万村千乡市场工程”政策的批评声音较少,并且很多声音与其说是批评,倒不如说是担忧。例如,有研究者认为,收入是影响消费的第一因素,农村消费市场长期难以启动的根本原因在于农民的收入状况没有得到根本性的改善,“万村千乡市场工程”的盲目冒进、农家店建设的一厢情愿,不仅有可能超过农民的实际需要和消费能力,而且可能适得其反,浪费大量的人力物力财力。参见唐诣:《“万村千乡”的是非》,载《中国市场》2006 年第 37 期。再如,有研究者认为,“万村千乡市场工程”政策实施过程中存在的最大问题就是农民受益有限,即因农村居民商品认知能力、消费需求偏好等因素而致“万村千乡市场工程”对农民消费需求的满足有限。参见杨静:《“万村千乡”市场工程发展现状与模式》,载《商业时代》2013 年第 2 期。

〔3〕 参见刘广明、尤晓娜:《诹论农村消费安全环境的治理——基于河北省部分县市的实地调研》,载李昌麒、岳彩申主编:《经济法论坛》(第 14 卷),法律出版社 2015 年版,第 26～47 页。

改造,使农村消费市场原有经营者"迸发了新的生机"。二是一批新型现代化流通企业在农村的立足生根、快速成长促进了农村消费市场经营主体的多元化,有利于形成良性竞争秩序。

此外,"万村千乡市场工程"的实施还壮大了一批农村流通企业,江苏苏果超市和湖北富迪公司是其中的代表。江苏苏果超市有限公司成立于1996年7月18日,公司长期致力于农村市场开拓,60%的网点开设在县及县以下农村,50%的销售来自农村市场,"万村千乡市场工程"实施之后,公司巧借政策之力实现了快速发展。2009年,苏果实现销售规模332亿元,网点覆盖江苏、安徽、山东、河北、湖北、河南等6个省份,网点总数1950家。另据2010年3月权威机构公布数据显示,公司在全国连锁企业当中已连续10年位列前十强,全国快速消费品零售企业前四强。湖北富迪实业股份有限公司,成立于1989年,其通过加入"万村千乡市场工程",从一个地区性企业发展为员工9600多人、门店500多家、年销售额达23亿元的大型商贸流通企业,成为全国最大的农村连锁超市企业、"万村千乡市场工程"优秀试点企业。

(2)促进了农村消费环境的优化。"万村千乡市场工程"政策的实施不仅促进了农村消费市场流通主体的现代化,而且带来了先进的经营理念、规范的经营风气和丰富的农村商品。由于农村消费市场经营主体规模偏小以及内部管理水平低下,由此导致农村消费市场经营主体的进货渠道不规范、商品质量缺乏保证,进而在很大程度上恶化了农村消费安全环境。[1] 连锁店、放心店的建立以及统一采购、统一配送、统一培训、统一服务、统一价格和统一经营方式的实施,一方面,使农村消费市场的商品种类得以极大丰富,方便了农村居民消费;另一方面,使所售商品的质量得到了保障,[2]对假冒伪劣商品产生了"挤出效应",有助于从源头上遏制假冒伪劣商品的流入。[3] 有调查结果显示,在"万

---

〔1〕 参见吴小丁、王晓彦:《"万村千乡"龙头企业全面亏损的政策思考——吉林省"万村千乡"市场工程调查报告》,载《市场营销导刊》2008年第2期。

〔2〕 时任商务部市场体系建设司司长常晓村也曾指出,通过统一配送的方式把商品送到农村,控制住商品采购渠道,是保障农村商品质量的有效途径。另外,调查显示,95%的农户认为,由于"万村千乡市场工程"的实施,农村超市商品质量有了提高。参见常晓村:《扎实推进"万村千乡市场工程"构建农村现代流通体系》,载商务部官网:http://wcqx.mofcom.gov.cn/wcqx/_news/html/2011/3/4/1299205246657.html,最后访问日期:2018年9月31日。

〔3〕 参见刘广明、尤晓娜:《谫论农村消费安全环境的治理——基于河北省部分县市的实地调研》,载李昌麒、岳彩申主编:《经济法论坛》(第14卷),法律出版社2015年版,第26~47页。

村千乡市场工程”实施之后,95%以上的农户认为,可以在连锁超市实现放心购物。[1] 总体来看,“万村千乡市场工程”政策的实施促进了农村消费环境的优化,为农民创造了货真价实、安全方便的消费环境。

2. “万村千乡市场工程”的间接效应

除直接效应外,“万村千乡市场工程”政策的实施产生了相应间接效应。从一定意义上讲,“万村千乡市场工程”的间接效应更具社会经济价值,其主要体现在以下方面:

(1)促进了农村消费。“万村千乡市场工程”政策实施的根本目标在于通过规范农村消费市场流通体系、规范农村消费市场环境以促进农村消费,而从“万村千乡市场工程”政策实施的实际情况来看,其确实达到了这样的效果,至少是从一定程度上促进了农村消费的开展。“万村千乡市场工程”政策对于农村消费的促进主要体现在以下两个方面:一是降低了农村居民的消费成本,“万村千乡市场工程”政策的实施带来了农村商品的丰富,在一定程度上改变了“油盐酱醋找个体,日用百货赶大集,大件商品跑城里”的农村消费滞后状态,本地消费、就近消费的实现在很大程度上降低了农村居民的消费成本;[2] 此外,集中采购的推行也能在一定程度上降低农村商品的价格,进而有助于促进农村居民消费成本的降低。例如,有调查结果显示,在有的农村地区,在“万村千乡市场工程”实施之前,农村居民到县城购买大件商品需要走5~6小时的路,而“万村千乡市场工程”实施之后,只需要不到10分钟的时间即可完成消费,消费的方便性得到了极大提高;“万村千乡市场工程”的实施还使得农村生活消费品的价格下降了10%~15%。[3] “万村千乡市场工程”也因此有了“市场连接万村千乡,实惠送到千家万户”的评价。[4] 二是提高了农村居民的消费质量,“万村千乡市场工程”政策的实施,不仅带来了农村商品的丰富,使

---

〔1〕 参见杨国民:《“万村千乡市场工程”稳步推进——农村市场建设系列报道之一》,载《经济日报》2006年7月30日,第1版。

〔2〕 从实际情况来看,“万村千乡市场工程”所带来的农村商品的丰富从两个方面降低了农村居民的消费支出:一是特定商品在农村消费市场实现了从“无”到“有”,农村居民不必像过去那样耗费大量时间、金钱到城市购置,而通过本地消费、就近消费即可实现消费目的;二是从整体上讲,农村消费市场商品实现了从“少”到“多”,农村居民不必像过去那样奔波于多地而仅在一处即可实现消费目的,在大大提高了消费效率的同时,显著降低了农村居民的消费支出。

〔3〕 参见张武康:《“万村千乡”市场工程长效机制构建的探索》,载《经济论坛》2007年第20期。

〔4〕 参见晏青:《“万村千乡”见市场 千家万户得实惠》,载《当代贵州》2009年第16期。

农民的消费选择得以扩大，而且确保了农村商品的质量、杜绝了假冒伪劣产品的泛滥，使农民的消费质量得以保障。因此，有研究者形象地指出，“万村千乡市场工程”的实施为农村消费系上了一条“安全带”、搭建了一座“方便桥”、编制了一张“实惠网”，因而对农村消费的促进也呈水到渠成之势。[1]

(2)促进了农民就业。“万村千乡市场工程”的实施促进了农村消费流通体系的完善，而配送中心的建设、农家店的建立以及农村物流业的发展带来了农村就业岗位的增加，因此对农村富余劳动力的就业产生了巨大的促进作用。[2] 有研究数据显示，“万村千乡市场工程”约吸纳农村富余劳动力 230 万人。[3] 另有调查数据显示，7 万多家农家店大约可以吸收 35 万农村富余劳动力。[4] 较之于农村消费，“万村千乡市场工程”对就业的促进同样具有重要的社会经济意义。

(3)改变了农民观念。除促进农村消费与农民就业外，“万村千乡市场工程”政策实施所带来的另一个间接效应是在一定程度上改变了农村居民的消费观念。落后的农村消费观念是制约农村消费顺利开展的重要因素，“重价格轻质量”的消费选择是导致农村消费市场假冒伪劣商品泛滥的重要因素，而“万村千乡市场工程”政策的实施不仅在很大程度上拓宽了农村居民的消费视野，让其获知了更多消费信息(既包括经营主体的信息，也包括商品的信息)，而且在一定程度上改变了其消费观念，使其更加关注商品的质量、使其逐步形成品牌效应，这对于农村消费市场的开拓、农村消费的发展以及农村居民消费权益的维护具有极深远的意义。

(4)带动了农村基础设施建设。农村基础设施滞后是我国长期存在城乡二元体制的重要表现之一，同时是制约我国农村社会经济发展的重要因素之一。“万村千乡市场工程”这一政策的实施对农村消费、农民就业以及农民观点的改变带来积极效应之外，其还在一定程度上带动了农村基础设施建设，这

---

[1] 参见司瑞婕：《浅谈“万村千乡市场工程”对我国农村经济的影响》，载《经济视角》2010 年第 2 期。

[2] 参见师建兰：《“万村千乡”市场工程对农村消费的影响及对策研究——以甘肃省为例》，载《湖北经济学院学报》(人文社会科学版)2016 年第 2 期。

[3] 参见张喜才：《新常态下农村市场体系建设研究》，载《商业经济》2016 年第 7 期。

[4] 参见冯岳松：《“万村千乡”市场工程对农村社会经济的影响》，载《内江科技》2006 年第 6 期。

主要体现在流通领域基础设施的建设。

(三)"万村千乡市场工程"存在问题分析

以"万村千乡市场工程"为代表的农村流通体系建设,不仅极大地丰富了农村消费市场商品的种类,便利了农村消费者的消费,而且对假冒伪劣商品形成了"挤出效应",在一定程度上优化了农村消费市场环境,进而对农村消费产生了巨大的促进作用。但从实际调研的情况来看,[1]当前以"万村千乡市场工程"为核心的农村流通体系建设还存在很多问题,这主要体现在以下几个方面:

(1)实际覆盖面较低,功效受限。从商务部2011年公开的数据来看,到2010年年底,全国已累计建设了52万家连锁化农家店和2667个配送中心,覆盖了全国80%的乡(镇)和65%的行政村。[2] 从河北省的情况来看,截至2011年8月底,共建成"万村千乡市场工程"农家店42,131家,覆盖了全省85%的乡(镇)和65%的行政村。[3] 但此次调研发现,这一覆盖率实际上是有"水分"的,在河北中部平原地区,一个几千人的大村仅建了一个"农家店"就算覆盖,从覆盖率统计上是"覆盖"了,但从实际作用的发挥上却很难说是"覆盖"。此次调研总体感受是,在当前,以小型杂货店、流动商贩等为代表的传统流通主体仍是农村消费市场的绝对"主力"。"万村千乡市场工程"实际覆盖面的不足导致其在功能发挥上受到很大限制。此外,在"万村千乡市场工程"的推行中存在"逆向选择"问题。基于对利润的追求,"万村千乡市场工程"的参与企业往往选择在交通便利、配送渠道通畅的地区开设网点,而真正需要铺设网点的偏远地区则因交通不畅、配货不便、成本过高、利润较低的原因得不到企业的青睐,因此欠发达地区的农村消费者很难从"万村千乡市

---

〔1〕 此次调研是分期进行的,时间跨度自2011年7月至2014年8月,集中调研时段主要包括2011年7月28日至8月15日、2012年8月2日至21日、2013年8月15日至30日、2014年7月25日至8月10日,调研地域范围主要涉及河北省鹿泉市、平山县、任丘市、文安县、清苑县、晋州市、大城县、灵寿县等11个县(市、区),调研采取了问卷、访谈和座谈相结合的方式,其中,共收回有效调查问卷360份。

〔2〕 载商务部官方网站:http://scjss.mofcom.gov.cn/article/cm/fazzn/201107/20110707642783.shtml,最后访问日期:2018年9月23日。

〔3〕 参见吴新光:《全省"万村千乡市场工程"农家店突破4万家》,载《河北经济日报》2011年9月5日,第1版。

场工程”中真正受益。[1] 农家店分布的失衡虽符合市场经济的基本规律、契合企业追求高额利润的经营目标,但与“万村千乡市场工程”的政策目的相违背,不仅不利于农村消费流通体系以及农村消费市场环境的整体改善,而且不利于农村居民消费权益的普遍保护。

(2)“重建轻管”,负面效应不容小觑。此次调研发现,“重建轻管”是“万村千乡市场工程”建设中存在的一个普遍性问题,地方政府往往更关注农家店的建立数量和发展速度,而对农家店的后期发展则缺乏足够的关注和有效的监管,由此导致的问题是“农家店”的后期发展“失范”,一些“农家店”利用“万村千乡市场工程”这个“金字招牌”违规销售假冒伪劣商品以获取暴利。这种行为的危害是十分严重的,不仅使农村消费者的合法权益受损,而且直接影响“万村千乡市场工程”的公信力,使其实施效果大打折扣。[2]

此外,在“万村千乡市场工程”政策实施过程中,在部分农村地区还存在“灰色连锁”问题。所谓“灰色连锁”,即以“假连锁”之名而骗取、侵占国家的财政补助资金。对现代流通企业给予资金支持以激励其参与“万村千乡市场工程”之中,进而促进农村流通体系的规范、农村消费市场经营主体的现代化是“万村千乡市场工程”政策的核心机制所在。其中,对农家店建设予以财政资金补助是关键方式之一。商务部、财政部联合发布的《关于对2005年“万村千乡”市场工程项目予以资金支持的通知》对农家店建设的财政资金补助标准实行了区别对待:乡级农家店的财政资金补助标准为2000元/个,村级农家店的财政资金补助标准为3000元/个;另外,中、西部地区,每个农家店补助标准分别增加800元。后经2006年、2007年两次调整,对乡(镇)、村两级农家的补助不再区别对待,东部地区的农家店建设财政资金补助标准统一提高至4000元/个,中西部地区和东北老工业基地的农家店建设财政资金补助标准则均提高至6000元/个。对于参与“万村千乡市场工程”的流通企业而言,其建设或改造的农家店越多,所获得的财政补助资金就越多。研究发现,财政资金补助

---

〔1〕 参见汪旭辉:《农村消费品流通渠道对农民福利的影响——基于消费品市场购买便利性与安全性视角的分析》,载《农业经济问题》2010年第11期;刘玉萍、郭珺珺、胡碧玉:《“万村千乡”的推广难题及其解决对策》,载《农村经济与科技》2008年第10期。

〔2〕 参见刘广明、尤晓娜:《谫论农村消费安全环境的治理——基于河北省部分县市的实地调研》,李昌麒、岳彩申主编:《经济法论坛》(第14卷),法律出版社2015年版,第26~47页。

在激发流通企业参与积极性的同时,也在一定范围内诱发了道德风险,一些动机不纯的流通企业为获得财政补助资金支持而大量收编改造农家店、推行伪连锁。[1] 此次调研发现,在部分农村地区,确实存在"灰色连锁""伪连锁"的问题,一些企业"火线"加入"万村千乡市场工程"中,通过大量收编农村夫妻店、杂货店的方式实现所谓的"连锁"经营,但其本身并不具备相应经验和条件,也无意在此方面长期发展,其唯一目的是要骗取政府财政补贴资金。"灰色连锁"与"伪连锁"的存在和蔓延不仅导致财政资金补助的目标落空,而且造成非常恶劣的社会影响。

(3)流通企业的参与动力不足,发展前景不明。不同于城市消费市场,农村消费市场的发展还处于初级阶段,在交通运输不便、[2]配套设施欠缺、市场集中度低、市场秩序不规范、消费意识滞后等多重因素的综合作用下,规范化的市场主体进入农村消费市场的前期成本、管理成本、经营成本都会比较高,[3]加之近期盈利水平有限、远期盈利前景不明,企业虽能获得政府一定的财政补助,但投入与产出仍处于不对等状态。例如,受配送区域广阔、农家店建设密度过低、流动资金占用时间过长、政策性资金到位缓慢以及假冒伪劣产品泛滥等因素影响,在部分农村地区的特定时段,参与"万村千乡市场工程"的龙头企业处于全面亏损状态。[4] 因此,一些规范化的市场主体、现代化的流通企业对"万村千乡市场工程"的参与动力不足、介入农村消费市场的积极性不高,进而造成"万村千乡市场工程"的政策成效在一定程度上受到影响,也有悖于"万村千乡市场工程"政策的实施目的。

---

〔1〕 参见刘玉萍、郭珺珺、胡碧玉:《"万村千乡"的推广难题及其解决对策》,载《农村经济与科技》2008年第10期。

〔2〕 较之于城市,农村的地域要广阔太多,加之以道路建设为典型代表的农村基础设施要显著滞后于城市,由此造成农村地区的运输成本、物流成本要比城市高出很多。

〔3〕 一个典型的例子就是部分农村原有"夫妻店""小型店"经改造为规范"农家店"之后,随着其营业收入的增长、财务账目的规范,其税收负担呈增长趋势,不仅要显著高于过去标准,且与在与营业收入、经营成本相比较后,综合经济效益不高,由此抑制了经营者参与"万村千乡市场工程"的积极性。

〔4〕 参见吴小丁、王晓彦:《"万村千乡"龙头企业全面亏损的政策思考——吉林省"万村千乡"市场工程调查报告》,载《市场营销导刊》2008年第2期。

第三章　新常态背景下推进农村消费的政府干预及其理路阐释

一、新常态背景下推进农村消费政府干预的必要性分析

在我国经济发展步入新常态之后，随着经济发展环境、基础以及其他影响因素的变化，传统发展模式、原有发展方式已无以为继而亟待创新，出口作用的弱化、投资作用的受限将消费推动到了更重要的战略地位，其中，农村消费的推进至关重要。在推进农村消费过程中，亟须强化政府干预的作用，即通过政府对于农村消费的适时、适度干预以促进农村消费的开展，这一判断的作出主要基于以下考虑：

（一）农村消费的滞后性

“横看成岭侧成峰，远近高低各不同。”视角不同，则结论有异。对于农村消费滞后的原因分析亦是如此，如前文所述，农民收入水平低且不稳定、农村公共产品供给不足、农村消费环境落后、农村消费品供给不力和农村消费文化落后等是当前推进农村消费的现实约束，或者说是农村消费长期滞后的主要原因，但如果从另外一个角度看，政府失位、缺位实际上是农村消费长期滞后的根本原因：

（1）农村公共产品供给不足实际上是由政府公共支出“非农”偏好所致。依据公共产品理论，作为私人产品的对称，公共产品是指具有消费或使用上的非竞争性和受益上的非排他性的产品。非竞争性意味着一些人对公共产品的消费不会影响另一些人对这一产品的消费，一些人从公共产品中受益不会影响

他人从这一产品中受益，受益对象之间不存在利益冲突；非排他性意味着公共产品在消费过程中所产生的利益不能为某个人或某些人所专有，要将一些人排斥在消费过程外，不让他们享受这一产品的利益是不可能的。公共产品的非竞争性和非排他性决定公共产品的供给必须由公共支出予以保证，公共产品的经营管理必须由非营利组织承担。因此，实践表明，公共产品一般应由国家及其实际代理人——政府提供，宜由财政资金予以保障。[1] 就农村公共产品供给而言，亦是如此，其应由政府承担主要责任，政府是农村公共产品供给的第一责任人。但实际情况是受政府公共支出"非农"偏好所限，[2]农村公共产品供给严重不足，不仅在支持力度和保障层面上与城市相差甚远，[3]而且也远滞后于农村社会经济发展的实际需要，进而极大地制约了农村消费的正常开展。以农村基础设施建设为例，政府在农村基础设施建设上投入的不足、履职的不力导致农村基础设施建设严重滞后，因此，严重阻碍了农村消费市场的发展以及农村居民消费的开展。而对农村教育、医疗及社会保障等公共产品供给不足，直接制约了农民消费能力的提高。[4]

（2）农村消费环境的落后与政府的失位、缺位存在直接关联。一个健康的消费市场应是各种层次的需求与供给达到平衡的状态，而这不仅有赖于市场机制作用的有效发挥，而且需要政府的合理调控和适时介入、适当干预。[5] 农村消费环境的落后不仅有市场失灵的因素，更有政府失灵的原因。一方面，农村消费安全环境的缺失在很大程度上讲是由政府监管不力所导致的，政府市场监管职责未能有效履行导致农村消费市场秩序失范进而恶化农村消费安全环境。2013 年 11 月，党的十八届三中全会所通过的《中共中央关于全面深化改革若

---

〔1〕 实际上，公共产品又可进一步划分为纯公共产品和准公共产品，对于准公共产品的供给方式，还存在不同认识，即除政府供给外，也并完全排除其他社会主体的参与。但对于纯公共产品的供给而言，无一例外地认为，应由政府充当供给主体之角色。因此至少可以断定，政府是公共产品供给的主要主体，一般情况下，公共产品应由政府负责提供。

〔2〕 参见王志：《制约中国农村居民消费增长的原因及促进政策》，载《大连海事大学学报》（社会科学版）2014 年第 2 期。

〔3〕 参见王增文、Antoinette Hetzler：《融资渠道不畅、保障力度不足与农村消费动机强度低下致因分析——基于区域差异的度量、探索与诠释》，载《中国地质大学学报》（社会科学版）2014 年第 5 期。

〔4〕 参见刘广明：《农村消费市场开拓政府干预及其实现》，载《理论与改革》2011 年第 4 期。

〔5〕 参见蔡中为：《新常态下我国消费面临的问题及优化消费结构研究》，载《决策咨询》2016 年第 5 期。

干重大问题的决定》明确指出,“经济体制改革是全面深化改革的重点,核心问题是处理好政府和市场的关系,使市场在资源配置中起决定性作用和更好发挥政府作用”。在农村消费市场建设、农村消费环境培育上,应当发挥市场机制的决定性作用是毋庸置疑的,但这并非意味着政府可以放松对消费市场的监管。但从实际情况来看,在农村消费市场建设、农村消费秩序维护上,政府监管缺位、错位、不到位的现象经常发生,“天价虾”“天价鱼”等事件的发生都与政府监管不到位直接相关。[1] 在农村消费领域,这一现象更严重,基层政府及其执法部门有效监管的缺失导致农村消费市场秩序混乱、农村消费安全环境不佳,进而抑制了农村消费的正常开展、侵害了农村居民的合法权益。另一方面,农村消费市场化环境的羸弱,政府也难逃干系,经济管理职能是政府的核心职能所在,对于农村市场环境的完善、优化,政府负有引导、建设之责,政府引导、建设不力是当前农村消费市场化环境羸弱的重要原因所在。市场建设具有公共属性,政府在其中起着重要作用,特别是在我国由计划经济体制向市场经济体制的转轨过程中,更需政府的积极推动。[2] 但是,政府长期以来存在着忽视农村消费市场建设的政策倾向,主要体现在政府缺乏对农村市场流通体系培育的应有支持。在建立社会主义市场经济体制的过程中,以国有商业、物资及供销社为代表的原农村市场流通体系被过分地“放开”和“搞活”,导致其主导作用日益萎缩,体系渐趋瓦解。个体、私营商业的兴起,虽然满足了农民的一般消费需求,但由于其存在资金少、规模小、管理落后、配套缺乏等局限性,难以满足符合农村现代生产生活所需求的“大进大出”的流通需要,因而阻碍了农村消费市场的现代化步伐。[3]

(3)农民收入存在问题的很大原因是由政府经济调控不力所造成的。将农民收入问题置于社会财富分配体系下,其收入低且不稳定实际上是由社会分配体制不完善所导致的,而在社会分配体制完善中,政府居于核心地位,政府对农民权益保护不力、对农业生产扶持不够是造成农民收入水平偏低且不稳定的重要原因。

---

〔1〕 参见刘璐、张泽一:《怎样应对新常态下的消费需求升级》,载《经营与管理》2016 年第 1 期。
〔2〕 参见彭春华:《试析体制约束下的我国农村市场及其出路》,载《岭南学刊》2001 年第 1 期。
〔3〕 参见刘广明:《农村消费市场开拓政府干预及其实现》,载《理论与改革》2011 年第 4 期。

此外,农村消费品供给不力和农村文化落后在一定程度上与政府职责未能有效履行直接相关。农村消费品供给系政府经济管理职责所在,政府引导不力是造成农村消费品供给不力的重要原因;农村消费文化建设关乎政府文化管理职责,农村消费文化滞后与政府投入不足、引导不力存在直接关系。由此看来,农村消费的滞后在一定程度上源于政府的失职,而强化政府对农村消费的干预,在一定意义上讲是对其"历史欠账"的清偿。[1]

综上所述,农村消费的滞后与政府的失位、缺位存在直接关系。因此,要推进农村消费必须要矫正政府的失位与缺位、实现政府有效干预。

(二)农村消费市场发展的客观需要

综上所述,与城市相比,我国农村消费市场长期处于滞后状态。因此,农村消费长期不振、农村消费需求受到严重抑制,其突出表现在以下三个方面:(1)农村消费"不方便"。农村消费市场经营主体规模普遍偏小、农村消费流通体系严重滞后,由此导致农村居民消费"不方便""油盐酱醋找个体,日常用品赶大集,大件商品跑县里"是农村消费的生动写照;(2)农村消费"不便宜"。农村消费市场经营主体组织化程度低、农村消费流通环节多、农村消费流通渠道长则导致农村居民消费"不便宜",很多商品的价格通常高于城市。据中国家电课题组的调查结果显示,农村家电产品价格普遍比城市高5%~10%,有些地区甚至更高,并且越是经济落后地区,家电价格就越高。[2] (3)农村消费"不安全"。农村消费交易行为不规范、假冒伪劣产品泛滥导致农村居民消费"不安全",坑农、害农事件不断,农村居民人身、财产安全受到严重侵害。

农村消费市场发展滞后的原因众多、复杂,但主要还是市场自发选择的结果:资本逐利而动,农村居民消费能力不足、农村消费市场利润空间有限、农村消费市场经营成本较高等因素综合作用决定农村消费市场并非是一个可以轻易获利的"诱惑性"市场,现代化的、规模大的经营者不愿进入农村消费市场,因此,农村消费市场长期处于"小市场、低水平"的滞后状态。理论和实践均证明,单纯依靠市场机制单独作用、一力承担,难以改变农村消费市场的滞后状

---

〔1〕 参见刘广明:《农村消费市场开拓政府干预及其实现》,载《理论与改革》2011年第4期。

〔2〕 参见王峰:《疏浚流通渠道 降低农村家电价格》,载《中国消费者报》2009年1月16日,A01版。

态、难以实现农村消费的正常开展(至少在短期内是这样的)。农村消费市场的开拓、农村消费需求的满足、农村消费增长的实现急需外部力量的适时介入以矫正农村消费问题上所存在的市场失灵状态,而政府无疑是最适格的主体。政府有责任也有能力承担这一职责,〔1〕政府干预是农村消费市场得以实现正常发展、得以顺利融入现代市场经济体系的客观需要。〔2〕

(三)政府的经济管理职能本质

现代经济是市场调节与政府作用的有机结合体,政府经济职能的有效发挥是社会经济得以持续健康发展的必要保障。正如诺贝尔经济学奖获得者斯蒂格利茨所言,"在当今社会,如果没有政府的作用,那么,要形成错综复杂的经济和社会网络是不可想象的"。〔3〕 2013 年 11 月,党的十八届三中全会所通过的《中共中央关于全面深化改革若干重大问题的决定》(以下简称《决定》)更是明确指出,"保持宏观经济稳定"是政府的主要职责所在,"科学的宏观调控,有效的政府治理,是发挥社会主义市场经济体制优势的内在要求"。对于处于转型期的中国而言基于特殊的国情与特定的历史背景,政府需要在多方领域发挥作用,而对消费予以必要干预进而促进消费开展则是其经济职能发挥的应有之意。对于农村消费而言更是如此,政府对于农村消费的适时、适度干预具有十分重要的意义。首先,政府的适时、适度干预有利于开拓农村消费市场。受生产力水平低下及传统体制惯性的"双重"制约,我国市场发育普遍不成熟,而要实现从计划经济向市场经济的转变,就必须积极培育和不断完善市场体系所必需的要素并使之有序均衡发展,以形成全国统一开放的现代市场体系。〔4〕其次,积极培育和不断完善市场体系是我国政府在转型期的基本经济职能之一,政府对农村消费予以干预的目的在于推进农村消费、满足农村居民消费需

〔1〕 例如,有研究者认为,农村消费市场滞后、农村消费长期不振的根本原因在于现行社会分配体制的不顺,靠市场力量是无法改变这一状况的,而政府在此方面则有其先天优势,其调节作用的有效发挥能够起到促进农村消费、开拓农村消费市场的效果。相关论述参见张国光:《有效消费不足与经济可持续增长》,载《西南金融》2015 年第 12 期。促进农村居民消费需要政府更好地发挥作用。在二元经济结构的条件下,在市场力量无法自发地改变分配关系的情况下,政府可以发挥调节作用,更好地促进农民消费需求的增长。

〔2〕 参见刘广明:《农村消费市场开拓政府干预及其实现》,载《理论与改革》2011 年第 4 期。

〔3〕 [美]斯蒂格利茨:《政府为什么干预经济》,郑秉文译,中国物资出版社 1998 年版,第 215 页。

〔4〕 参见刘书明:《现代市场经济与中国政府经济职能》,载《社科纵横》2009 年第 4 期。

求、开拓农村消费市场。再次,政府的适时、适度干预有助于促进经济发展方式转变。消费对经济发展具有重要意义,扩大消费是当前实现经济发展方式转变的关键。因此,政府必须要对消费关系予以调节,从而对推进农村消费具有至关重要的意义。[1] 最后,政府的适时、适度干预有助于推进城乡统筹发展。破除城乡二元分割体制,弥合城乡发展差距,实现城乡统筹发展是转型期我国政府最为重要的任务。农村消费市场是连接城乡发展的桥梁,要实现城乡统筹发展,政府必须要对农村消费予以干预以有效推进农村消费。[2]

（四）新常态这一特定发展阶段的历史使命所在

从一种常态走向另一种常态,并非总是自然的、平滑的过程,有时是一种跨越甚至是惊险的跳跃。[3] 新常态亦是如此,我国经济发展步入新常态后,其核心特征之一是经济发展由高速增长转向中高速增长,我们完全有信心实现这一目标,但并非意味着这一目标的实现就是轻而易举的。在出口作用急剧下降、投资作用严重受限的情况下,推进消费进而充分发挥消费对于经济发展的支撑作用至关重要。消费需求是新常态下实现经济增长的基础动力,这是基于对宏观经济形势综合判断的结果。[4] 充分发挥消费的引领作用,尤其是新型消费的作用,有助于促进产业发展、产品升级,有助于带动有效供给扩大,解决低水平、低端供给过剩和高水平、高端供给不足的矛盾。[5]

从经济实践来看,消费需求虽已抬头、消费增速虽有提高,但总体来看,其发展速度、成长过程还较缓慢,消费驱动型经济发展态势远未形成。从原因分

---

〔1〕 转变经济发展方式的关键在于扩大国内需求,时任总理温家宝在 2008 年政府工作报告中指出,要“坚持扩大内需方针,调整投资和消费关系,促进经济增长由主要依靠投资、出口拉动向依靠消费、投资、出口协调拉动转变”。农村消费的增长对我国经济转型及可持续发展具有至关重要的意义,扩大农村消费需求是扩大内需的关键举措。据国家统计局进行的相关测算表明,农村人口每增加 1 元的消费支出,就能为整个国民经济带来 2 元的消费需求。但是,目前我国消费对经济增长的贡献率不到 40% ,远远低于发达国家,突出表现为农民消费需求增长过慢;自 20 世纪 90 年代以来,我国农村消费在全社会消费市场中的份额一直徘徊在 38% 左右。农村消费市场长期低迷成为我国实现经济发展方式转变的重要制约因素。

〔2〕 参见刘广明:《农村消费市场开拓政府干预及其实现》,载《理论与改革》2011 年第 4 期。

〔3〕 参见魏革军:《充分认识金融新常态》,载《中国金融》2015 年第 3 期。

〔4〕 参见刘金新:《“十三五”时期消费需求的基础作用——基于新常态和供给侧结构性改革的分析》,载《湖北经济学院》2016 年第 4 期。

〔5〕 参见安蓓、于佳欣:《新消费引领新供给打造新动力》,载《中华工商时报》2015 年 11 月 24 日,第 2 版。

析来看,政府必要干预的缺失、有效激励政策的缺位应是消费成长缓慢的重要原因。[1] 因此,在新常态下,必须有效发挥政府的经济管理职能、强化政府对于消费的科学干预。有研究者认为,在中国经济步入新常态的当下,要达到扩大消费需求的预期效果,关键是要通过政府主导下的市场化改革破除阻碍消费需求扩大的体制机制障碍。[2] 对于农村消费的推进更应如此,唯有实现政府对于农村消费的适时、适度干预才有可能克服农村消费成长障碍、解决农村消费存在问题、增强农民消费能力、开拓农村消费市场空间、释放农村农民消费潜力,进而推动农村消费成为促进农村经济发展、维护农村社会稳定的重要驱动力。总之,若想有效推进消费以实现经济发展方式顺利转变进而适应经济发展新常态要求,必须要强化政府对农村消费的干预。[3]

二、新常态背景下推进农村消费的政府干预理念厘定

正如上文所述,在新常态下,推进农村消费对于实现经济持续健康快速发展具有至关重要的作用,而从农村消费滞后的原因分析、农村消费发展的客观需要、政府的经济管理职能以及新常态这一特定发展阶段的历史使命来看,要推进农村消费关键是要发挥政府的应有作用,即对农村消费予以适时、适度干预。理念作为思想理论的"头",是规律性认识的凝练与升华。[4] 在新常态下,若要充分发挥政府在推进农村消费上的积极作用,确保能够实现政府的适时、适度干预,需秉持如下基本理念:

(一)发展的理念

发展是中国特色社会主义的主题,是我们党执政兴国的第一要务,是解决中国一切问题的"金钥匙"。改革开放以来,我国之所以能取得举世瞩目的历

---

〔1〕 参见刘东皇、谢忠秋、潘冬:《新常态下消费驱动需要驱动消费》,载《当代经济管理》2016年第1期。

〔2〕 参见汪伟:《经济新常态下如何扩大消费需求?》,载《人文杂志》2016年第4期。

〔3〕 参见梁坤、刘广明:《后"家电下乡"时代推进农村消费的政府干预论纲》,载《河北学刊》2015年第3期。

〔4〕 参见任理轩:《坚持绿色发展——"五大发展理念"解读之三》,载人民网:http://theory.people.com.cn/n1/2015/1222/c40531-27958738.html,最后访问日期:2018年9月8日。

史性成就，从根本上说就是抓住了发展这个第一要务和经济建设这个中心。[1]在中央政治局第十一次集体学习时，习近平总书记再次强调指出，"在全面深化改革中，我们要坚持发展仍是解决我国所有问题的关键这个重大战略判断"。政府对于农村消费予以干预的目的是推进农村消费进而实现经济增长方式的转变，并最终促进社会经济的持续、健康、快速发展。因此，政府在干预农村消费时首先必须要秉持发展的理念，发展是干预的落脚点，干预的目的是发展。政府干预农村消费的一个核心要求在于，通过促进农村社会经济发展、提高农民消费能力，进而实现农村消费问题的解决。

（二）权利的理念

2014年10月23日，党的十八届四中全会通过的《关于全面推进依法治国重大问题的决定》明确指出，法治建设必须要"以保障人民根本权益为出发点和落脚点"，要保证人民在承担应尽义务的同时"依法享有广泛的权利和自由"。农村消费的长期滞后直接影响农村居民生产生活的正常开展、农村社会经济的应有发展，实际上是对农民生存权与发展权的侵害。例如，农村消费环境的滞后，尤其是农村消费安全环境的不佳，导致农村居民消费"不方便""不实惠""不安全"，消费支出的增加、假冒伪劣产品的泛滥直接侵害到了农村居民的人身权和财产权。农村消费长期滞后实际上反映了农村居民权益保障的缺失，农民权益保障缺失的突出表现是城乡居民在消费领域权利的不平等、权益保障的不均衡。近年来，农村消费状态的改善实际上是城乡居民权利保障日渐接近平等保护目标的应然体现。

推进农村消费必须要置于权利保护的视野下予以解读，推进农村消费实际上是有效保护农民生存权与发展权、人身权与财产权的必然之需。在新常态下，要发挥居民消费的主导作用进而使消费成为实现经济增长的重要支撑，其关键是要切实保护消费者的应有权益。[2]保障农村居民权益是政府对农村消费予以干预的关键前提，政府对农村消费的干预必须要秉持权利的基本理念，以有效保障农民的基本权益、合法权益、应有权益为基本准则，严禁以推进农村

〔1〕 参见赵周贤、刘光明：《坚持发展是硬道理的本质要求就是坚持科学发展——学习习近平总书记关于科学发展的重要论述》，载《求是》2014年第7期。

〔2〕 参见贺辉、宋鑫：《（中国）消费经济学会首届年会暨第十八次全国消费经济理论与实践研讨会会议综述》，载《消费经济》2015年第6期。

消费之名、借政府干预之便而侵害农民居民权益。

(三)公平的理念

公平是法律所追求的基本价值目标之一,也是社会得以进步、人类得以发展的基本要求。习近平总书记在"2014年新年贺词"中强调并指出,"我们推进改革的根本目的"之一是要"让社会变得更加公平正义"。[1] 农村消费的长期滞后实际上是对公平价值目标的违背,突出表现为城乡居民在消费领域中的不公平对待,并由此影响了社会经济的持续健康快速发展,尤其是制约农村经济的发展、农村社会的进步。推进农村消费就是要扭转这种不公平状态,对于农民收入提高的促进、农村消费环境的优化、农村社会保障的完善以及农村公共服务的确保均是公平正义的基本要求,而由此达到的农村消费率的提高、农民消费需求的满足、农村消费市场的开拓则是公平正义价值目标的实现。[2]

在推进农村消费的政府干预过程中,践行公平理念首先体现为政府对农村消费的干预、对农村消费的推进要以实现消费领域中公平对待为基本目标。这也是在推进农村消费的政府干预过程中,实现农民权益有效保障的一个重要"标尺"或"目标"。如果不能实现城乡居民基本权利的平等,其他所有旨在促进农村消费的政策设计、制度安排都将停留在"急就之章"和"应景之策"的层次上。实际上,判断所有涉农政策是否科学的一个基本标准是是否有利于推进城乡居民基本平等化进程。[3] 此外,践行公平理念还要求在政府对农村消费进行干预、对农村消费予以推进的过程中,要关注区域间社会经济发展差距、农民间财富贫富差别并全力实现区域间、农民间在消费领域中的实质公平,避免在贫困农民与富裕农民之间、发达地区与欠发达地区之间产生新的不公平。[4]

(四)民生的理念

作为社会主义国家,我们推动社会经济发展、推进居民消费开展的根本目的在于不断提高广大人民群众的生活水平,满足广大人民群众日益增长的物质

---

[1] 参见《习近平主席发表2014年新年贺词》,载新华网:http://news.xinhuanet.com/video/2013-12/31/c_125941734.htm,最后访问日期:2018年9月10日。

[2] 参见谢春玲:《新常态下提高居民消费率的政府行为选择》,载《现代经济探讨》2015年第11期。

[3] 参见徐振宇、谢志华:《中国农村居民消费政策反思与建议》,载《中国市场》2013年第23期。

[4] 参见梁坤、刘广明:《后"家电下乡"时代推进农村消费的政府干预论纲》,载《河北学刊》2015年第3期。

文化需要，增进人民福祉、促进人的全面发展是发展社会主义市场经济的出发点和落脚点。广大人民群众不仅是社会主义物质文明、精神文明、社会文明和生态文明的参与者、建设者、推动者，同时是平等分享经济社会发展成果的主人，我们应探索使发展成果惠及全体人民的经济发展道路。[1] 2014 年 11 月，习近平总书记在亚洲太平洋经济合作组织(Asia-Pacific Economic Cooperation，APEC)工商领导人峰会上明确指出："我们全面深化改革，就要增进人民福祉、促进社会公平正义。一切改革归根结底都是为了人民，是为了让老百姓过上好日子。"[2]消费不仅是促进经济发展的重要动力，而且是关乎民生的关键问题。[3] 消费与民生关系最直接，也是调结构、惠民生的最重要力量。[4] 在过去很长一段时期内，为了获得经济建设的资本积累，我国很长一个时期实行的是以"高储蓄、低消费"为显著特征的经济发展模式，消费的地位与经济发展的速度不匹配，在经济快速发展中居民消费水平并没有得到相应提高，这实际上是对民生的伤害，并进一步影响社会福祉的增进、社会和谐的实现。[5] 在经济发展步入新常态这一崭新阶段后，经济发展方式亟待转变，需实现"粗放型"

---

〔1〕 参见臧旭恒、贺洋：《坚持用马克思主义政治经济学指导消费经济理论研究》，载《马克思主义与现实》2016 年第 5 期。

〔2〕 习近平：《谋求持久发展，共筑亚太梦想——在亚太经合组织工商领导人峰会开幕式上的演讲》，载《人民日报》2014 年 11 月 10 日，第 1 版。

〔3〕 从理论上讲，民生有广义和狭义之分：广义上的民生概念几乎可以延伸到经济、社会、政治、文化等诸多领域，无所不包，甚至还可以包括历史观方面的问题；狭义上的民生主要是指民众的基本生存和生活状态以及民众的基本发展机会、基本发展能力和基本权益保护的状况等。一般认为，狭义上的民生概念系我们通常在社会、政府层面所论及的民生。

〔4〕 参见胡清升：《引领消费新常态　释放消费潜力》，载《中国统计》2015 年第 7 期。

〔5〕 实际上，自我国进入社会主义改造和建设的历史时期后，以满足社会消费需求、增进人民福祉为社会主义现代化建设根本目的就已成为党和国家的重要宗旨。党的十二大报告就明确提出："不断满足人民日益增长的物质文化需要是社会主义生产和建设的根本目的。"进入新世纪新阶段后，改善民生、促进人的发展，更加受到党和国家的重视。党的十六大报告提出，"发展经济的根本目的是提高全国人民的生活水平和质量"；党的十七大报告提出，"要通过发展增加社会物质财富，不断改善人民生活，又要通过发展保障社会公平正义，不断促进社会和谐"；党的十八大报告强调，要"使发展成果更多更公平惠及全体人民"；党的十八届五中全会公报强调指出，要"坚持共享发展，必须坚持发展为了人民、发展依靠人民、发展成果人民共享，做出更有效的制度安排，使全体人民在共建共享发展中有更多获得感，增强发展动力，增进人民团结，朝着共同富裕方向稳步前进"。可以说，对于发展经济就是促进民生福祉的认知，党在指导思想上是明确的，一以贯之的。新中国成立后尤其是改革开放以来，人民群众的生存发展状况得到根本改善，生活水平和质量明显提高。但在很长一段时期内，经济发展偏离了增进民生福祉的目的，导致广大民众在经济发展中没有得到应有的实惠，对发展成果的分享也不够公平。相关论述参见易培强：《经济新常态下消费发展的基本特征与主要对策》，载《湖南师范大学社会科学学报》2015 年第 5 期。

“数量型”向“集约型”“质量型”的尽快转变；经济发展的动力结构亟待转变，消费应尽快成为经济发展的主要助推力量；并且应在提高经济增长质量的基础上实现人民生活水平的提高、人民幸福度的提升。经济新常态的核心内涵是经济发展应更加注重民生福祉效应，经济新常态最根本的是要适应经济发展阶段的变化，向民生为本的经济发展模式（或方式）转变，民生为本的经济发展方式的内在要求包括：经济发展以不断满足人民群众日益增长的物质文化需要作为根本出发点和落脚点；经济发展成果更多、更公平惠及全体人民；经济发展的民生效应得以显现并不断增强。[1] 对于消费基础作用的重视，既是对宏观经济形势予以综合判断而得出的必然结论，也是反映社会主义本质要求的当然之选。[2] 在推进消费进而促进经济增长的过程中，要将扩大消费与保障民生紧密联系，要高度重视发展成果在消费领域的公平共享，[3] 要将提高人民生活水平作为促进经济发展、推进消费增长的第一目标。这不仅有助于避免“投资饥渴”，有助于降低对有限资源的不充分利用，有助于保护和改善生态环境，有助于减弱国际环境恶化的负面影响，而且从根本上有利于增强经济运行的平稳性和安全性。[4] 政府在促进经济发展、推进消费增长的过程中要秉持民生的基本理念，通过改善民生，实现广大民众共享改革红利、发展成果的社会效果；通过改善民生，实现扩大内需的基本战略，进而促进社会经济的持续健康快速发展。[5] 总之，在新常态下，我们不仅应重视经济的发展，更应关注居民消费水平的提高、消费质量的提升，且关键是要在经济发展中实现经济福祉、改革成果由广大人民共享的发展目标。[6] 此外，在新常态下，民生不仅是经济发展的目的，也是推进经济发展的巨大动力、拉动消费需求的关键着力点。在现阶段，改善民生的要求更为强烈、民生诉求的内容更广泛，民生需求的拉动将会为消费

---

〔1〕 参见易培强：《经济新常态下消费发展的基本特征与主要对策》，载《湖南师范大学社会科学学报》2015 年第 5 期。

〔2〕 参见刘金新：《“十三五”时期消费需求的基础作用——基于新常态和供给侧结构性改革的分析》，载《湖北经济学院》2016 年第 4 期。

〔3〕 参见贺辉、宋鑫：《（中国）消费经济学会首届年会暨第十八次全国消费经济理论与实践研讨会会议综述》，载《消费经济》2015 年第 6 期。

〔4〕 参见刘东皇：《中国经济发展动力结构转换研究》，载《社会科学》2016 年第 1 期。

〔5〕 参见王俊：《关于在经济新常态下转变发展方式的思考》，载《经济研究思考》2014 年第 63 期。

〔6〕 参见国家行政学院经济学部课题组：《中国经济新常态若干问题研究》，载《经济研究参考》2015 年第 1 期。

增长、经济发展提供强劲而持久的动力。[1] 有测算结果显示，到2020年，我国城乡居民民生消费总量规模有望达到45万亿元；加上相关的投资需求，到2020年内需规模有可能接近百万亿元。[2]

"民生是国家的根本"，让老百姓过上好日子是我们一切工作的出发点和落脚点。改善民生，要以解决最大多数人最关心、最直接、最现实的利益问题为重点。[3] 农村地区幅员辽阔、农村居民人数众多是我国的基本国情，因此，农民的民生是最大的民生，农村民生问题需要高度关注和切实解决。农村居民的消费质量关乎农村居民的生活质量水平，农村居民消费结构的完善与否对我国农村居民的生活具有非同一般的意义。[4] 并且，因农村贫困人口和低收入人口数量众多、农村社会经济发展相对滞后、农村基础设施建设薄弱。因此，改善农村民生也是当前最艰巨、最繁重的任务。党的十八大报告指出："要加大统筹城乡发展力度，促进城乡共同繁荣。加大强农惠农富农政策力度，让广大农民平等参与现代化进程、共同分享现代化成果。"从一定意义上讲，农村消费的长期滞后是对农村民生的巨大伤害，推进农村消费应以改善农村民生为第一要务。因此，在政府干预农村消费进而推进农村消费的过程中，应秉持民生的基本理念。其基本要求是要把广大农村居民根本利益的保护作为干预农村消费、推进农村消费的基本出发点和落脚点；其核心目标是要在促进经济发展的基础上确保广大农村居民参与到改革发展成果的分享中来，进而推动社会主义和谐社会建设。

（五）绿色的理念

2015年10月，党的十八届五中全会强调指出，"实现'十三五'时期发展目标，破解发展难题，厚植发展优势，必须牢固树立并切实贯彻创新、协调、绿色、开放、共享的发展理念"。[5] 其中，绿色发展理念是马克思主义生态文明理论

---

〔1〕 参见洪银兴：《论中高速增长新常态及其支撑常态》，载《经济学动态》2014年第11期。

〔2〕 参见国家行政学院经济学部课题组：《中国经济新常态若干问题研究》，载《经济研究参考》2015年第1期。

〔3〕 参见闻天：《从家电下乡看改善民生》，载《红旗文稿》2009年第4期。

〔4〕 参见贺景霖：《改善农村居民消费结构的有效路径分析》，载《吉林工商学院学报》2016年第1期。

〔5〕《中国共产党第十八届中央委员会第五次全体会议公报》，载新华网：http://news.xinhuanet.com/fortune/2015-10/29/c_1116983078.htm，最后访问日期：2018年9月8日。

同我国经济社会发展实际相结合的创新理念,是深刻体现新阶段我国经济社会发展规律的重大理念。党的十八大以来,习近平总书记立足推进我国社会主义现代化建设的时代使命,洞悉从工业文明到生态文明跃迁的发展大势和客观规律,就促进人与自然和谐发展提出一系列新思想、新观点、新论断,凝聚形成绿色发展理念,推动了马克思主义生态文明理论在当代中国的创新发展。绿色发展理念强调要以人与自然和谐为促进社会经济发展的价值取向,要以绿色低碳循环为促进社会经济发展的基本原则,要以生态文明建设为促进社会经济发展的基本抓手。绿色发展理念的提出,体现了我们党对我国经济社会发展阶段性特征的科学把握。走绿色低碳循环发展之路,是突破资源环境"瓶颈"制约、消除党和人民"心头之患"的必然要求,是调整经济结构、转变发展方式、实现可持续发展的必然选择。[1]

政府在推进农村消费、促进经济发展过程中亦应秉持绿色这一基本理念。其原因在于,人的生产、消费行为与自然界、生态环境之间存在密切的交互作用和互动关系,要求人的社会经济活动必须尊重和顺应自然规律,实现与生态环境的协调发展。唯有在经济发展、生活消费中践行绿色、低碳、节约、可持续发展的基本准则,才能让民众过上生活富足、天蓝水清的美好生活,民众也才可能实现永续发展。[2]

三、新常态背景下推进农村消费的政府干预原则解读

在新常态下,若有效实现推进农村消费的目的,政府干预除需秉持发展的理念、权利的理念、公平的理念、民生的理念以及绿色的理念外,还需遵循相应原则,以对政府干预予以必要指导和应有约束,这直接关系政府干预的效果乃至成败。概括而言,政府对于农村消费的干预应遵循以下基本原则:

(一)尊重市场规律原则

在政府干预农村消费进而推进农村消费的过程中,首先需要恪守尊重市场规律的原则。一方面,这是由我国社会主义市场经济体制的属性所决定

---

〔1〕 参见任理轩:《坚持绿色发展——"五大发展理念"解读之三》,载人民网:http://theory.people.com.cn/n1/2015/1222/c40531-27958738.html,最后访问日期:2018 年 9 月 8 日。

〔2〕 参见易培强:《经济新常态下消费发展的基本特征与主要对策》,载《湖南师范大学社会科学学报》2015 年第 5 期。

的。我国现行《宪法》第15条第1款明确规定，“国家实行社会主义市场经济”；2013年11月，党的十八届三中全会所通过的《决定》明确提出，全面深化改革要“紧紧围绕使市场在资源配置中起决定性作用深化经济体制改革”；[1]2014年11月，习近平总书记强调指出，“我们全面深化改革，就要激发市场蕴藏的活力”。[2] 市场经济是我国经济发展的大方向，任何改革与举措需着眼于发展市场经济、完善市场经济体制这一中心目标。市场决定资源配置是市场经济的一般规律，市场经济本质上就是市场决定资源配置的经济，使市场在资源配置中起决定性作用是市场经济的本质要求。[3] 我国所要建立的市场经济体制是指市场在国家宏观调控下对资源配置起决定性作用的市场经济运行机制，市场机制是社会主义市场经济体制下资源配置的根本方式。而政府对农村消费予以干预需要遵循的基本原则之一是必须要尊重市场经济规律，坚决不能走计划经济的“回头路”。另一方面，这是由政府干预的目的所决定的。政府干预的目的不是要取代市场，而是要排除市场失灵为市场机制高效运转而设置的障碍，使市场机制发挥其最大功用。[4] 因此，在政府干预农村消费进而推进农村消费的过程中，必须要恪守尊重市场规律这一基本原则。

在政府对农村消费予以干预的问题上，尊重市场经济规律。首先，要坚持以经济手段为主，实行间接调控，坚决杜绝行政命令式的直接干预。具体而言，是要通过指导性经济计划和价格、税收、信贷等经济杠杆以及产业政策、财政政

---

〔1〕 改革开放以来，我们用改革的办法解决了党和国家事业发展中的一系列问题。我国经济体制改革一直围绕着调整政府和市场关系进行，从计划经济到有计划的商品经济，再到社会主义市场经济，市场的力量一步步得到释放。党对政府和市场关系的认识不断升华。1993年11月，党的十四届三中全会所通过的《中共中央关于建立社会主义市场经济体制若干问题的决定》就明确指出，“建立社会主义市场经济体制，就是要使市场在国家宏观调控下对资源配置起基础性作用”。资源配置由市场起基础性作用向起决定性作用转换，“基础性”到“决定性”的两字之改实际上是对市场作用的全新定位。这既是中国经济发展到新阶段、新常态下，认识深化的必然产物，也是实践发展的客观要求。参见国家行政学院经济学部课题组：《中国经济新常态若干问题研究》，载《经济研究参考》2015年第1期。

〔2〕 习近平：《谋求持久发展，共筑亚太梦想——在亚太经合组织工商领导人峰会开幕式上的演讲》，载《人民日报》2014年11月10日，第2版。

〔3〕 参见国家行政学院经济学部课题组：《中国经济新常态若干问题研究》，载《经济研究参考》2015年第1期。

〔4〕 参见李昌麒：《论经济法语境中的国家干预》，载《重庆大学学报》（社会科学版）2008年第4期。

策、货币政策、收入分配政策等经济手段,以经济利益来影响、引导经营者的市场行为及农民的消费行为,进而实现对农村消费的有效干预。其次,要充分发挥市场价格机制和竞争机制的作用,[1]为经营者提供一个公平的竞争环境,通过充分的市场竞争,为农民提供优质的产品和服务,进而在促进农村消费的同时,使资源得到合理配置。[2] 最后,要进一步完善农村消费市场体系。改革开放以来,我国现代市场体系建设取得显著进展:商品市场体系基本建成,要素市场初具规模。[3] 但从农村消费市场的建设来看,其却显著滞后于城镇消费市场,农村消费市场的滞后在很大程度上制约了农村消费的开展、农民消费需求的满足。在政府干预农村消费的过程中,必须要对农村消费市场体系进行完善。

(二)保障农民权益原则

"三农"问题关系党和国家事业发展全局,农民问题是"三农"问题的核心,而农民问题的实质是农民权益保护问题。《中共中央关于推进农村改革发展若干重大问题的决定》指出,"必须切实保障农民权益,始终把实现好、维护好、发展好广大农民根本利益作为农村一切工作的出发点和落脚点"。

推进消费的最终目的是满足农民消费需求、保护农民消费权益,因此,在政府干预农村消费过程中,农民居于核心地位,政府干预必须以保障农民权益为基本前提和核心目标。此外,这也是由农民的法定地位所决定,作为农村消费市场中的关键角色——消费者,理应受到以《消费者权益保护法》为代表的现行法律的有效保护。在推进农村消费、干预农村消费的过程中,农民的接受度、满意度、支持度是评价政府干预农村消费成败与否的关键以及根本标准。因此,在政府干预农村消费的过程中,必须将切实保障农民权益作为一项基本原

---

[1] 价格机制是市场经济的核心机制之一,价格是经济信息的传播者、经济交往的纽带以及经济利益关系的调节者,价格机制能解决社会生产什么、生产多少、如何生产以及为谁生产三大基本问题。市场要发挥调节作用,必须通过价格机制才能顺利实现;竞争机制是市场经济的又一核心机制之一。竞争机制可以促使生产者改进技术、改善经营管理,提高劳动生产率;可以促使生产者根据市场需求组织和安排生产,使生产与需求相适应;可以促进市场主体优胜劣汰。在政府干预农村消费过程中,充分发挥市场的竞争机制,首要的是要给市场主体一个公平的竞争环境,实现公平竞争。通过公平竞争,为农村消费市场提供优质的产品与服务。

[2] 参见刘广明、王艳宁:《家电下乡制度构建的经济学解读——基于国家干预经济的研究路径》,载《财经问题研究》2009年第7期。

[3] 参见国家行政学院经济学部课题组:《中国经济新常态若干问题研究》,载《经济研究参考》2015年第1期。

则，为政府干预农村消费、推进农村消费提供应有约束和必要指引。在政府干预消费、推进农村消费的过程中，遵循切实保障农民权益基本原则，要做到倾听农民的呼声、尊重农民的首创精神、保护农民的消费选择权、充分发挥农民的主体作用、切实保障农民的人身财产权益。

（三）政府适度干预原则

对于农村消费问题的有效解决、农村消费的深入推进，政府的适时介入至关重要。然而，政府并非万能，受有限理性、能力局限、干预成本等因素的制约，政府亦会出现“失灵”，且其对经济的破坏作用更大。[1] 正如斯诺所言，国家的存在是经济增长的关键，然而，国家又是人为经济衰退的根源。[2] 因此，政府对农村消费的干预一定要以“适度”为根本要求。[3] 政府适度干预首先体现在干预范围的“适度”，即政府干预要做到“有所为，有所不为”。所谓“有所为”，是指在干预消费、推进农村消费的过程中，作为公共产品的供给者、经济行为的引导者和市场秩序的监管者，政府应在完善农村公共产品供给、加大农村消费经济激励以及强化农村消费市场监管等方面“积极作为”。所谓“有所不为”，则是政府对农村消费的干预过程中，需要严格限定干预的范围，政府干预只能在“市场失灵”且政府有能力进行干预的领域发挥作用；需要严格限定干预的方式，政府应主要以市场的方法去解决市场的问题，而不得干预经营者的微观经济行为。即在推进农村消费的过程中，市场能够解决的问题就由市场去解决，市场不能解决的问题才由政府去解决。除范围上的“适度”外，政府对农村消费的适度干预还体现在方式上的“适度”。所谓方式适度，是指在政府干预农村消费的过程中，要在尊重市场规律、保障农民权益的基础上，尽可能地采取

---

〔1〕 政府失灵的存在不仅为理论所证明，而且为实践所印证。以我国经济发展实践为例，在“三位一体”（政府、国企与国有银行）政府主导模式的推动下，我国经济发展实现了快速发展、创造了“中国奇迹”，但“三位一体”政府主导模式也带来了经济发展的粗放性弊端，经济结构的失衡、大量产能的过剩、自然资源的耗费、生态环境的破坏等问题无不与政府失灵直接相关，政府干预的越位、缺位与错位加剧了市场的扭曲。相关论述参见黄志钢、刘霞辉：《新常态下中国经济增长的路径选择》，载《经济学动态》2015 年第 9 期。

〔2〕 [美]道格拉斯 · C. 斯诺：《经济史中的结构与变迁》，陈郁、罗华平译，上海三联书店 1994 年版，第 20 页。

〔3〕 在经济法研究者看来，所谓政府适度干预，是指政府（国家）在经济自主和国家统治的边界条件或者临界点上所做的一种介入状态。参见李昌麒：《经济法学》，中国政法大学出版社 2002 年版，第 60 页。

间接干预而非直接干预方式，要坚持经济手段为主而慎用行政手段，要强调消费刺激由“强”转“微”。[1]

(四)资源倾斜性配置原则

我国社会经济发展具有显著的城乡二元分割性特点，且在区域经济发展层面又具有显著的非均衡性和多元性。东西部地区社会经济发展差距较大，各地农村消费市场亦各有特点。这直接造成农村消费呈现出多层次板块性的显著特征，同时，社会的快速转型与经济的快速转轨又使农村消费结构与行为呈现出持续的不稳定性。[2] 基于这一实际情况，在政府对农村消费予以干预的过程中，必须要坚持资源倾斜性配置原则，做到“区别对待”，切忌“一刀切”。已有实践证明，“一刀切”的做法不仅将使政府干预的效果大打折扣[3]，而且会导致中央财政补贴资金大多流向农村经济发达、农民购买力较强的发达地区，造成新的社会不公。

实行资源倾斜性配置，首先是要基于城乡消费发展差距的现实而对农村消费予以优先支持，施之以区别对待措施，[4]将更多资源引向农村地区、对农村地区予以更多政策支持，进而促进农村消费水平的整体提升、农村消费的有效增长。在此基础上，应在全面认识地区发展差距、区域农村居民贫富差距客观现实的基础上，给予经济落后地区以更大支持、给予贫困农民以更多扶持，通过加大财政转移支付、强化公共产品供给、大力推进税费减免等措施推动农村消费市场均衡发展，促进农民生活水平的全面提升；而对于经济发达地区，应该赋

---

[1] 有研究者以“家电下乡”政策的退出为据，认为随着观念和政府职能的转变，政府将不再采取直接的消费刺激政策，消费的增长也不会再依靠外部拉动，市场内生力量将成为消费增长的唯一动力。(参见曹立生：《消费品市场平稳运行增幅再放缓 大众化理性化消费成为新常态》，载《商业经济研究》2015 年第 7 期)。这一认知的科学性有待商榷，从长远来看，市场内生力量将成为消费增长的主要动力，但从我国目前的实际情况来看，仅靠市场作用的发挥显然是无法全面实现消费增长目标的。

[2] 参见郝爱民：《构建扩大农村居民消费长效机制研究——一个制度分析框架》，载《中国农学通报》2013 年第 11 期。

[3] 据对吉林省的“万村千乡市场工程”的实践考察，由于东北地区市场密度低，商品流通成本高，即便在现有政策的扶持下，参与企业对农家店进行配送也基本上是无利可图的。(参见吴小丁、王晓彦：《“万村千乡”龙头企业全面亏损的政策思考——吉林省“万村千乡”市场工程调查报告》，载《市场营销导刊》2008 年第 2 期)。而在经济发达、交通便利的苏中南地区，在“万村千乡市场工程”实施前，“苏果”农村连锁超市就已经取得了巨大成功。

[4] 参见毕玉江、裴瑱：《消费惯性作用下农村居民和城镇居民消费影响因素的差异研究》，载《经济经纬》2016 年第 5 期。

予地方政府更多职责,并主要依靠市场的力量来推动农村消费问题的有效解决、实现对农村消费的深入推进。

(五)政策推进与法律主治有效结合原则

在经济发展步入新常态后,若有效推进农村消费,关键是要在充分发挥市场决定性作用的基础上,更好发挥政府的调控作用,实现政府对农村消费的适度干预。而若要更好发挥政府干预的积极作用,则需有效协调政策与法律的关系,实现政策推进与法律主治的有效结合。理论和实践均证明,作为两大社会规范力量,政策和法律各有其优势,对于社会经济的发展都具有重要的推动作用,在过去特定时段,政策作用的发挥甚至大过法律。在依法治国方略不断推进、社会主义法治进程日益深化的今天,法律的作用必须要极大强化,但这并非意味着政策不再重要。恰恰相反的是,在改革进入深水区的当下,在某些领域内,改革的推进仍需仰赖政策的作用,农村消费的推进、政府对农村消费的干预亦是如此,政策注定会成为推进农村消费、实现政府适度干预的重要助推剂。因此,在政府对农村消费予以干预这一问题上,必须合理处置政策和法律的关系,要实现政策制定与法律颁布的良性互动、有机协调,这是政府对农村消费予以干预所必须遵循的重要原则之一。哪些问题需要通过制定政策予以解决,哪些问题又需要通过颁布法律加以规范,这需要科学论证、妥适分析。从既有实践来看,有一些基本规律可以遵循。例如,对于最终解决方案尚未完全清晰、相关改革仍在逐步深化的问题和领域宜由政策加以解决。同时,需要指出的是,因政策具有向法律转化的特点,所以,应重视引导政策向立法转化,实现政策推进向法律主治的适时转变,即对于通过政策引导已取得突破且立法条件已经成就、立法时机已然成熟的问题和领域,应适时制定相应法律以巩固已有改革成果,以有效规范政府对农村消费市场的干预行为,并给予包括经营者、农民等在内的相关主体以稳定的预期和权利保障,最终促进农村消费的有效开展。

四、新常态背景下推进农村消费政府干预的基本前提阐释

经济发展步入新常态意味着经济由高速转向中高速增长,这既是科学战略判断,也是战略自信体现,但并不意味着这一过程就是自然而然、水到渠成、一帆风顺的,经济发展模式存在惯性,企业、民众和政府对高速增长具有"路径依

赖”,当经济增速换挡、经济结构调整,难免会出现阵痛,引发一些问题、矛盾和风险。特别是多年来积累的高房价、地方政府债务偏高、影子银行、产能过剩等,在进入新常态过程中会使一些潜在风险暴露出来。因此,必须高度重视,要紧紧抓住新常态带来的新机遇,化解新问题、新矛盾和新风险。实现向新常态顺利过渡的关键在于全面深化改革。习近平总书记强调提出:“我们正在推行的全面深化改革,既是对社会生产力的解放,也是对社会活力的解放,必将成为推动中国经济社会发展的强大动力。”[1]新常态下,我们要更加突出全面深化改革的重要作用,遵循经济规律、社会规律和自然规律这“三大规律”,实现符合经济规律的科学发展,符合自然规律的可持续发展,符合社会规律的包容性发展,积极释放“中国红利”,促进经济新常态。[2] 只有通过全面深化改革,才能使经济尽快从“速度效益型”转向“质量效益型”,避免经济增速下降过程中企业效益、财政收入和居民收入下降,才能为经济结构优化升级提供压力和动力,才能实现财富分配结构的合理转型。[3] 2013 年 11 月,党的十八届三中全会通过了《决定》阐述了中国全面深化改革的重大意义,总结了中国改革开放 35 年来的历史性成就和宝贵经验,提出了到 2020 年全面深化改革的指导思想、总体思路、主要任务、重大举措。这份文件集中了中共全党和各方面的智慧,成为新形势下全面深化改革的纲领性文件,标志着从 1978 年开始中国改革开放进入新阶段。习近平总书记强调提出:“能不能适应新常态,关键在于全面深化改革的力度。”[4]在经济发展步入新常态后,我们要更加突出全面深化改革的重要作用,坚持问题导向、勇于突破创新,不断加大全面深化改革的力度,遵循好经济规律、社会规律和自然规律这“三大规律”,实现符合经济规律的科学发展,符合自然规律的可持续发展,符合社会规律的包容性发展,积极释放“中国红利”,坚定不移地把改革事业推向深入,促进中国经济形成中高端水平和高效率

[1] 习近平:《谋求持久发展,共筑亚太梦想——在亚太经合组织工商领导人峰会开幕式上的演讲》,载《人民日报》2014 年 11 月 10 日,第 1 版。

[2] 参见国家行政学院经济学部课题组:《中国经济新常态若干问题研究》,载《经济研究参考》2015 年第 1 期。

[3] 参见李佐军:《以改革实现向新常态平稳过渡》,载《经济日报》2014 年 11 月 21 日,第 5 版。

[4] 习近平:《谋求持续发展,共筑亚太梦想——在亚太经合组织工商领导人峰会开幕式上的演讲》,载《人民日报》2014 年 11 月 10 日,第 1 版。

增长的新常态。[1] 深入推进农村消费是全面深化改革的应有之义,全面深化改革是深入推进农村消费的基本前提。在政府干预农村消费、推进农村消费的过程中,要着重解决好以下前提性问题,以农村消费的推进奠定坚实基础。

(一)推进供给侧结构性改革

"结构性问题最突出,矛盾的主要方面在供给侧",习近平总书记对新常态下中国经济的判断一针见血。当前,中国经济正在经历一个变化的节点,长期的发展积累了庞大的经济总量,基数抬高,连续多年的两位数增长已经不可重复,各种矛盾集中爆发。矛盾的产生是因为发展中存在诸多"短板",结构性问题尤其突出。[2] 供给侧结构性改革是我国经济治理思路的重大调整,[3]作为"十三五"时期乃至更长时间面向全局的战略性部署,也是适应和引领中国经济发展新常态的创新之举。[4] 在中国经济步入新常态这一崭新阶段后,必须要把改革发力点转到调整经济结构上,在保持总量增长的同时,实现结构优化。推进供给侧结构性改革是协调发展过程中的重大关系,在破解难题、补齐"短板"的同时又巩固和厚植原有优势,是让中国经济健康发展、行稳致远的一项重大举措。[5] 供给侧结构性改革是对马克思主义政治经济学生产和消费作用与反作用原理的创造性运用。[6] 推进供给侧改革是形势所迫,是问题倒逼的必然选择,是全面深化改革的决定性战役。通过推进供给侧结构性改革以推动消费发展,进而实现中国经济持续健康快速发展,是新常态所赋予我们的重大历史使命。2014 年,中央经济工作会议明确指出,在中国经济步入新常

---

〔1〕 参见国家行政学院经济学部课题组:《中国经济新常态若干问题研究》,载《经济研究参考》2015 年第 1 期。

〔2〕 正如研究者所指出的,在传统经济发展模式下,投资作用的极大强化(主要表现为过度投资、重复投资)使我们告别了"短缺经济"时代,社会产品极大丰富,消费市场由"卖方"转向"买方"主导,但同时也造成了严重的产业结构失调、产能过剩的问题,并由此引发了生态环境破坏、自然资源浪费、分配结构失衡等社会经济问题,中国经济步入了"结构性过剩"时代。相关论述参见刘东皇、谢忠秋、潘冬:《新常态下消费驱动需要驱动消费》,载《当代经济管理》2016 年第 1 期。

〔3〕 参见沈坤荣:《供给侧结构性改革是经济治理思路的重大调整》,载《南京社会科学》2016 年第 2 期。

〔4〕 参见胡鞍钢、周绍杰、任皓:《供给侧结构性改革——适应和引领中国经济新常态》,载《清华大学学报》(哲学社会科学版)2016 年第 2 期。

〔5〕 参见王子晖:《要弄明白供给侧改革,习近平这两次讲话必学》,载新华网:http://news.xinhuanet.com/politics/2016-06/01/c_1118966953.htm,最后访问日期:2018 年 9 月 10 日。

〔6〕 参见臧旭恒、贺洋:《坚持用马克思主义政治经济学指导消费经济理论研究》,载《马克思主义与现实》2016 年第 5 期。

态的当下,“通过创新供给激活需求的重要性显著上升”。因此,我们“必须采取正确的消费政策,释放消费潜力,使消费继续在推动经济发展中发挥基础作用”。[1] 这需要我们重新认识新常态下中国消费成长的新特征,厘清新常态下消费成长的供给侧约束,找准中国消费成长供给侧结构性改革思路,从而推进新常态下的中国消费成长。[2] 在新常态下,改革攻坚这个“坎”必须要跨过去。

就农村消费的推进、政府的适度干预而言,其必须首先要深入推进关涉农村消费的供给侧结构性改革,这既是基于新常态这一时代背景所得出的宏观判断,也是对农村消费长期滞后原因深入分析所得出的必然结论。如上文所述,农村消费长期滞后的原因众多,但农村消费品供给不力是导致农村消费长期滞后的重要原因,同时是制约农村消费未来发展的现实约束之一。供给与需求的平衡是消费行为得以顺利开展、经济得以可持续增长的基础,供给与需求的不匹配会抑制消费行为的开展、影响社会经济的发展。从经济发展的长期趋势来看,需求对于供给具有引导作用,“有需求则有供给”,需求的重点无疑是供给创新的方向;但从经济发展的特定阶段来看,供给则对需求具有决定和引领示范作用,需求不仅能在供给的范围内实现,而且会受供给的影响而有所调整。从整体上看,随着我国社会主义市场经济体制的不断健全、社会经济发展水平的日渐提高,消费品种类极大丰富、消费品质量显著提高,“短缺经济”时代早已一去不返,进而较好地满足了人民群众日益增长的物质文化水平。但在某些领域,不适应市场需求的无效供给过多和产品适销对路的有效供给不足却一直存在,[3] 由产业结构和市场供给结构失衡所导致的供给不力在一定程度上成为制约消费需求扩大和消费结构升级的重要约束。[4] 这在农村消费领域表现得尤为突出。农村消费品的供给不力直接影响农村居民消费需求的实现及调整。市场供给与消费需求的“不同步”在很大程度上阻碍了农村居民消费需求

---

[1] 参见《中央经济工作会议在京举行》,载新华网:http://news.xinhuanet.com/fortune/2014-12/11/c_1113611795.htm,最后访问日期:2018年9月20日。

[2] 参见沈坤荣、刘东皇:《以供给侧结构性改革推进经济新常态下消费成长》,载《江苏行政学院学报》2016年第6期。

[3] 参见张斌峰:《释放消费潜力　引领消费新常态——陕西消费转型升级的路径调查》,载《陕西日报》2016年2月24日,第12版。

[4] 参见郭月梅、蒋勇、武海燕:《新供给经济学视角下扩大消费需求的财税政策探讨》,载《税务研究》2015年第9期。

的满足、抑制了农村居民消费行为的开展、迟滞了农村消费的增长。有调查结果显示,39.3%被受访农民认为,“缺乏适合农村消费的产品”是阻碍农村消费的主要原因。[1]

需求有效是供给侧结构性改革的最终目的,通过创新供给以激活需求,其重点不是改变供给总量,而是通过调整供给结构来提高全要素生产率,对供给体系中不能适应需求的部分做出及时调整,以更高经济效益来满足人民群众的直接需要。[2] 深入推进供给侧结构性改革以促进农村消费发展,其基本思路是要通过税费优惠、金融支持等调控手段的应用,引导企业主动适应农村消费需求新变化、新特点,调整供给结构、创新生产技术,以提供适应农村消费需求、引导农村消费需求的消费品,在增强有效供给能力的同时,发挥供给对于消费的引领、示范作用。正如有研究者所指出的那样,推进农村消费、干预农村消费、开拓农村消费市场既不是把一些城市消费的产品搬到农村去,也不是到农村处理积压过剩的商品,而是要依据农民的消费心理、消费水平、需求特点,研究开发适应农村特点的新产品,进而形成扩大农村消费需求的商品供应机制。[3] 深入推进供给侧结构性改革以促进农村消费发展,其基本要求是要扭转供需错配现状、完善供给体系,以改变“两多两少”(“大路货”产品多、低端产品多、名牌产品少、中高端产品少)的农村消费品供给状况,丰富农村消费品供给种类、提高农村消费品供给质量,进而满足农村居民正常消费需求。

深入推进供给侧结构性改革,进而促进农村消费有效增长,关键是要做好以下几点:

(1)优化供给结构。在重视商品供给的同时,加大服务供给力度。这是由我国目前的实际情况所决定的。在很长一段时期,由传统产业结构所限,服务供给水平严重滞后于商品供给水平,由此导致服务消费增速较低,进而拖累了总消费的有效增长。[4] 在我国经济发展步入新常态后,我国居民消费水平和

---

[1] 参见山西行政学院理论研究中心:《构建扩大农村居民消费需求长效机制研究——基于山西农村的调查分析》,载《国家行政学院学报》2014年第2期。

[2] 参见刘金新:《“十三五”时期消费需求的基础作用——基于新常态和供给侧结构性改革的分析》,载《湖北经济学院》2016年第4期。

[3] 参见山西行政学院理论研究中心:《构建扩大农村居民消费需求长效机制研究——基于山西农村的调查分析》,载《国家行政学院学报》2014年第2期。

[4] 参见赵萍:《中国消费发展新常态》,载《理论参考》2015年第3期。

消费结构正在进入一个新的阶段，其重要表现是随着耐用消费品逐步达到饱和需求状态，居民服务消费需求强烈并日渐成为拉动消费增长的主力。但与此同时，项目少、质量差、水平低等服务供给问题的存在严重影响居民服务消费需求的满足，进而造成大量消费潜能无法释放。[1] 因此，需要根据居民消费结构变动趋势和方向，适时调整政策以扩大居民消费，其关键是要以产业结构升级转型为主要抓手推动供给侧结构性改革，以促进服务性为主导的消费结构。[2] 国外的经验对此亦已证明。[3] 农村消费领域同样存在这样的问题，服务供给水平的低下、服务供给结构的滞后严重制约了农村服务消费的发展、直接抑制了农民服务消费需求的满足。因此，在推进供给侧结构性改革过程中，要着力发展以服务业为主的农村第三产业，通过放宽服务业市场准入机制、简化服务业行政审批手续、提高政府办事效率为第三产业的发展创造条件，[4]进而为农民服务消费需求的满足、农村服务消费的发展提供应有保障。此外，发展第三产业、做大做强服务业除能更好地满足广大人民群众的多元性需求外，还具有扩大社会就业、增加居民收入、提高消费效率等效用。[5] 有研究者曾通过设立理论模型和实证分析，验证了“服务业越发达的城市，消费率也增长得越快”的论断。[6]

---

〔1〕 参见曹立生：《消费对 GDP 拉动作用仍居首位》，载《国际商报》2016 年 1 月 14 日，A02 版。

〔2〕 有研究者指出，自 20 世纪 90 年代中期以来，中国城乡居民服务性消费需求增长较快，旅游、交通通信、教育文化娱乐、医疗保健等逐渐成为新的消费热点，带动居民消费结构不断升级。但从 2005 年开始，服务型消费的比重难以进一步提高，消费结构升级遇到瓶颈，其重要原因就是产业升级缓慢。参见汪伟：《经济新常态下如何扩大消费需求？》，载《人文杂志》2016 年第 4 期。

〔3〕 以美国为例，其个人消费中服务消费占比在 1970 年超过商品消费，此后直到 1990 年的 20 年期间，服务消费一直保持了年均 10% 左右的高速增长状态，并成为美国消费及经济增长的重要需求支撑力量。美国当时的情形与我国现在的情形很是相似，服务消费将逐步成为拉动消费增长的主要动力，其在总消费中的占比也会显著提高。近年来，我国居民商品消费增速下降，但随着居民收入水平的提高，服务性消费正在迅速崛起，城乡居民医疗保健、文化娱乐、家政服务等服务性消费持续快速增长，在消费支出中占比不断提高，成为拉动消费需求的重要增长点，未来我国服务消费将进入持续快速增长期。相关论述参见张来明、李建伟：《中国经济发展新常态重要思想的科学性与理论涵义》，载《经济纵横》2015 年第 3 期。

〔4〕 参见鲁钊阳、郑中伟：《经济新常态下新消费增长点培育的逻辑起点、约束条件与路径选择》，载《经济问题探索》2016 年第 1 期。

〔5〕 参见易培强：《经济新常态下消费发展的基本特征与主要对策》，载《湖南师范大学社会科学学报》2015 年第 5 期。

〔6〕 参见雷潇雨、龚六堂：《城镇化对于居民消费率的影响：理论模型与实证分析》，载《经济研究》2014 年第 6 期。

(2)强化农村消费市场竞争机制。推进供给侧结构性改革,基本要求是提高供给质量,而其关键是要强化农村消费市场竞争机制,通过市场竞争机制作用的有效发挥,以推动供给质量的提高。在此方面,政府应与生产者共同努力营造一个良性运行的市场环境,通过优胜劣汰将假冒伪劣产品赶出市场,通过市场竞争督促生产者提供更优质的供给,进而实现供给对于消费的满足、供给对于消费的促进、供给和消费的均衡协调。[1]

(3)提供符合需要的产品。“只有疲软的产品,没有疲软的市场。”这一规律在农村消费市场体现得十分明显。从整体上看,在农村消费市场中真正适应农村消费特点和农民消费偏好的产品还不多,由此制约了农民消费需求的有效实现。调研结果显示,受访农村居民反映,在农村消费市场中,很多耐用消费品存在功能不足的问题,不能完全适应农村环境,进而降低了农民的购买意愿。[2] 提供符合农村实际需要的产品是深入推进供给侧结构性改革的基本要求,也是促进农村消费的关键所在。提供符合农村实际需要的产品,就是要立足农村消费市场实际情况、农民消费实际需求,通过开发新产品、形成新供给,以培育农村消费市场、满足农民消费需求、促进农村消费增长。[3]

(二)深化收入分配制度改革

作为经济社会发展中一项带有根本性、基础性的制度安排,收入分配制度是社会主义市场经济体制的重要基石。改革开放以来,我国收入分配制度改革不断推进,经过30多年的探索与实践,按劳分配为主体、多种分配方式并存的分配制度基本确立,以税收、社会保障、转移支付为主要手段的再分配调节框架初步形成,与基本国情、发展阶段相适应的收入分配制度基本建立,进而有力地推动了社会主义市场经济体制的建立,极大地促进了国民经济快速发展,人民生活水平也因此得以显著提高。同时,由于在很长一段时期内,我国实行了非均衡发展战略,由此导致收入分配领域仍存在一些亟待解决的突出问题,表现

---

〔1〕 参见蔡中为:《新常态下我国消费面临的问题及优化消费结构研究》,载《决策咨询》2016年第5期。

〔2〕 参见山西行政学院理论研究中心:《构建扩大农村居民消费需求长效机制研究——基于山西农村的调查分析》,载《国家行政学院学报》2014年第2期。

〔3〕 参见张子麟、宋蕊:《新常态下居民消费结构变化的趋势与对策》,载《宏观经济管理》2016年第6期。

为劳动报酬在初次分配中比重偏低、居民收入在国民收入分配中比重偏低。我国居民消费整体乏力、消费率偏低的根源也在于收入分配不公,收入分配严重不均是导致我国总消费不振的一个重要原因。[1] 收入是决定消费的最主要因素,当前制约我国消费需求扩大、消费水平提高、消费总量增长的根本原因是就在于国民收入分配制度不合理。[2] 当前收入分配所存在的最大问题就是居民个人在总量中占比过低。[3] 在当前及过去很长一段时期内,收入分配格局不断向政府部门倾斜,居民收入在国民收入分配中的比重不断降低。[4] 居民收入的受限直接抑制了居民消费能力的增长,进而阻碍了居民消费的发展。有研究数据显示,在 2010～2015 年,我国国民收入分配格局不断向政府和企业倾斜,居民收入比重不断下降,经再分配调整后,政府和企业收入由 2010 年的 46.66% 上升至 2015 年的 55.72%,而居民收入则从 2010 年的 53.35% 下降到 2015 年的 44.28%。[5] 另有研究数据显示,在 1990～2012 年,居民收入总额在国民收入中的占比由 55.21% 下降到了 43.72%。[6] 这一占比无论是与发达国家相比,还是与部分新兴发展中国家相比,都是偏低的。此外,与我国当前所处的社会经济发展阶段(工业化中后期、中等收入阶段)也是不相称的。[7]

除居民收入所占比例过低外,收入分配所存在的另一重大问题就是,居民之间收入差距较大且有进一步扩大之势。而受边际消费倾向基本规律的作用,由居民收入差距所引致的居民消费阻碍越发严重。高收入者具有较低的边际消费倾向,低收入者则具有较高的边际消费倾向,这是边际消费倾向基本规律

---

〔1〕 参见朱国林、范建勇、严燕:《中国的消费不振与收入分配:理论和数据》,载《经济研究》2002 年第 5 期。

〔2〕 参见张占斌、周跃辉:《释放消费红利　拉动增长引擎》,载《中国党政干部论坛》2015 年第 8 期。

〔3〕 研究数据显示,截至 2014 年,我国居民收入占 GDP 的比重只有 50%,而发达国家的比重一般在 70% 以上。参见司春燕:《新型城镇化中扩大消费需求的财税政策研究》,载《商业经济研究》2016 年第 4 期。

〔4〕 参见方福前:《中国居民消费需求不足原因研究——基于中国城乡分省数据》,载《中国社会科学》2009 年第 2 期。

〔5〕 参见尹夼:《高房价是如何挤压国民消费的?》,载《南风窗》2016 年第 18 期。

〔6〕 参见李子联、华桂宏:《新常态下的中国经济增长》,载《经济学家》2015 年第 6 期。

〔7〕 参见谢春玲:《新常态下提高居民消费率的政府行为选择》,载《现代经济探讨》2015 年第 11 期。

的核心内容。[1] 研究数据显示,我国收入最高的10%的群体与收入最低的10%的群体之间的收入差距已由1988年的7.3倍已上升到2014年的近30倍。[2] 高收入人群在收入分配中占比较高且有进一步增长之势,低收入人群则在收入分配中占比较低且无明显改变趋势,是导致居民消费增长乏力、长期低迷的根本原因。

收入分配领域出现的问题是发展中的矛盾、前进中的问题,必须通过促进发展、深化改革来逐步加以解决,这是城乡居民在收入普遍增加、生活不断改善过程中的新要求、新期待。[3] 当前,我国经济发展已步入了新常态这一崭新阶段。正如前文所述,在新常态下,要实现经济由高速增长向中高速增长的顺利转换,必须要有效扩大国内需求,尤其是居民消费需求,以弥补出口急剧下降、投资作用受限的不利局面,而扩大消费需求的基本要求就是要进一步深化收入分配制度改革,[4]通过充分发挥初次收入分配和二次收入分配的调节作用,提高居民收入在国民经济中的比重。[5] 深化收入分配改革是夯实居民消费基础的"先手棋",只有进一步调整好我国当前的收入分配格局,让广大居民尤其是中低收入阶层"有钱可花",才可能有效推进居民消费,这是扩大内需的重要着力点。[6] 在新常态下,深化收入分配改革的关键是要提高居民收入在国民收入初次分配和最终分配中的比重。[7] 在经济步入新常态之时,也是社会进入

[1] 参见郭月梅、蒋勇、武海燕:《新供给经济学视角下扩大消费需求的财税政策探讨》,载《税务研究》2015年第9期。

[2] 参见司春燕:《新型城镇化中扩大消费需求的财税政策研究》,载《商业经济研究》2016年第4期。

[3] 参见《关于深化收入分配制度改革的若干意见》,载人民网:http://theory.people.com.cn/n/2013/0206/c49150-20452804.html,最后访问日期:2018年9月10日。

[4] 实际上,从更宏观的视角来看,经济发展的新常态亦要求对收入分配制度进行全面改革。经济发展阶段的转型意味着利益关系的调整,新常态亦是如此,而利益关系的调整首先就是要对收入分配制度进行改革。并且由于在新常态下,经济增长将由高速转向中高速,由此导致利益关系的调整、收入分配的改革更迫切、更关键。其原因在于,当经济高速增长时,无论是"蛋糕"做大,还是机会增加,都会对收入差距扩大具有较大的容忍度;当经济从高速增长转为中高速增长时,随着"蛋糕"变小且机会减少,一定会对缩小收入差距提出更高的要求,尤其是在我们的经济积累达到较高水平时,这种要求会变得更为强烈。因此,经济利益调整、收入分配改革是我们建设新常态的一个不可或缺的内容。相关论述参见张慎霞、耿国华、朱艳红:《经济新常态下收入分配改革的挑战、机遇与对策》,载《经济纵横》2016年第2期。

[5] 参见翟志青:《新常态下如何让居民消费增长成为常态》,载《东方企业文化》2015年第14期。

[6] 参见张占斌、周跃辉:《释放消费红利 拉动增长引擎》,载《中国党政干部论坛》2015年第8期。

[7] 参见徐敏:《经济新常态下妥善处理投资消费比例关系的思考》,载《商业经济研究》2015年第28期。

全面建成小康社会之时。在这一特定时代背景下,必须秉持共同发展、共享成果的基本理念,遵循注重效率与维护公平的基本原则,充分发挥市场机制在要素配置和价格形成中的基础性作用,更好地发挥政府对收入分配的调控作用,通过深化收入分配制度改革、规范收入分配秩序、形成合理有序收入分配格局,努力实现农村居民收入增长和经济发展同步,提高农民收入水平、优化农民收入结构,这对于缩小城乡贫富差距、实现农民共享改革成果、全面建成农村小康、维护农村社会稳定、推进农村消费具有十分重要的意义。

消费问题实际上是个分配问题,[1]收入分配结构失衡、收入分配制度不合理是导致消费增长缓慢的重要原因。[2] 只有全面推进收入分配制度改革、建立合理的收入分配机制,才能有效驱动消费潜能、促进消费发展,进而才能增强中国经济新常态下的发展动力。[3] 改革收入分配制度、调整收入关系、完善收入分配格局,一个基本要求就是要在国民收入分配中增加居民收入所占的比重,提高劳动者报酬所占比重,[4]要更多地增加中低收入者收入。这是深化收入分配体制改革,缩小民居收入差距,进而扩大消费需求的重要着力点。[5] 因此,努力提高"两个占比"、实现劳动报酬增长和劳动生产率提高同步、居民收入增长和经济发展同步、形成合理的收入分配格局是我国收入分配改革的主要目标之一,也是经济新常态下扩大消费需求的基础。[6] 但是,收入分配制度改革是一项十分艰巨复杂的系统工程,涉及各方面利益调整,不可能一蹴而就,必须从我国基本国情和发展阶段出发,立足当前、着眼长远,克难攻坚、有序推进。

---

〔1〕 参见逄锦聚:《马克思主义经济学在经济新常态下的现实意义》,载《社会科学文摘》2016 年第 4 期。

〔2〕 参见姜国强:《新常态下中国经济增长动力协同推进研究》,载《现代经济探讨》2015 年第 12 期。

〔3〕 参见武晓光、聂爱芹:《新常态下我国分配格局失衡现状及调整对策》,载《商业经济研究》2016 年第 1 期。

〔4〕 国家统计局的数据显示,在 1995 ~ 2013 年,我国劳动者报酬占国民收入比重由 51.1% 下降到了 44.7%,呈现出逐年下降的趋势(参见于佳欣、赵超:《"新常态"下如何让消费增长成为常态?》,载人民网:http://media.people.com.cn/n/2014/1218/c14677 - 26233142.html,最后访问日期:2018 年 9 月 20 日)。这直接制约了居民消费能力的提高,在新常态下,若要有效推进居民消费,必须要通过收入分配改革,有效增加劳动者的报酬收入,进而提高居民的消费能力,使居民"能"消费。

〔5〕 参见叶熠阳:《试论消费需求对安徽经济的作用》,载《时代金融》2015 年第 1 期。

〔6〕 参见谢春玲:《新常态下提高居民消费率的政府行为选择》,载《现代经济探讨》2015 年第 11 期。

其中,政府作用的发挥至关重要。理论研究证明,受资本收益率大于经济增长率这一市场经济内在机制作用的影响,单纯依赖市场机制,收入分配只会向资本倾斜而不会自动向劳动倾斜,劳动与资本的收入分配不平等会越来越大,由此决定,必须发挥政府在收入分配问题上的主导作用,[1]通过政府的必要干预以缩小分配不平等差距,进而促进经济的良性发展。国际经验亦证明,在收入分配调整方面,政府要发挥其应有作用,其在经济发展非常时期作用更凸显,美国的"罗斯福新政"、日本的"收入倍增计划"就是典型例证。[2] 2013年11月,党的十八届三中全会所通过的《决定》,要"处理好政府和市场的关系",要"使市场在资源配置中起决定性作用和更好发挥政府作用"。在新常态下,在收入分配体制改革问题上,要充分发挥政府的主导作用,以弥补市场失灵的缺陷,按照"调高、扩中和提低"的原则,通过税制结构完善、财政支出结构优化等措施缩小居民收入差距,促进居民收入朝着"橄榄型"分配格局演进。[3]

现行收入分配制度不合理的另一重要表现,就是城乡区域发展差距和居民收入分配差距依然较大,[4]并由此导致农村居民的消费能力受限,造成农村居民"不能消费"、使得农村消费增长成为"无源之水"。[5] 实际上,就缩小城乡居民收入差距、增加农民收入水平进而提高农民消费能力、促进农村消费而言,当前应主要从以下几个方面着手深化收入分配制度改革:(1)通过完善农业保

---

〔1〕 在收入分配制度改革问题上,需要发挥政府的应有作用,这不仅为理论研究所证明,而且亦是政府的法定职责所在。介入、调整收入分配是现代政府的基本职能,强化政府的国民收入分配职能,实现收入分配的公平性,对于新常态提高居民消费率、促进消费开展具有十分重要的意义。相关论述参见谢春玲:《新常态下提高居民消费率的政府行为选择》,载《现代经济探讨》2015年第11期。

〔2〕 参见武晓光、聂爱芹:《新常态下我国分配格局失衡现状及调整对策》,载《商业经济研究》2016年第1期。

〔3〕 参见刘东皇:《中国经济发展动力结构转换研究》,载《社会科学》2016年第1期。

〔4〕 近年来,我国农村居民收入增长速度开始超过城市居民收入增长速度,城乡居民收入差距呈缩小态势,但总体上讲,城乡居民收入差距还是十分明显、依然较大。调查数据显示,2014年,居民人均可支配收入为20,167元,其中,城镇居民人均可支配收入为28,844元,农村居民人均可支配收入10,489元,农村人均可支配收入是城市的36.36%。参见武晓光、聂爱芹:《新常态下我国分配格局失衡现状及调整对策》,载《商业经济研究》2016年第1期。

〔5〕 从一定意义上讲,消费问题实际上是个分配问题,消费问题的根源在于分配,消费的长期滞后是因收入分配出了问题。受边际消费倾向规律所限,对于高收入人群而言,收入增长所带来的消费扩张效应并不明显。农村消费滞后的根本原因在于收入分配的不合理,在现行制度下,农村居民并未获得应有分配比例,由此制约了其消费能力的提高,进而障碍了农村消费的发展、农民消费需求的满足。

险制度、健全产品收购价格机制等措施的实施，进一步稳定农业生产收入，进而增加农民经营性收入，为农民收入水平的提高予以基本支撑。(2)通过着重保护劳动所得、努力实现劳动报酬增长和劳动生产率提高同步、有效提高劳动报酬在初次分配中的比重、全面保护农民工合法权益等措施的实施，进一步增加农民的工资性收入，为农民收入水平的提高打下坚实基础。(3)通过深化农村集体产权制度改革、探索农村集体所有制有效实现形式、盘活农村集体资产、构建集体经济治理体系、形成农村集体经济科学运行新机制，全面维护农民合法权益、有效增加农民财产性收入，进而为农民收入水平的提高建立新的"突破口"。(4)通过完善财政转移支付制度、加大涉农补贴支持力度等措施的实施，充分发挥再分配调节机制作用，增加农民转移性收入，为农民收入水平的提高"添砖加瓦"。

收入分配制度的改革实际上是对现有利益分配格局的调整、对不合理分配机制的祛除，在利益集团已在一定程度上形成的现实背景下，收入分配制度改革注定不会是一帆风顺的，总会形成一些矛盾，遭遇一定阻力。[1] 因此，对于收入分配制度的改革，不仅需要改革魄力、需要有改革耐心、需要有改革策略，更需要有持之以恒的精神，唯有如此，才能全面实现收入合理分配的最终目标，才能有效提高劳动报酬、居民收入在收入分配中的比重，才能如愿提升居民消费能力，并最终促进消费的发展。就农民收入的提高、农村消费的增长而言，亦是如此。

(三)加快政府职能转变

行政体制改革是推动上层建筑适应经济基础的必然要求。习近平总书记在党的十八届二中全会第二次全体会议上明确指出："转变政府职能是深化行政体制改革的核心，实质上要解决的是政府应该做什么、不应该做什么，重点是政府、市场、社会的关系，即哪些事该由市场、社会、政府各自分担，哪些事应该由三者共同承担。"在经济发展步入新常态的当下，加快政府职能转变十分重要，其直接关系政府能否适应新常态这一崭新发展阶段的新要求、能否有效引领经济发展进而实现既定目标。并且，在新常态下，加快政府职能转变的核心

---

[1] 参见乔榛、孙海杰：《适应经济新常态的中国收入分配制度改革》，载《学术交流》2015年第8期。

仍然是处理好政府和市场的关系，其基本要求就是要“使市场在资源配置中起决定性作用和更好发挥政府作用”。[1] 加快政府职能转变，不仅对于实现国家治理体系和治理能力现代化具有十分重要的现实意义，而且直接关系政府干预农村消费、推进农村消费的成败与效果。其原因就在于，政府治理能力的强弱将直接决定政府干预的适度与否，唯有通过加快转变政府职能、有效提高政府治理能力才能保障政府对于农村消费的干预在适度范围之内，才有可能实现既定的干预目标——推进农村消费。

从现实情况来看，农村消费市场的滞后、农村消费的长期低迷与政府治理能力直接相关，正是由于政府在农村消费问题上的缺位、失位和错位才造成农村消费问题的存在。具体来说，主要体现在以下几个方面：(1)政府及其职能部门市场监管能力的不足、市场监管措施的落后导致农村消费安全性环境缺失，农村假冒伪劣产品泛滥，农村消费者因此成为“消废者”，人身与财产权益受到巨大伤害，由此导致农村居民“不敢消费”。(2)政府及其职能部门对于农村消费市场引导、培育不力，导致农村消费市场化环境羸弱，以“优胜劣汰”为显著特征的市场竞争机制弱化，“劣币驱逐良币”现象普遍，守法经营者与农村消费者因此而“双双受伤”，造成农村居民“不便消费”。(3)政府财政支出的重“城”轻“乡”，造成农村公共产品供给不力，使农村居民预期支出增加，在一定程度上弱化了农村居民的消费能力，导致农村居民“不愿消费”。(4)作为收入分配体制改革的关键主体，政府在促进收入公平分配中的作用不力，造成农村居民收入水平低下、增长受限，直接造成农村居民消费能力的不足，导致其“不能消费”。

着眼于确保政府对于农村消费的适度干预、实现推进农村消费的政府干预目标，应从以下方面着手加快政府职能转变：(1)深入推进简政放权，通过持续深化行政审批制度改革，减轻农村消费市场经营者的负担、调动经营者开拓农村消费市场的积极性，实现促进农村消费的目的。(2)强化宏观调控能力，创新宏观调控方式，改善农村消费环境，提高农村居民的消费便利度、减少农村居民的消费支出。(3)推进行政执法改革，加强市场监管，改善农村消费市场环

---

[1] 马宝成、吕洪业：《实现政府职能转变新常态》，载人民网：http://politics.people.com.cn/n/2015/0104/c1001-26319885.html，最后访问日期：2018 年 9 月 10 日。

境,确保农村居民放心消费。(4)强化政府公共服务职能,提高政府公共服务水平,增加农村公共产品有效供给,完善农村公共服务供给方式,降低农村居民支出预期,激发农村居民消费意愿。

(四)优化政府财政支出

一般认为,所谓政府财政支出,又称公共财政支出、预算支出,是指政府为实现其法定职能,而将其依法汲取的财政收入按照法定程序和预算安排而将其支付给相应主体行为或制度安排。[1] 财政支出与财政收入共同构成了完整的财政分配体系,财政收入是财政支出的前提,其为财政支出的实现提供可能,并直接决定财政支出的规模;财政支出是财政收入的归宿,其反映了政府政策的选择,体现了政府活动的方向和范围。作为财政分配的关键环节,财政支出具有促进社会财富合理分配、社会经济稳定增长等重要作用,此外,财政支出还能起到促进消费的作用。[2] 财政支出不仅能够起到社会再分配的作用,而且通过转移支付的施行能够起到提振居民消费、改善消费环境等积极作用,进而能起到促进消费的效果。[3] 但需要指出的是,财政支出的合理度将直接影响对于消费促进的效果。财政支出合理将会对消费促进产生示范作用、倍数效应;财政支出不合理则不仅不会产生示范作用和倍数效应,而且还可能对消费产生错误的引导作用,进而会导致消费促进效应的低下,并可能会产生其他不良问题。

农村消费与财政支出的关系亦十分密切,财政支出对农村消费的开展具有

[1] 在我国,因预算外资金的存在,又可将财政支出进一步划分为预算内支出和预算外支出。一般意义上所称的财政支出系狭义意义上的,即仅指预算内支出,但我们这里所讲的财政支出是广义意义上的,即不仅包括预算内支出,还包括预算外支出。

[2] 按照财政支出的经济性质,即以财政支付是否能直接得到等价的补偿为标准,财政支出可分为购买性支出和转移性支出。政府购买性财政支出,又称消耗性财政支出,是指政府为满足日常政务活动需要或进行政府性投资需要,依法购买商品和劳务而实施的财政支付,其又可进一步社会消费性支出和财政投资性支出。无论是社会消费性支出,还是政府投资性支出,其最终都会转化为消费,进而对消费起到相应促进的作用。

[3] 参见齐昊、孙昕:《经济新常态背景下促进居民消费的财政支出政策思考》,载《改革与开放》2016 年第 16 期。

直接影响,[1]政府对于“三农”的支持力度是影响农村消费水平的关键因素之一。[2] 从农村消费长期滞后的原因分析来看,涉农财政支出比例过低和总量不足是导致问题产生的重要原因之一。政府对于农村财政资金投入的不足导致农村公共供给不力、基础设施建设滞后造成农村消费需求难以扩张、农村消费市场潜力无法释放,进而制约了农村消费的正常开展和有效增长。[3] 在我国经济发展步入新常态的当下,面对错综复杂的经济形势,尤其是在因经济增速降低而致财政增收势头趋缓的现实约束下,我们应充分发挥政府财政支出的应有作用,[4]并将促进消费需求的着力点放在用好财政支出存量即优化政府财政支出结构上。[5]

就促进农村消费而言,政府财政支出的结构优化一个基本要求就是要以实现公共服务均等化为目标,向农村地区实施更为倾斜的政策,改变以往“重城市、轻农村”的状况,加大对于农村的财政支付力度,从而破解农村地区“低福利、低消费”的困局。[6] 通过优化政府财政支出结构以促进农村消费开展,关

---

〔1〕 从理论研究来看,对涉农财政支出是否会使农村居民消费增加还存在不同认识,概括而言,主要有肯定说和否定说两种观点。持肯定说的研究者认为,涉农财政支出对于农村居民消费具有“挤入效应”,政府支出增加将提高居民消费的边际效用,从而提高居民的消费支出水平;持否定说的研究者则认为,涉农财政支出的增减不仅不会对农村居民消费产生促进作用,而且还可能导致对农村消费的“挤出效应”。(相关论述参见段冲冲、吴杰:《新型城镇化背景下中国财政支农支出对农村居民消费影响的实证分析》,载《湖北农业科学》2016 年第 4 期;徐会奇、齐齐、李辉:《我国城乡居民消费行为研究中的分歧及原因——基于文献综述》,载《南京审计学院学报》2014 年第 1 期;洪源:《政府民生消费性支出与居民消费:理论诠释与中国的实证分析》,载《财贸经济》2009 年第 10 期;胡永刚、郭新强:《内生增长、政府生产性支出与中国居民消费》,载《经济研究》2012 年第 9 期;毛其淋:《地方政府财政支农支出与农村居民消费——来自中国 29 个省市面板数据的经验证据》,载《经济评论》2011 年第 5 期;兰永生:《财政支农支出对农村居民消费的影响分析》,载《财政研究》2015 年第 3 期;张欣蕾:《中国财政支出与农村居民消费之间的关系》,载《农村经济与科技》2016 年第 5 期等)但总体来说,持肯定说观点的研究者居多数,且从农村的实际情况来看,涉农财政支出的增加确实会在一定程度上提高农村居民消费能力,进而促进农村消费的开展。

〔2〕 参见苏春江:《财政支农投入与城乡一体化关系研究》,载《技术经济》2009 年第 5 期。

〔3〕 参见汪伟:《经济新常态下如何扩大消费需求?》,载《人文杂志》2016 年第 4 期。

〔4〕 发挥政府财政支出应有作用,既是由政府经济管理职能、公共服务职能所决定,也是由政府财政地位所决定。研究数据显示,从 1990 ~ 2012 年,政府在国民收入的占比得到显著提高,其不仅在绝对规模上由 2937.10 亿元急剧扩张到了 117,253.52 亿元,还在相对规模上由 15.69% 快速上升到了 22.71%。(参见李子联、华桂宏:《新常态下的中国经济增长》,载《经济学家》2015 年第 6 期)政府财政收入的提高决定其应通过发挥收入再分配作用以促进社会经济的发展,而推进消费亦是其应有之意。

〔5〕 参见魏玮:《优化财政支出结构 促进居民消费的研究》,载《天津经济》2015 年第 5 期。

〔6〕 参见林岗、王一鸣、马晓河、刘元春:《中国经济改革与发展研究报告》,中国人民大学出版社 2014 年版,第 42 ~ 43 页。

键是要做到压缩政府社会消费性财政支出，调整政府投资性财政支出，扩大政府转移性财政支出。正如上文所述，依据支出经济性质即支出能否获得等价补偿的不同，可将财政支出划分为政府购买性财政支出和政府转移性财政支出。政府购买性财政支出，又称消耗性财政支出，是指政府为满足日常政务活动需要或进行政府性投资需要，依法购买商品和劳务而实施的财政支付，其又可进一步分为社会消费性支出和财政投资性支出。一般来说，社会消费性支出所产生的消费效应较弱，即倍数效应不明显；财政投资性支出所产生的消费效应较强，其倍数效应明显，但具有一定不确定性，即与投资方向、投资项目的科学性直接相关。在新常态下，政府投资性财政支出还应保持在一定水平，以通过投资扩大内需，并最终推进消费、促进经济增长。但就推进农村消费而言，政府投资性财政支出的重点应向农村领域转移，实现财政支出结构的转型与升级，提高“三农”财政支出力度。在新常态下，优化政府财政支出结构的基本思路是，压缩社会消费性财政支出，调整政府投资性财政支出，扩大政府转移性财政支出，尤其是要扩大对于农村社会保障、涉农财政补贴等方面的财政支出力度，借此降低农村居民支出预期、提高农民转移性收入、增强农村居民消费能力，[1]实现农村居民“愿意消费”“能够消费”，进而促进农村消费的发展。

在新常态下，优化财政支出结构的关键是要充分发挥政府涉农转移性财政支出的应有作用。所谓政府转移性财政支出，是指政府依照法定程序、采取法定方式，将财政资金无偿地、单方面地转移给其他社会主体（居民、企业及其他社会主体）的财政资金支出行为，其主要包括社会保障支出、财政补贴等。政府转移性财政支出是政府参与社会再分配的重要体现，其对于收入分配的影响较大，所产生的消费效应较强，影响深远。政府转移性财政支出占比过低是很长一段时期内政府财政转移支出结构所存在的突出问题之一，由此影响了财政支出对于社会再分配、消费开展的促进作用。为更好地促进农村消费，应充分发挥政府财政转移性支出的作用、提高对农村的财政转移支付力度，以优化农村消费环境、增强农民消费能力，进而促进农村消费的发展。

---

[1] 一般认为，财政支农支出对农村居民消费存在“挤入效应”，这种“挤入效应”主要通过收入传导机制来实现。主要表现为财政支农支出规模的扩大有利于农村居民收入的增加，当农村居民的收入增加了，用于消费的部分自然也会有所提高。

在新常态下，优化财政支出结构的重点是要提高农村民生性财政支出比重。作为用于教育、社会保障、卫生等民生项目的支出，民生性财政支出除对促进社会成员的全面发展、推行社会的公平正义、切实保障和提高人民群众的生活具有重要意义，[1]更是有助于实现消费环境的改善、消费预期的稳定以及消费能力的增长。因此，民生性财政支出的增加能够起到促进消费的积极作用。就农村消费而言，保障和改善民生亦是实现农村消费增长的有效前提和必要条件，[2]因此，若要有效推进农村消费必须要提高农村民生性财政支出比重、加大农村民生财政投入力度、实现农村民生财政投入稳定增长，通过加强农村教育文化、社会保障、医疗卫生等民生类公共服务的供给，为农村消费的推进奠定坚实基础。

此外，通过优化财政支出以促进农村消费还应把握好以下几点：一是要着眼于促进农村消费的长远性，避免财政支出的急功近利，对农村消费的经济刺激宜“微”而忌“强”。二是要加强对于政府财政支出的监督，做好财政支出信息公开工作，提高政府财政资金的利用效率和投入质量。三是压缩财政支付环节，以“直补”为基本形式，提高涉农财政资金的支付效率。[3] 四是科学理顺中央政府和地方政府在扩大涉农财政支出、促进农村消费开展问题上的关系，形成财政支农合力，促进农村消费增长，并最终推动农村社会经济发展。[4] 五是要加强制度建设，使财政支农具体工作均有章可循，通过保障机制的建立，增强财政支出的可操作性。六是要建立财政支农项目评估与考核机制，合理界定财政支持资金的支出范围，尽量压缩对农业生产和农民生活没有直接影响的支出项目。[5]

---

〔1〕 参见马海涛、和立道：《积极财政政策凸显民生财政》，载《甘肃金融》2010 年第 1 期。

〔2〕 参见李晓嘉：《财政民生支出对居民消费的影响研究》，载《重庆大学学报》（社会科学版）2014 年第 5 期。

〔3〕 从已有实践来看，在涉农财政资金（尤其是中央财政资金）的支付上，由于所涉环节过多、程序稍显冗长，不仅导致因支付时间跨度过长而使涉农资金的支付效率极大减损，而且因层层周转、“雁过拔毛”现象的存在而致涉农资金无法百分之百落到农民手中。

〔4〕 有研究者指出，1994 年分税制改革完成后，地方政府财政资源受到约束，财权与事权不匹配现象普遍，加之较大城乡、地区差距的存在，因此，在涉农财政支出、农村公共服务承担问题上，应当科学理顺中央政府和地方政府的关系，尤其是中央政府应当承担起应有职责。中央政府不仅应当制定出全国农村公共服务的最低标准，同时也要提供必要的财政资金支持，从而在全国范围内尽可能实现公共服务供给的均等化。参见徐振宇、谢志华：《中国农村居民消费政策反思与建议》，载《中国市场》2013 年第 23 期。

〔5〕 参见王娜、张磊：《拉动农村居民消费的财政支持机制研究》，载《价格理论与实践》2016 年第 2 期。

第四章　新常态背景下推进农村消费政府干预的长效机制构建

一、新常态背景下推进农村消费政府干预长效机制构建的理论概述

（一）新常态背景下推进农村消费政府干预长效机制构建的必要性分析

在经济发展步入新常态的当下，若要有效推进农村消费、科学发挥政府干预作用，必要构建推进农村消费政府干预的长效机制，这是由以下因素所决定的：

1. 这是由农村消费的地位所决定的

正如前文所述，在我国经济发展步入新常态之后，曾支撑我国经济高速增长的原有条件已经发生改变，过度依赖投资和出口作用的传统发展模式已不可持续，要想实现经济发展的平稳过渡、实现经济发展的中高速增长目标，必须要改变原有经济发展方式、调整现有经济结构，必须要充分发挥消费对于经济增长的拉动作用，尤其是要有效扩大居民消费。由农村人口规模、增长潜力等因素所决定，在扩大居民消费以促进经济持续健康稳定发展的过程中，关键是要推进农村消费。推进农村消费是扩大居民消费的重要内核，是促进经济持续健康稳定发展的基础所在。推进农村消费并非是当下的一时之策，而是经济发展的长期战略。因此，要充分发挥政府干预作用、有效推进农村消费，必须要构建相应的长效机制，这是由农村消费的地位所决定的。

2. 这是由农村消费的现状所决定的

任何事物都存在两面性，农村消费亦是如此。农村消费潜力巨大论断的另

一面就是农村消费严重滞后的尴尬,这是农村消费长期以来所存在的显著问题。农村消费的滞后主要体现在以下三个方面:一是农村消费总量不足,这相对于农村人口数量严重失衡,与农村的地位严重不匹配;二是农村消费水平过低,与城镇消费存在巨大差距,并由此制约了城乡统筹发展进程;三是农村消费结构不合理,发展型消费、享受型消费占比过低,并因此制约了农村农民的发展。农村消费的长期滞后已经成为制约农民生活水平提高、影响农村社会稳定、阻碍社会经济持续健康稳定发展的"瓶颈",有效推进农村消费已经成为新常态下社会经济管理工作的"重中之重"。[1] 但农村消费长期滞后状况的改变并非一日之功,也绝非临时或短期政策所能实现,其注定是一个长期工程,唯有充分发挥政府干预的应有作用,并构建相应的长效机制,才可能改变其滞后状况、实现其应有发展。由此可见,由农村消费长期滞后这一现状所决定,政府对农村消费予以适度干预以推进其有效发展的过程,必须要构建相应长效机制以作为制度保障。

3. 这是由农村消费滞后的原因所决定的

农村消费滞后的根本原因在长期以来所形成、难以短期革除的城乡二元经济体制,但从具体原因来看,阻碍农村消费发展的因素或者说农村消费发展的现实约束主要包括农民收入水平的低下、公共产品供给的不足、消费环境的不良、消费品供给的不力、消费文化的落后等。如果从原因的类型化角度分析,无论是农村消费滞后的根本原因,还是农村消费滞后的具体原因,均与制度安排相关,即主要是由相关制度建设滞后所造成的。因此,从一定意义上讲,农村消费的滞后实际上是一种制度性消费抑制。[2] 而要改变农村消费滞后的状况,必须对相关制度予以革新,要建立与经济发展新常态相适应、与促进农村消费要求相契合的新制度、新模式,进而使农民能消费、敢消费、愿消费、乐消费,这注定是一个长期过程,而长效机制构建则是有效推进农村消费的关键环节。

4. 这是由推进农村消费的经验所决定的

由农村消费的地位所决定、由农村消费滞后的现状所要求,国家早已经将

〔1〕 参见王志:《制约中国农村居民消费增长的原因及促进政策》,载《大连海事大学学报》(社会科学版)2014年第2期。

〔2〕 参见张国光:《有效消费不足与经济可持续增长》,载《西南金融》2015年第12期。

提振农村消费作为一项重点工作来抓、政府也早已对农村消费有所介入并予以积极推进,但从推进农村消费的既有实践来看,除要始终将农村消费的推进置于关键地位、要持续推进农村消费外,其最大的经验就是,要克服政策的短期性构建相应的长效机制。农村消费的有效推进、滞后状况的根本扭转仅通过"一时一策"和"一事一策"的临时措施是无法实现且不可能完成的,必须要向推进农村消费的长效机制转变。[1] 唯有如此,才能有效祛除阻碍农村消费的诸多羁绊,才能有效推进农村消费,才能充分发挥农村消费对于经济发展的推动作用。

(二)新常态背景下推进农村消费政府干预长效机制构建的基本认知

2017年10月,党的十九大报告强调指出,要"完善促进消费的体制机制",以"增强消费对经济发展的基础性作用"。在经济发展步入新常态的当下,若有效推进农村消费,亟须充分发挥政府干预的应有作用,并应以构建相应长效机制为制度保障。而在长效机制的具体构建上,应重点处理好以下几个问题:

(1)正确处理政策与法律的关系,实现向法律主治的转变。正如前文所述,作为两大社会规范力量,政策和法律各有其优势,对于社会经济的发展均具有重要的推动作用。在推进农村消费问题上亦是如此,因此,要充分发挥政策和法律的各自优势,必须要有效协调政策与法律的关系,实现政策推进与法律主治的有效结合。而在长效机制的构建上,在有效发挥政策应有作用的基础上,要充分发挥法律的突出优势,即要适时实现由政策推进向法律主治的转变,通过立法的方式为长效机制的构建提供坚实保障。

(2)要综合考虑农村消费推进问题,构建具有多元性显著特征的长效机制。从农村消费滞后的原因分析来看,农村消费长期滞后状况的形成是诸多因素综合作用的结果。因此,农村消费的有效推进应是一个系统性工程,绝非仅靠某一机制、单一措施的"单兵突进"即可完成预期目标,我们所应构建的应是关系农民收入增长、农村公共产品供给、农村消费环境优化、农村消费文化提升等在内的具有多元性显著特征的长效机制。

---

〔1〕 参见郝爱民:《构建扩大农村居民消费长效机制研究——一个制度分析框架》,载《中国农学通报》2013年第11期。

(3)要做到跳出农村看农村问题，进而探寻构建长效机制的新办法。农村消费需求不足、农村消费长期滞后的症结已不在于“三农”和农村消费本身，而在于整个经济体制和行政体制。[1] 对于农村消费的推进、农村消费问题的解决需有一个更广阔的视野，应跳出“三农”而置于整个社会经济发展的视域下，去分析问题产生的原因、探讨问题解决的思路、创新问题解决的措施，长效机制的构建亦应如此。

二、革新农民收入增长机制

(一)革新农民收入增长机制的意义阐释

在新常态背景下，扩大居民消费，尤其是推进农村消费至关重要，其直接关系我国社会经济的持续健康稳定发展，关系经济增长由高速向中高速的平顺转变。但消费绝不是无源之水，影响消费的因素是多方面的，包括习惯、文化、环境等，但最关键的无疑是收入。消费是收入的函数，收入对于消费具有决定性作用，对于消费的影响最直接，收入与消费之间存在稳定的正相关关系。[2] 就农村消费而言，亦是如此。收入增长对于农民消费具有显著的正向促进作用，收入水平的提高是促进农村消费增长的主要力量所在。[3] 研究成果显示，农民人均纯收入每增长1%，其人均消费支出增长率将提高0.1个百分点。[4] 另有研究成果显示，可支配收入是决定农民消费的关键因素，可支配收入是农民消费的“格兰杰”原因，农民人均可支配收入增长率每上升1个百分点，其人均消费水平增长率平均上升0.891个百分点。[5]

从实践来看，虽自改革开放以来，农民收入实现了较大增长，但较之于城市居民，其收入水平还比较低。研究数据表明，自1990～2012年，我国城乡居民

---

[1] 参见徐振宇、谢志华：《中国农村居民消费政策反思与建议》，载《中国市场》2013年第23期。

[2] 参见谢春玲：《新常态下提高居民消费率的政府行为选择》，载《现代经济探讨》2015年第11期。

[3] 参见毕玉江、裴瑱：《消费惯性作用下农村居民和城镇居民消费影响因素的差异研究》，载《经济经纬》2016年第5期。

[4] 参见徐媛媛、孙浩、燕彬：《农村人口年龄结构变动对居民消费的影响研究——以西北五省为例》，载《西北人口》2016年第5期。

[5] 参见张欣蕾：《中国财政支出与农村居民消费之间的关系》，载《农村经济与科技》2016年第5期。

收入比呈“波浪式”扩大的趋势,城乡居民收入比由2.2蹿升至3.1,最高时为2009年的3.33。[1] 另有调查数据显示,2014年全国居民人均可支配收入为20,167元,其中,城镇居民人均可支配收入28,844元,农村居民人均可支配收入为10,489元,农村居民人均可支配收入仅为城镇居民的36.36%。[2] 据国家统计局相关数据的分析结果显示,2015年我国城镇居民人均可支配收入是农村居民人均可支配收入的2.73倍。[3] 仅就城乡居民收入比这一指标来看,我国不仅与发达国家存在极大差距,甚至比部分发展中国家还相差较多。农村居民收入水平低、城乡居民收入差距大也因此成为制约我国农村消费发展的首要因素。

收入是决定消费的根本变量,[4]收入是影响居民消费结构和消费水平的最大因素。[5] 要想实现消费的扩大与升级,首先需要增加居民收入水平,夯实居民消费的基础。[6] 吴敬琏先生亦指出,扩大居民消费的根本之策在于增加居民收入,[7]提高居民收入水平是解决居民“能”消费的关键,是夯实居民消费的基础之功,[8]是提升、满足消费需求的最直接手段。要想有效推进农村消费、要想让农村消费“热起来”,必须要提高农村居民的收入。增加农民收入是促进农村消费的原动力,农民消费需求的扩展与满足有赖于农民收入水平的有效提高,如果没有农民收入的持续提高,农村消费就不可能驶入持续发展之路。[9] 只有提高和稳定农民收入才能从根本上释放农民的消费潜能、激发出

---

[1] 参见李子联、华桂宏:《新常态下的中国经济增长》,载《经济学家》2015年第6期。

[2] 参见武晓光、聂爱芹:《新常态下我国分配格局失衡现状及调整对策》,载《商业经济研究》2016年第1期。

[3] 参见刘金新:《“十三五”时期消费需求的基础作用——基于新常态和供给侧结构性改革的分析》,载《湖北经济学院》2016年第4期。

[4] 参见王保花、鹿方圆:《我国农村居民消费行为特征及影响因素研究》,载《理论与改革》2016年第1期。

[5] 参见鄂璠:《2015中国消费小康指数:8215　新常态下的新消费:国人期待什么?》,载《小康》2015年第1期。

[6] 参见国家行政学院经济学部课题组:《中国经济新常态若干问题研究》,载《经济研究参考》2015年第1期。

[7] 参见王志:《制约中国农村居民消费增长的原因及促进政策》,载《大连海事大学学报》(社会科学版)2014年第2期。

[8] 参见张占斌、周跃辉:《释放消费红利　拉动增长引擎》,载《中国党政干部论坛》2015年第8期。

[9] 参见徐振宇、谢志华:《中国农村居民消费政策反思与建议》,载《中国市场》2013年第23期。

农民的购买欲。[1] 只有确保农村居民收入持续、快速、稳定增长和收入结构持续优化，才能有效提高农民消费水平并减少其消费习惯性依赖。[2] 总之，若要有效推进农村消费、全面提高农民消费水平，其关键就是要想方设法地增加农民收入，这是重中之重。[3]

（二）革新农民收入增长机制的关键节点分析

消费是收入的函数，农民消费需求不足、农村消费市场开拓乏力的一个重要原因就在于当前农民收入水平总体偏低、与城市居民存在较大差距。因此，要撬动农村消费市场、挖掘农村消费这一"富矿"，必须要千方百计地提高农民收入水平，[4] 保证农民"有钱可花"，其关键是要革新农民收入增长机制，唯有如此，才能有效提高农民消费能力，充分释放农村消费潜力，进而实现政府干预的既定目标、实现农村消费的有效推进。

1. 增加农业投入、完善制度建设，提高农民经营性收入

消费是收入的函数，收入与消费之间的关系是关涉消费问题的永恒话题，但收入和消费并非单一要素概念，而是由若干不同来源的收入类型和支出去向的消费结构所组成的，并且由消费者支出习惯及"心理账户"所影响，不同来源的收入会对消费结构产生相异的影响。[5] 研究成果显示，农民的各项收入对于消费的作用强度存在明显差异，其中，经营性收入[6] 虽在农民总收入中的占比有所下降，但仍是影响农民消费支出的主要因素之一。[7] 经营性收入的增加会对农民各项消费产生显著的正向影响，是构成农民消费结构优化的重要物

---

〔1〕 参见王杜方玫：《基于 ELES 模型的陕西省农村居民消费结构分析》，载《宝鸡文理学院学报》（社会科学版）2016 年第 1 期。

〔2〕 参见王小华、温涛、朱炯：《习惯形成、收入结构失衡与农村居民消费行为演化研究》，载《经济学动态》2016 年第 10 期。

〔3〕 参见贺景霖：《改善农村居民消费结构的有效路径分析》，载《吉林工商学院学报》2016 年第 1 期。

〔4〕 参见成慧、王观、王浩：《2015 年，新常态下百姓消费底气从哪来？》，载《就业与保障》2015 年第 Z1 期。

〔5〕 参见陶醉、易发云：《不同来源收入对农村居民消费结构的影响分析》，载《统计与决策》2016 年第 7 期。

〔6〕 农民经营性收入，又称农民家庭经营收入，一般认为，是指农民以家庭为生产经营单位而进行农业生产筹划和管理所获得的收入。

〔7〕 参见温涛、田纪华、王小华：《农民收入结构对消费结构的总体影响与区域差异研究》，载《中国软科学》2013 年第 3 期。

质基础。[1] 但受农业的弱质性产业性质和农村市场机制不完善双重因素影响,农民经营性收入不稳定性非常突出,由此制约了其对消费应有促进作用的发挥。

鉴于经营性收入对农民消费的重要作用,在新常态下,在政府干预农村消费进而推进农村消费的过程中,应通过增加农业投入、完善制度建设等措施,进一步提高农民经营性收入。具体来说,要着力把握好以下几点:(1)坚持农业基本经营制度,强化农民土地承包经营权保护,推动专业经济合作组织建立,发展适度规模经营,提高农业生产经营水平。[2] (2)加大农业基础设施建设,尤其是要加强农田水利设施建设、提升农业生产现代化水平,为农业生产效益的提高奠定坚实基础。(3)完善农业保险制度,增加政府农业保险投入,拓展农业保险范围,健全农业再保险机制,减轻农业生产所面临的自然灾害损失。(4)加大政府财政投入,健全农村社会化服务体系建设,拓宽农产品生产和销售渠道,提高农业抗风险能力,实现农民经营性收入稳定增长。(5)增加农业投入,大力推进农业产业化进程,优化农业产业结构,大力发展特色农业和生态农业,推进农业规模化、专业化、产业化经营,改善农业弱质产业地位。(6)加强政策引导,加快培育新型农业经营主体,培养农业龙头企业,[3]提高农业生产经营理念,提升农业生产管理水平。(7)坚持政府主导、促进多方投资,加快农村信息网络建设,提高农业生产信息化水平,促进农业科技信息与农业生产信息的交流与传递,推动农业生产效率提高,带动农民经营性收入增加。[4] (8)健全农产品收购价格保护机制,增加政府投入,拓宽保护价收购适用产品范围,确保农产品价格稳定,改变长期存在的"增产不增收"的非正常状态。(9)落实科技兴农战略,加

[1] 参见陶醉、易发云:《不同来源收入对农村居民消费结构的影响分析》,载《统计与决策》2016年第7期。

[2] 参见王保花、庞方圆:《我国农村居民消费行为特征及影响因素研究》,载《理论与改革》2016年第1期。

[3] 农业龙头企业对农业现代化生产的推动作用明显,有研究数据显示,我国目前33万个农业产业化组织辐射带动了全国近19.4%农户,使其年户均增收3000元。但总体来看,农业龙头企业过少,导致其对农业产业化、现代化的推动作用受限,农业部第六次监测数据显示,我国目前仅有1191家农业产业化国家重点龙头企业。参见山西行政学院理论研究中心:《构建扩大农村居民消费需求长效机制研究——基于山西农村的调查分析》,载《国家行政学院学报》2014年第2期。

[4] 参见山西行政学院理论研究中心:《构建扩大农村居民消费需求长效机制研究——基于山西农村的调查分析》,载《国家行政学院学报》2014年第2期。

大农业科技投入，推动农业科技创新，做好农业科技下乡与成果转化，提高农业生产效率、增加农业经济附加值。

2. 实现充分就业、保障劳动权益，提高农民工资性收入

改革开放以来，尤其是随着城镇化进程的不断加快，[1]与农民收入显著增加相伴的是，农民收入结构也发生了巨大变化，目前已由经营性收入"一枝独大"转变为经营性收入与工资性收入"齐头并进"的态势。[2] 研究数据显示，从1985～2013年，农民经营性收入比重在逐年下降，由占总收入的74.45%下降到了42.64%；而工资性收入比重却在持续上升，由占总收入的16.27%上升到了45.25%，提高了近29个百分点。[3]《农村绿皮书：中国农村经济形势分析与预测（2013～2014年）》亦指出，2013年农民工资性收入首次超过经营性收入，人均达到4025元，增加578元，增长16.8%，增速比2012年提高0.5个百分点，对农民人均纯收入增幅的贡献率达到59%。[4] 相对于经营性收入而言，工资性收入不受农业生产自然灾害和农产品市场风险的影响，其所面临的不确定性较小、收入相对稳定。[5] 由此，随着工资性收入总量的提高、占比的提升，其对农民消费的影响也越来越强，成为关系农民消费的主要因素之一。例如，有研究成果显示，工资性收入的边际消费倾向最高，[6]其对于农村居民衣食住行等日常消费项目的拉动效应整体上高于经营性收入。[7]

在城镇化进程日益深化的背景下，农村进城务工人员日渐增多，由此使农

---

[1] 城镇化进程的加快，尤其是农民进城务工环境的改善，使农村剩余劳动力不断向城市转移，由此使农民工资性收入得以显著增加。同时，因务农人员的减少以及农业弱势产业性质所限，农民经营性收入增长速度赶不上工资性收入增长，由此导致其在农民总收入中的占比明显下降。

[2] 参见王小华、温涛、朱炯：《习惯形成、收入结构失衡与农村居民消费行为演化研究》，载《经济学动态》2016年第10期。

[3] 参见王小华、温涛：《城乡居民消费行为及结构演化的差异研究》，载《数量经济技术经济研究》2015年第10期。

[4] 参见郑直：《农民工资性收入首次超过家庭经营纯收入》，载《乡村科技》2014年第9期。

[5] 参见冷晨昕、刘灵芝、祝仲坤：《城镇化背景下收入来源结构对农村居民消费的影响分析》，载《消费经济》2016年第1期。

[6] 参见陈晓飞、赵昊东：《农村居民收入来源结构与边际消费倾向——基于整体性与区域差异的比较研究》，载《商业经济研究》2016年第13期。

[7] 参见陶醉、易发云：《不同来源收入对农村居民消费结构的影响分析》，载《统计与决策》2016年第7期。

民的工资性收入得到较快增长，其在农民总收入中的占比也得以显著提高，但这不意味着农民工资性收入就不存在问题。一方面，从收入分配的宏观视角来看，劳动者报酬的低位徘徊抑制了农民工资性收入的合理增长，并制约了农民消费能力的有效提高、农村消费的顺利开展。国家统计局历年数据整理分析表明，在1995～2013年，我国劳动者报酬占国民收入比重由51.1%下降到了44.7%。[1] 另有研究数据显示，在1990～2012年，劳动者报酬占国民收入比重由53.5%下降为50.6%，而资本收入的占比则由33.3%上升到42.8%，资本要素的分配优势十分明显。[2] 劳动报酬的偏低是劳动要素的回报长期低于边际劳动生产率以及劳动报酬增长长期低于劳动生产率增长的结果，其违背了按生产要素贡献获得初次分配收入份额的市场经济原则，既显示出效率不足，也有失公平，直接导致了居民收入增长长期低于经济增长，进而成为居民消费率偏低的根本原因。[3] 另一方面，从经济新常态的时代背景来看，经济发展步入新常态之时也是我国经济发展进入"三期叠加"困难时期之际，经济增长速度的"换挡"、经济结构调整的"阵痛"以及前期刺激政策的逐渐"消化"，都给就业带来了严峻挑战。经济发展减速、就业遭遇困难，势必对居民收入产生重大影响，[4]而农民工资性收入则首当其冲，不仅连续增长态势受到影响，而且面临收入下降的压力。

在新常态背景下，要推进农村消费，必须提高农民收入以增强其消费能力，就农民工资性收入的提高而言，关键是要把握好以下几点：

(1)实现充分就业，实现农民工资性收入的稳定增长。作为民生之本，就业关系人民群众的切身利益，牵动着千家万户的生活。对于个人而言，只有通过就业才能获得收入，才能实现安居乐业；对于社会而言，只有实现充分就业才

---

[1] 参见国家行政学院经济学部课题组：《中国经济新常态若干问题研究》，载《经济研究参考》2015年第1期；张占斌、周跃辉：《释放消费红利　拉动增长引擎》，载《中国党政干部论坛》2015年第8期。

[2] 参见姜国强：《新常态下中国经济增长动力协同推进研究》，载《现代经济探讨》2015年第12期。

[3] 参见谢春玲：《新常态下提高居民消费率的政府行为选择》，载《现代经济探讨》2015年第11期。

[4] 参见耿莉萍：《经济新常态下居民消费新变化》，载《国际商报》2015年1月19日，A08版。

能确保不断发展和进步。[1] 提高农民工资性收入,应以扩大就业为基本导向,以充分就业为基本目标,通过加大政府对农民就业的扶持力度,以夯实收入增长基础,具体来说,主要体现在以下几个方面:一是要加强农民技能培训工作,不断提升农民就业能力和市场应对能力,以满足社会经济发展对于农民就业的新要求。二是加大对乡镇企业的财税金融支持力度,创造更多就业机会,引导农民实现就近就业、本地就业,以降低不确定风险对于农民就业的影响。三是健全农民就业公共服务制度,推进基本公共服务的均等化,逐步实现农民工市民化待遇,[2]以奠定农民工资性收入增长的平等基础。四是要做好就业扶持,通过提高农村劳动输出组织性、完善就业信息收集发布机制等措施,实现农民外出务工的高效、合理,以降低农民外出务工成本。[3] 五是加大政府对农民创业的政策扶持力度,大力支持农民自主创业,促进以创业带动就业,[4]以有效拓宽农民就业渠道。

(2)提高劳动报酬占比,实现农民工资收入的合理增长。正如上文所述,劳动报酬占比过低是当前收入分配所存在的主要问题之一,[5]而由于农民工资性收入主要体现为劳动报酬收入,由此直接限制了农民工资性收入的合理增长。在新常态下,要有效提高农民工资性收入,必须要提高劳动报酬在收入分配中所占比重,具体来说,主要体现在以下几个方面:一是完善最低工资制度,实现最低工资的有效落实和稳步提高,进而为劳动报酬占比的提高、农民工资性收入的增长提供基本保障。二是健全农民工资形成机制,推行企业工资集体协商制度,根据劳动力市场供求变化和企业经济效益动态,合理调整农民工资水平,[6]建立工资增长与物价增速、GDP 增速的联动机制,[7]以确保农民工资

---

[1] 参见国家行政学院经济学部课题组:《中国经济新常态若干问题研究》,载《经济研究参考》2015 年第 1 期。

[2] 参见冷晨昕、刘灵芝、祝仲坤:《城镇化背景下收入来源结构对农村居民消费的影响分析》,载《消费经济》2016 年第 1 期。

[3] 参见孙保营:《河南省农村居民消费行为特征及其优化研究》,载《当代经济》2016 年第 16 期。

[4] 参见汪伟:《经济新常态下如何扩大消费需求?》,载《人文杂志》2016 年第 4 期。

[5] 劳动报酬占比过低所引致的负面效应是十分明显的,其不仅直接阻碍经济发展、产业升级,而且抑制创新。相关论述参见武晓光、聂爱芹:《新常态下我国分配格局失衡现状及调整对策》,载《商业经济研究》2016 年第 1 期。

[6] 参见张慎霞、耿国华、朱艳红:《经济新常态下收入分配改革的挑战、机遇与对策》,载《经济纵横》2016 年第 2 期。

[7] 参见汪伟:《经济新常态下如何扩大消费需求?》,载《人文杂志》2016 年第 4 期。

性收入的合理增长。

(3)切实保护农民劳动权益,实现农民工资性收入的正常增长。从实践来看,在农民进城务工的过程中,还存在侵害农民劳动权益的现象,非法克扣、拖欠农民工资等行为多见,这对于农民工资性收入的增长伤害巨大。为有效提高农民工资性收入,必须要有效保护农民合法劳动权益、严厉打击非法克扣拖欠工资行为,提升农民维权效率,以实现农民工资性收入的正常增长。

3. 深化产权改革、保护财产权益,提高农民财产性收入

研究结果显示,农民的各项收入对其消费支出均具有显著的正向影响,其中,财产性收入对农民消费的贡献度在逐渐增强。[1] 另有研究结果显示,农民消费支出主要取决于其持久性收入水平,暂时性收入对消费支出的影响有限。[2] 而相对于农民经营性收入和工资性收入而言,财产性收入的稳定性更强,其对于消费的保障作用更为突出。研究结果显示,财产性收入对农民消费需求具有较强的拉动作用,[3]尤其是对文教娱乐、交通通信等消费项目的边际消费倾向较大,是长期居民消费结构优化升级的有益补充。[4] 由此决定,若要有效提高农民消费能力、提升农村消费水平,必须要对财产所带来的持久性收入——财产性收入予以重视。[5]

农民财产性收入对于农民消费能力的增长、农村消费的推进具有十分重要的意义,但从目前的现实情况来看,其还存在不少问题,突出体现在财产性收入的占比过低。研究结果显示,财产性收入在农民总收入中所占比重最小,基本上保持在1% ~3% 。[6] 另有研究结果显示,在2011 年农民财产性收入人均仅

---

[1] 参见王小华:《优化农民收入结构、外部输血性引导与扩大农村消费》,载《西部论坛》2014 年第2 期。

[2] 参见李锐、项海容:《不同类型的收入对农村居民消费的影响》,载《中国农村经济》2004 年第6 期。

[3] 参见张秋惠、刘金星:《中国农村居民收入来源结构对其消费支出行为的影响——基于1997 ~2007 年的面板数据分析》,载《中国农村经济》2010 年第4 期;黄荣、潘明清:《劳动力流动与中国农村居民消费结构——基于 LAIDS 模型的实证研究》,载《财经理论与实践》2014 年第3 期等。

[4] 参见陶醉、易发云:《不同来源收入对农村居民消费结构的影响分析》,载《统计与决策》2016 年第7 期。

[5] 参见汪利娜:《城市化进程中的农村消费抑制》,载《中国农村金融》2013 年第10 期。

[6] 参见陈晓飞、赵昊东:《农村居民收入来源结构与边际消费倾向——基于整体性与区域差异的比较研究》,载《商业经济研究》2016 年第13 期。

为229元,占农民总收入的3.3%。[1] 总之,无论是从总量还是从占比来看,财产性收入都还远未成为农民收入的主要来源,由此抑制了农民消费能力的有效提高、阻碍了农村消费的顺利开展。

在新常态下,若要有效提高农民收入,为农村消费的推进奠定坚实基础,关键就是要提高农民财产性收入,充分发挥其对农村消费的持久推动力。提高农民财产性收入的基本路径,就是要通过深化农村集体产权制度改革、探索农村集体所有制有效实现形式、盘活农村集体资产、构建集体经济治理体系、形成农村集体经济科学运行新机制,进而实现全面维护农民合法权益、有效增加农民财产性收入。而提高农民财产性收入的关键则在于创新农村土地制度,充分发挥农民这一最大财产的应有价值,让土地给农民带来真正的财富。

对于绝大多数农民而言,其所有的最可宝贵的财产就是土地及其地上所建设的房屋,但在现行制度下,土地的财产性质被极大压抑了,主要体现在以下方面:(1)无法通过土地的高效流转而获得持久性收入。除农村公益性用地外,农用地和宅基地是农民所能支配的最具财产价值的"两块地"。在现行制度下,农用地(农地承包经营权)虽已获得流转权利并实现一定程度的流转,但农用地经济价值较低以及相关支持机制的缺失,导致农民无法按预想实现农用地(农地承包经营权)的高效流转,进而也无法借此获得应有的持久收入。(2)无法通过土地征收而获得应有回报。补偿标准整体偏低是当前农村土地征收制度所存在的主要积弊之一,较之于农村土地经征收并予出让后所获得的经济收益,土地征收补偿费用占比过低,在土地增值分享中,作为土地原所有人的农民分享过低,而作为土地征收主体的政府分享过高。研究结果显示,近年来,新增国有建设用地中有70%左右来自农地转用,但在土地用途转变所带来的增值收益分配中,政府占比为60%~70%,村集体组织占比为25%~10%,而失地农民则只得到5%~10%的收益,征地补偿标准过低直接导致农民财产性收入增长缓慢。[2] (3)无法实现直接"入市"而获得与国有建设用地同等的经济对价。在现行制度下,对于农地的非农化限制较

[1] 参见汪利娜:《城市化进程中的农村消费抑制》,载《中国农村金融》2013年第10期。
[2] 同上。

多,且农地尚不能直接进入城镇建设用地市场,其若想“入市”,唯一的途径就是经土地征收转化为国有建设用地后方可实现,由此使农地无法获得与国有建设用地同等的经济对价,导致其财产属性、财产性收入严重受限。(4)农村房屋受土地制度约束所限而无法实现其经济价值。在现行制度下,农民对于房屋的所有权和财产权虽被明确认可和保护,但受其所依附的土地(宅基地)在流转方面的严格限制,[1]农民亦无法通过房屋出租、出售或抵押而获得应有收益或应得回报。总之,在现行制度下,农村土地及其地方房屋的财产属性被极大压制,农民无法借此获得持久收入,进而抑制了农民财产性收入的正常增长。

创新土地制度、发挥农地财产价值是提高农民财产性收入的关键,为实现这一目标,应着力从以下方面开展工作:(1)完善农村土地征收制度,限定农村土地征收范围,提高农村土地征收补偿标准,切实保障被征地农民的财产权益。(2)健全农村土地流转制度,提高农村土地流转效率,在实现农村土地资源优化配置的同时,[2]通过市场规律的作用,使农民获得应有回报,增加农民对于土地的持久性收入。(3)创新农地抵押融资制度,强化农地融资功能,使农民能够借农地的抵押担保作用而获得生产生活所需资金,扩展农民增收渠道。(4)革新农村宅基地制度,建立有偿与无偿、有期限与无期限为核心内容的农村宅基地利用制度,使本集体经济组织以外的成员能够获得有期限限制并有偿使用的宅基地使用权,进而给农民以流转其宅基地及地上住房进而获得应有财产收益的机会。(5)建立城乡统一的建设用地市场,消除城乡之间土地资源、资产和资本流动与增值的壁垒。[3] 在遵守城镇发展规划和土地利用规划的前提下,确保农村经营性建设用地能够与国有建设用地同等“入市”,实现同权同价,以使农民借农村建设用地的流转而获得应有财产收益。

---

〔1〕 在现有制度下,农村宅基地流转首先主要体现在两个方面:一是农村宅基地的流转只能在本集体经济组织内部进行;二是受“一户一宅”规则所限,农村宅基地内部流转的需求被进一步压缩。供需状况对于价格具有决定性影响,在集体经济组织内部需求有限的情况下,宅基地的经济价值被极大地抑制了。另外,拥有多处宅基地的农村集体经济组织成员在转出其宅基地时,其合法性也受到质疑。

〔2〕 参见王小华、温涛、朱炯:《习惯形成、收入结构失衡与农村居民消费行为演化研究》,载《经济学动态》2016 年第 10 期。

〔3〕 参见汪利娜:《城市化进程中的农村消费抑制》,载《中国农村金融》2013 年第 10 期。

4. 完善转移支付、加大涉农支出，提高农民转移性收入

所谓农民转移性收入，一般认为，是指通过政府财政支出作用而在国民收入再分配中无偿获得的以资金、物品、服务等为代表的收入类型。作为农民收入重要来源之一，农民转移性收入不仅有利于改善居民收入占比过低、居民收入分配差距过大的状况，而且能够起到"隐形社保"的功能进而实现稳定农民收入预期、减少预期支出不稳定的效果。[1] 作为一种稳定持久性收入，农民转移性收入对于农村消费具有重要的促进作用，对生存型消费及发展型、享受型消费（文教娱乐除外）均可产生较好的消费刺激效应，由此成为农村居民消费升级的推动力量。[2]

自改革开放以来，随着涉农补贴的增加、财政支农力度的加大，农民转移性收入日渐增多，其在总收入中的占比也稳步提高。但不容忽视的是，较之于农民经营性收入和工资性收入，转移性收入的占比还非常低，更严重的是，在城乡居民转移性收入方面的差距悬殊且有进一步拉大之势。研究数据显示，1985年城、乡居民转移性收入分别为114.10元和29.47元，其绝对差为84.63元，收入比为3.87。但在此后的时间里，这一比值可谓"一路高歌猛进"，在2003年更是达到了史无前例的21.81。[3] 另有研究数据显示，在2013年，城镇居民转移性收入总量为51,285.80亿元，占全部转移性收入的91.23%，而农村居民的转移性收入总量却只有4933.11亿元，仅占全部转移性收入的8.77%；城镇居民人均转移性收入为7014.74元，占其总收入的23.73%，占其可支配收入的26.02%，而农村居民人均转移性收入只有783.52元，仅占其人均纯收入的8.81%，二者的绝对差达到6231.22元。[4] 由此可见，作为国民收入再分配重要支撑的转移支付制度非但未能解决城乡居民收入差距过大的问题，实际上却助推了这一差距的进一步扩大。农民转移性收入总量不足、占比过低所带来的负面效应十分深远，其重要表现之一就是抑制了农

---

〔1〕 参见尹华北、王新海：《基于转移性收入视角的农村居民消费需求研究》，载《消费经济》2010年第4期。

〔2〕 参见陶醉、易发云：《不同来源收入对农村居民消费结构的影响分析》，载《统计与决策》2016年第7期。

〔3〕 参见王小华、温涛：《城乡居民消费行为及结构演化的差异研究》，载《数量经济技术经济研究》2015年第10期。

〔4〕 同上。

民消费能力的提升和农村消费的有效开展。

在新常态下,若想全面提高农民收入水平、有效推进农村消费,其关键环节之一就是要提高农民转移性收入,为农村消费的开展提供稳定持久动力。提高农民转移性收入的基本路径,就是要通过完善财政转移支付制度、加大涉农补贴支持力度等措施的实施,充分发挥再分配调节机制作用,在实现社会公平的同时,为农民收入水平的提高"添砖加瓦"。具体来说,应重点把握好以下几点:(1)完善制度建设,实现以农村支持保护补贴为典型代表的现有补贴项目制度化、规范化,确保其全面高效落实。(2)加大财政支农力度,建立基本补贴项目标准常态调整、稳步提高机制,充分发挥补贴的应有作用。(3)依据农业农村发展需要,积极创新涉农补贴形式,提高农民转移性收入来源渠道。(4)健全财政转移支付制度,提高转移支付资金管理水平,切实提高财政转移支付资金的使用效率,充分发挥转移支付对农民收入增加、农村消费开展的应有作用。[1] (5)制定均等化与差别化相结合的财政补贴标准,注重改善中低收入农村居民的生活,增加对农村低收入人群的转移支付力度,确保实质公平目标的有效。

三、强化农村公共产品供给机制

(一)强化农村公共产品供给机制的意义阐释

在农村消费问题上,部分学者存在一种过于理论化的认知,即过分强调农民收入对农村消费的影响,进而将促进农民收入水平提高、增强农民消费能力作为解决农村消费长期滞后的唯一性措施。该认知与农村现实情况严重不符,不仅无助于农村消费问题的解决,而且会使理论研究陷入困局。其原因就在于,虽如上文所述,农民收入水平低且不稳定固然是造成农村消费迟滞不前的重要原因或根本原因,但并非唯一原因。改革开放后的今天,农村已经发生了翻天覆地的变化,在农村消费领域,"没钱可花""有钱不敢花""有钱不会花""有钱不便花"多种现象并存,农民收入水平低、农民消费能力有限仅是农村消费滞后的原因之一。正如有研究者所指出的那样,"收入低固然限制消费,但

---

〔1〕 参见陶醉、易发云:《不同来源收入对农村居民消费结构的影响分析》,载《统计与决策》2016年第7期。

收入的增长也并不必然带来消费的增长”;“目前仅靠增加收入并不能从根本上激发农民的消费潜力,带动农村消费市场的发展”;“其实低收入的背后还有着更为复杂的结构因素制约着农村的发展,只有解决了诸多结构性的障碍,农村的发展才能获得长足的动力,农村消费市场萎靡的难题才能迎刃而解”。[1]由此决定,推进农村消费应该是一个系统性工程,需综合施治,体现在制度建设层面,就是要构建一个分工明确、相互配合的长效机制体系,除上文所论述的农民增收机制外,若要实现政府对农村消费的适度干预、有效推进农村消费,还应对农村公共产品供给机制予以强化。

所谓农村公共产品,是指为了满足农村社会经济发展和农民生产生活之需而由政府所提供的具有非排他性、非竞争性的产品或服务,包括道路、电网、水利灌溉系统等基础设施以及文化站、医疗卫生站等公共服务设施。[2] 公共产品供给与消费之间具有正相关性,从农村的现实情况来看,农村公共产品的供给对农村消费的正相关性更突出。农村公共产品供给对农民消费的促进作用具有长期性的特征:农村生产性公共产品直接用于农业生产,起到增加农业产出、增加农民收入的积极作用,其所产生的收入效应显著。农村非生产性公共产品供给直接运用于生活,有助于改善农民消费环境、拓宽农村消费领域、提升农民消费层次,能够产生明显的消费效应。[3] 有研究者进一步指出,统筹城乡公共服务、强化农村公共产品对于农村消费促进的机理主要体现在三个方面:一是能够起到消费风险分担作用;二是能够起到消费环境改善作用;三是能够对消费者的心理账户与消费行为产生正向激励作用。[4]总之,农村公共产品供给将直接影响农村居民的消费能力和消费需求,[5]农村公共产品供给的增加会带来正向的消费效应,对农村消费水平的提高、农村消

[1] 参见姜玉欣:《制约农村消费的制度性因素分析》,载《调研世界》2010 年第 7 期。

[2] 参见聂喜玲:《区域农村公共产品供给的消费效应分析——基于东中西部城市经济圈的比较》,载《商业经济研究》2016 年第 14 期。

[3] 参见黎东升、何蒲明:《我国农村公共品供给对农民消费影响的实证研究》,载《农业技术经济》2009 年第 6 期。

[4] 参见李峰、赵怡虹:《新常态下统筹城乡公共服务促进农民消费的作用机制研究》,载《当代经济管理》2015 年第 9 期。

[5] 参见郭月梅、蒋勇、武海燕:《新供给经济学视角下扩大消费需求的财税政策探讨》,载《税务研究》2015 年第 9 期。

费市场的开拓具有显著的促进作用。[1]

但从农村的实际情况来看,农村公共产品供给严重不足——远滞后于农村社会经济发展的实际需要是长期存在的基本样态,由此导致农村居民预期消费支出增加、正常消费需求抑制、消费水平和质量低下,进而极大地制约了农村消费的正常开展。农村公共产品供给不足既体现在供给规模上也体现供给结构上,突出体现为社会保障水平的缺失、基础建设的滞后和文化教育投入的不足。在新常态下,若要有效推进农村消费,除需对农民收入增长机制予以革新外,还需对农村公共产品供给予以全面强化,通过强化供给机制,以改变长期存在的农村公共产品供给不足问题,消除农民消费顾虑、稳定农民消费预期,进而促进农村消费正常开展。

(二)强化农村公共产品供给机制的基本思路探讨

1. 明确政府职责

由公共产品的非竞争性和非排他性决定,理论和实践均证明,公共产品的供给必须要由公共支出予以保证,公共产品的经营管理必须由非营利组织承担,而作为国家实际代理人的政府则是公共产品供给的最适格主体。[2]从一定意义上讲,确保公共产品供给是政府的法定职责。在我国当前情况下,公共产品的供给还关系改革发展成果的人民共享,因此,政府对其负有不可推卸的责任。就农村公共产品供给而言,亦是如此,其应由政府承担主要责任,政府是农村公共产品供给的第一责任人。农村公共产品供给不足的根本原因就在于在市场化进程中政府职能转型的相对滞后,而加快财政支出转型,推动“经济建设型”政府朝着“有为、有限和服务型”政府转型则是克服公共产品供给不足的根本途径。[3] 由此决定,强化农村公共产品供给机制、改变农村公共产品供给不足首要的就是要明确政府在农村公共产品供给方面

---

〔1〕 参见聂喜玲:《区域农村公共产品供给的消费效应分析——基于东中西部城市经济圈的比较》,载《商业经济研究》2016 年第 14 期。

〔2〕 实际上,公共产品又可进一步划分为纯公共产品和准公共产品,对于准公共产品的供给方式,还存在不同认识,即除政府供给外,也并不完全排除其他社会主体的参与。但对于纯公共产品的供给而言,无一例外地认为,应由政府充当供给主体之角色。因此,至少可以断定,政府是公共产品供给的主要主体,一般情况下,公共产品应由政府负责提供。

〔3〕 参见沈坤荣、刘东皇:《以供给侧结构性改革推进经济新常态下消费成长》,载《江苏行政学院学报》2016 年第 6 期。

的法定职责,这是对农民基本权利的应有保障。2014 年 9 月,在“天津夏季达沃斯论坛开幕式”的致辞中,李克强总理指出,未来一段时期重点推进的三大改革之一就是要“继续围绕破解深层次结构性矛盾,进一步增加公共产品有效供给,以带动有效需求,补上投资的短板,扩大居民消费,拓展新的增长领域”。[1] 在农村公共产品的供给上,政府应有职责的充分发挥更为关键,其将对农村消费的推进产生重大影响。

2. 改变二元体制

农村公共产品供给不足、城乡公共产品供给差距巨大,究其原因,我国长期以来所形成的城乡二元分割体制是其根源所在。在该二元体制下,与城市形成鲜明对比的是,生产生活中所面临的各种风险基本上是由农民自己承担,而本应由政府负责的公共产品供给也部分地落在了农民的身上。[2] 由此决定,强化农村公共产品供给机制的核心就在于,要实现城乡公共产品供给均等化,要改变现行的二元分割体制、城乡差别对待状态。具体而言,就是要改变“城乡分治”下“一品两制”的格局,建立城乡一体化的公共产品供给体制。从城乡公共服务一体化、城乡公共产品供给均等化的制度框架下,努力探寻加强农村公共产品投入广度和深度的具体路径,通过调整城乡公共产品资源配置,进一步从长远优化整个供给的配置效率,为释放农村消费潜力、缩小城乡消费差距提供持续的动力。[3] 实现城乡公共产品供给均等化的关键是要加快改革公共财政体制,建立健全公共产品财政投入稳定增长的长效机制。

(三)强化农村公共产品供给机制的关键节点分析

1. 完善农村社会保障制度体系,提升农村社会保障水平

社会保障是公认的典型公共产品,但社会保障支出对于居民消费的作用,

[1] 《李克强在 2014 夏季达沃斯论坛开幕式发表致辞》,载中国新闻网:http://www.chinanews.com/gn/2014/09-10/6578895.shtml,最后访问日期:2018 年 9 月 2 日。

[2] 参见李峰、赵怡虹:《新常态下统筹城乡公共服务促进农民消费的作用机制研究》,载《当代经济管理》2015 年第 9 期。

[3] 参见贺莹:《农村公共品的供给与农村消费市场的启动》,载《经营管理者》2010 年第 10 期。

学界还存在不同认识,主要有促进说、[1]抑制说[2]和不确定说[3]三种观点。其中,多数研究者认为,社会保障支出的增加有助于促进消费的开展,即社会保障可使居民在遭受失业、疾病、工伤等风险以及面临生育、退休等人生变故时仍能获得相应收入,有助于稳定支出预期的不确定性、减少预防性储蓄,并最终促

---

〔1〕 持该观点的研究成果主要包括:Feldstein M. Social Security,"Induced Retirement and Aggregate Capital Formation", *Journal of Political Economy*,1974, 82(5):905 - 926;Wouter Z. Social Security Wealth and Aggregate Consumption: An Extended Life - cycle Mode - l Estimated for The Netherlands, De Economist, 1988, 136(1):136 - 153;Alicia H. Private Pensions and Savings," New Evidence",*Journal of Public Economics*, 1976, 84(5): 1013 - 1032; Modigliani F, Brumberg R. , "Utility Analysis and the Consumption Function: An Interpretation of Cross - section Data", Kurihara K. , Post Keynesian Economics, New Brunswick, N J: Rutgers University Press, 1954;Friedman, *The Theory of the Consumption Function*, Princeton, N J: Princeton University Press,1957;Hubbard R G, Judd K L,"Social Security and Individual Welfare: Precautionary Saving, Liquidity constraints, and the Payroll Tax", *Social Science Electronic Publishing*, 1987,77(4):630;646;冉净斐:《农村社会保障制度与消费需求增长的关系研究》,载《南方经济》2004 年第 2 期;林毓铭:《社会保障预期与居民消费倾向分析》,载《学术研究》2002 年第 12 期;张燕源:《社会保障水平与居民消费、储蓄行为的关联性分析》,载《商业时代》2010 年第 27 期;姜百臣、马少华、孙明华:《社会保障对我国居民消费行为的影响机制分析》,载《中国农村经济》2010 年第 11 期;胡兵、涂先进、胡宝娣:《社会保障对农村居民消费影响的门槛效应》,载《当代经济研究》2013 年第 12 期;肖攀、李连友、苏静:《农村社会保障对农村居民消费影响的门槛效应与区域异质性——转换模型的分析》,载《软科学》2015 年第 6 期;陈树文:《社会保障中基本主体的责任分析》,载《科研管理》2003 年第 1 期;贾小玫、冉净斐:《农村社会保障制度与消费需求增长的实证分析》,载《科学 · 经济 · 社会》2004 年第 2 期;于泳:《我国社会保障与居民消费的实证性研究》,载《财会研究》2009 年第 5 期;张继海:《社会保障养老金财富对城镇居民消费支出影响的实证研究》,载《山东大学学报》(哲学社会科学版)2008 年第 3 期等。

〔2〕 持该观点的研究成果主要包括:Gagan P. , *The Effects of Pension Plans on Aggregate Saving: Evidence From a Sample Survey*, New York: Columbia University Press, 1965; Lelmer, Lesnoy. "Social Security and Private Saving: New Time - series Evidence",*Journal of Political Economy*, 1982, 90(3):606 - 629;Phillip C P. , *The Effect of Pension Plans on Aggregate Saving: Evidence from a Sample Survey*, New York: Columbia University Press, 1965;刘慧:《社会保障对居民消费影响的国内外文献综述》,载《西北农林科技大学学报》2010 年第 1 期;杨天宇、王小婷:《我国社会保障支出对居民消费行为的影响研究》,载《探索》2000 年第 5 期;谢文、吴庆田:《农村社会保障支出对农村居民消费的影响的实证研究》,载《财经理论与研究》2009 年第 5 期;张治觉、吴定玉:《我国财政社会保障对居民消费产生引致还是挤出效应》,载《消费经济》2010 年第 3 期;王晓霞、孙华臣:《社会保障支出对消费需求影响的实证研究》,载《东岳论丛》2008 年第 6 期;吴庆田、陈孝光:《农村社会保障消费效应的协整分析与误差修正模型》,载《统计与决策》2009 年第 18 期;刘畅:《社会保障水平对居民消费影响的实证分析》,载《消费经济》2008 年第 3 期;刘新、刘伟、胡宝娣:《社会保障支出、不确定性与居民消费效应》,载《江西财经大学学报》2010 年第 5 期等。

〔3〕 持该观点的研究成果主要包括:Barro, Rober J. ,"Are Government Bonds Net Wealth",*Journal of Political Economy*, 1974, 82(6): 1095 - 1117; Melvin, *The Impact of the 1972 Social Security Benefit Increase on Household Consumption*, Working Paper, 2005;储德银、黄文正、赵飞:《地区差异、收入不平等与城乡居民消费》,载《经济学动态》2013 年第 1 期;余菊、刘新:《城市化、社会保障支出与城乡收入差距——来自中国省级面板数据的经验证据》,载《经济地理》2014 年第 3 期;韩伟、张红:《农村社会保障性支出对居民消费水平的影响——基于城乡比较的视角》,载《宜春学院学报》2014 年第 2 期等。

进消费的开展。[1] 就农村社会保障对于农村消费而言,亦是如此。绝大多数研究者认为,农村社会保障对农村消费具有正向促进作用,[2]即农村社会保障体系的健全、农村社会保障水平的提升能够起到稳定农民未来收支预期,减少预防性储蓄,增加即期消费的作用。[3] 有研究结果发现,农村社会保障不仅是影响农村消费的重要因素,且较之于农民收入的提高,农村社会保障水平的提高对于农村消费增长的拉动作用更明显。当下,在经济发展步入新常态的新时代背景下,强化农村产品供给机制以促进农村消费的关键就是要在完善农村社会保障制度体系的基础上提升农村社会保障水平,以保障农村居民"敢于消费"。

(1)完善农村社会保障制度体系。自党的十六大报告首次提出要"探索建立农村养老、医疗保险和最低生活保障制度"后,我国即开始正式着手农村社会保障体系建设,尤其是十七大之后,我国农村社会保障体系建设的步伐明显加快,以"全覆盖、保基本、多层次、可持续"为显著特点的农村社会保障体系日益健全:2009 年 9 月 1 日,《关于开展新型农村社会养老保险试点的指导意见》的发布标志着农村新型养老保险(以下简称"新农保")试点改革工作正式启动,不同于"老农保","新农保"实行个人缴费、集体补助和政府补贴(基础养老金由国家财政全部保证支付)三者相结合的新型筹资模式,这意味着农村养老保险被纳入国家社会保障正式制度安排之中。[4] 2002 年 12 月 29 日,中共中央、国务院所发布的《关于进一步加强农村卫生工作的决定》明确提出,要"逐步建立新型农村合作医疗制度",这标志着我国新型农村合作医疗(以下简称"新农合")制度建设的正式起步,与形成于

---

[1] 参见陈丽芬、郭君平:《"十三五"消费环境和影响因素分析》,载《中国经贸导刊》2016 年第 24 期。

[2] 需要指出的是,也有部分研究者对此持不同观点。例如,有的研究者认为,从长期来看,农村社会保障支出对农村消费具有一定的促进作用,但从短期来看,社会保障支出的增加不仅不会起到促进农村消费的作用反而抑制了农村消费的增长。参见张娜:《我国农村社会保障对农村居民消费影响的实证分析》,载《天津农业科学》2016 年第 2 期。

[3] 参见王娜、张磊:《拉动农村居民消费的财政支持机制研究》,载《价格理论与实践》2016 年第 2 期;任晓菲、赵利志:《社会保障拉动农村消费问题研究》,载《山西青年》2016 年第 1 期等。

[4] 2011 年国务院《关于开展城镇居民社会养老保险试点的指导意见》指出,"有条件的地方,城镇居民养老保险应与'新农保'合并实施";2013 年 1 月 25 日,人力资源和社会保障部提出要推进城镇居民养老保险和新型农村养老保险("新农保")合并实施,实行城乡统筹一体化的居民社会养老保险制度,实现城乡居民养老保险待遇的同步发放、同步增长。

人民公社时期的原农村合作医疗(以下简称“老农合”)制度不同的是,“新农合”突破了“老农合”互助共济的性质,被纳入国家财政补助的范围,并因此成为国家社会保障正式制度安排。2007年“中央一号文件”则正式提出,要在全国范围内建立农村“低保”制度,[1]2007年年底,全国所有涉农县(市、区)都出台了本地的农村“低保”政策,农村“低保”制度在全国范围得以确立。2006年《农村五保供养工作条例》进行全面修订并实施,实现了对农村“五保”供养制度的根本性变革,突出体现在将农村“五保”供养制度的定性由“农村集体福利事业”改为“国家社会保障制度”,“五保”供养经费正式纳入财政保障范围。[2]可以说,农村社会保障制度体系已基本建立,但并未臻于完善。为降低农民预期支出不确定性风险,使其“敢于消费”,应对农村社会保障制度体系予以进一步完善,使广大农民群众能够实现“老有所依、病有所医、失有所济、伤有所保、难有所助、贫有所济”。具体来说,关键是要把握好以下两点:一是建立健全农村居民大病医疗保险制度,使农村居民在面临重特大疾病时能够获得必要的医疗保障,以避免其“因病致贫、因病返贫”的问题;二是按照“守住底线”指导思想的要求,建立健全农村最低生活保障制度,扩大制度覆盖人群,将农村中的绝对贫困人口及生活水平低于一定标准的人口纳入农村最低生活保障范围之内,[3]做到“应保尽保”,并依据经济发展状况逐步提高最低生活标准,以确保农村低收入群体的正常生产生活。

(2)提高农村社会保障水平。正如上文所述,近年来,尤其是党的十七大之后,我国农村社会保障体系建设的步伐明显加快,以“全覆盖、保基本、多层次、可持续发展”为显著特点的农村社会保障体系日益健全,但其保障范围、覆盖面等亟须进一步提高,突出表现在农村社会保障的总体水平仍然较低、替代效应显著不足。以农村养老保险为例,“几十元养老钱仅够买几斤猪肉”的说法虽稍带戏

---

[1] 2007年“中央一号文件”《中共中央国务院关于积极发展现代农业扎实推进社会主义新农村建设的若干意见》发布之后,国务院于2007年7月11日发布了《关于在全国建立农村最低生活保障制度的通知》,该通知对建立农村最低生活保障制度的目标和总体要求、最低生活保障标准、保障对象范围、最低生活保障的管理、保障资金的落实等具体问题进行了全面规定。

[2] 参见刘广明:《农地抵押融资功能实现法律制度研究》,人民出版社2016年版,第115~120页。

[3] 参见司春燕:《新型城镇化中扩大消费需求的财税政策研究》,载《商业经济研究》2016年第4期。

谑但很能说明问题。[1] 若有效推进农村消费，必须要加大农村社会保障的建设力度，提高农村社会保障水平，[2]其基本要求就是要加大政府（尤其是中央政府）对此的财政投入力度、倾斜力度，提高政府在基本社保资金缴费中的比例，提高农村社会保障支出在财政总支出中的比重。[3] 而提高农村社会保障水平的最终目标应界定为城乡统筹、均等待遇，即通过逐步缩小城乡社会保障水平差距、加快推进城乡社会保障衔接，努力消除二元分割体制所导致的城乡社会保障藩篱，[4]最终实现城乡居民社会保障的均等化待遇。

提高农村社会保障水平，关键是要解决好农村社会保障资金筹集问题，建立长效、多元的筹资机制。具体来说，可从以下两方面着手：一是要加大政府财政资金投入力度。在农村社会保障资金的筹集上，首先必须要明确政府的主导地位，要加大财政资金投入力度，这既是由社会保障的公共产品性质和政府的法定职责所决定的，也由现状所决定。研究数据显示，在2013年，我国财政用于社会保障的资金比重为10.33%，但较之于西欧、北欧以及美国的30%～50%财政资金投入比重，差距较大。[5] 而用于农村社会保障的比重进一步降低，这也是当前农村社会保障水平低下的重要原因，要改变这一状况，必须要加大财政资金投入力度。尤其是在农村收入水平较低且增长速度受限的情况下，加大财政资金投入力度、减轻农民社会保障费用负担，让政府在农村社会保障中承担

---

〔1〕 在现行制度下，农村养老金主要由个人缴费、集体补助、政府补贴三部分构成，其中，政府补贴部分为基础养老金，在试点之初的2009年，基础养老金标准为55元，2015年1月10日，人力资源和社会保障部、财政部联合发布《关于提高全国城乡居民基本养老保险基础养老金最低标准的通知》，将其提高至70元。而根据《国务院关于开展新型农村社会养老保险试点的指导意见》的规定，在实施“新农保”之时，“年满60周岁、未享受城镇职工基本养老保险待遇的农村有户籍的老年人，可以按月领取养老金”。这也就意味着，一部分农村老年人在既无前期个人缴费、又无集体适度补助的情况下，其每月所领取的养老金也就这几十元。依现在物价水平计算，就有了“几十元养老钱仅够买几斤猪肉”的说法，这虽稍带戏谑但很能说明问题。

〔2〕 农村社会保障水平的提高对于农村消费的促进具有重要作用。研究结果显示，农村养老保险基金支出平均每增加1亿元，将拉动农村居民生活消费支出18亿元左右。参见沈毅、穆怀中：《新型农村社会养老保险对农村居民消费的乘数效应研究》，载《经济学家》2013年第4期。

〔3〕 参见梁坤、刘广明：《后家电下乡时代推进农村消费的政府干预论纲》，载《河北学刊》2015年第3期。

〔4〕 参见孙保营：《河南省农村居民消费行为特征及其优化研究》，载《当代经济》2016年第16期。

〔5〕 参见徐敏：《经济新常态下妥善处理投资消费比例关系的思考》，载《商业经济研究》2015年第28期。

更多责任,对于农村社会保障水平的提高具有十分重要的意义。[1] 二是创新农村社会保障资金筹集方式。在加大财政资金投入力度的基础上,还要积极创新农村社会保障资金筹集方式。在农村集体产权改革日渐深化的今天,围绕土地制度的创新寻求新的思路或许是一个有效的办法。例如,可考虑在土地征收补偿金中拿出一部分资金投入农村社会保障之中;又如,可考虑对超标农村宅基地或非由本集体经济组织成员所实际使用的宅基地收取有偿使用费,[2]并将其投入农村社会保障中。

此外,提高农村社会保障水平,还应重视实质公平理念的贯彻落实,即应加强对农村社会保障薄弱地区的支出力度,拓展其社会保障水平,强调转移支付作用的发挥,逐步缩小农村社会保障的地区差距,这对于从整体上促进农村消费、[3]优化农民消费结构具有重要意义。[4]

2. 促进机制体制创新,加强农村基础设施建设

除社会保障外,作为另一典型公共产品,基础设施的建设对于消费的开展也具有十分重要的意义。就农村消费而言,亦是如此。农村基础设施建设不仅是建设社会主义新农村和发展现代化农业的重要外在条件,[5]更是支撑农村

---

〔1〕 参见王志:《制约中国农村居民消费增长的原因及促进政策》,载《大连海事大学学报》(社会科学版)2014 年第 2 期。

〔2〕 在我国现行法律制度下,农村宅基地使用权的主体仅限于本集体经济组织成员,且需遵守“一户一宅”基本规则。但从农村的实际情况来看,因农房流转、继承等原因,“一户多宅”的现象十分普遍,且存在因继承农房而由非本集体经济组织成员实际占有宅基地的情况。对于这一问题的解决“宜疏不宜堵”,采取市场的办法、参照国有建设用地的做法,对超标利用或非由本集体经济组织成员利用的宅基地设定使用期限并收取使用费是一个可行的办法,而借此所收取的使用费可考虑划入农村社会保障基金中。

〔3〕 研究结果显示,由社会保障地区差距所决定,社会保障支出的增加对农村消费效率的贡献是不同的,东部、中部、西部和东北部地区农村社会保障每增加 1%,将分别促进居民消费支出增加 0.262%、0.237%、0.087% 和 0.145%。参见纪江明、赵毅:《中国区域间社会保障对居民消费的影响》,载《中国人口·资源与环境》2013 年第 5 期。由此来看,有效提高落后地区农村社会保障水平、努力缩小农村社会保障地区差距,对从整体上促进农村消费具有特殊意义。

〔4〕 参见肖攀、李连友、苏静:《农村社会保障对消费结构影响的门槛效应——基于 PSTR 模型的分析》,载《经济经纬》2016 年第 5 期。

〔5〕 参见潘文轩:《我国城乡居民消费行为的差异性及其政策含义》,载《统计研究》2010 年第 8 期。

消费、促进农村消费的根基所在。[1] 另外,农村基础设施的建设不仅有助于改善农村居民消费条件、减少农村居民消费障碍,进而助推农村消费开展、扩大内需作用发挥,而且关乎城乡居民基本权利平等化进程。[2] 研究数据显示,农村生产型基础设施投入增加1个单位,会带动农村消费增长0.42个单位,而农村生活型基础设施投入增加1个单位,会带动农村消费增长0.49个单位。[3] 林毅夫老师认为,农村耐用消费品的需求有很大潜力,而挖掘其潜力的关键是要加强农村基础设施建设。[4] 另有研究数据显示,农村电价下降40%将促进每百户彩电消费量增加115台,而自来水"村村通"目标的实现将使洗衣机每百户消费量增加226台。[5]

农村基础设施建设对于农村消费的促进效应主要体现在以下三个层面:(1)农村基础设施建设将会对农村消费产生直接促进效应。以农田水利设施、农业交通运输设施、工业生产动力设施等为代表的农村基础社会建设将有利于改善农业生产的物质基础、强化农业生产信息的交流传递、提高农业生产要素的配置效率、降低农业生产的成本支出、提升农业生产的经济效率、促进农业生产结构的优化升级,进而助推农民收入水平提高和消费能力增长并为农村消费开展奠定基础。(2)农村基础设施建设将会对农村消费产生间接促进效应。以水电、商贸、文体设施等为典型代表的农村基础设施建设,将有利于推动城乡市场对接、改善农村消费环境、降低农村消费成本、培育农村消费热点、提高农村消费效率,进而有助于促进农村消费结构的升级换代,推动潜在农村消费需

---

[1] 正如有研究者所指出的那样,交通设施的建设可以减少商品流通成本,扩大农民消费范围,降低农民消费支出;水电设施的建设则使以家电为代表的现代产品能够在农村"大展拳脚",进而促进其消费;通信设施的建设不仅使手机、电脑等产品的功效充分发挥,而且将在很大程度上提高农村的信息化水平,便捷农民的信息获取、促进农业生产、实现农民增收,进而从更深层次促进农民消费水平的提高。参见邱桂杰、于淼:《财政支农支出对我国农村居民消费影响的实证研究》,载《税务与经济》2014年第4期。

[2] 在研究者看来,新型城镇化进程的加快并不意味着农村基础设施投入力度的降低,因为,即便我国城镇化水平提高到相当水平,仍然会有数亿人居住在农村。更关键的是,任何文明国度都是不会容忍居住大量人口的农村地区基础设施水平处于长期滞后状态,因此,农村基础设施的建设力度将在很长一段时期内必要和紧迫。参见徐振宇、谢志华:《中国农村居民消费政策反思与建议》,载《中国市场》2013年第23期。

[3] 参见孙虹乔:《农村基础设施建设与消费需求的增长——基于1978~2009年经验数据的实证》,载《消费经济》2011年第5期。

[4] 参见林毅夫:《"三农"问题与我国农村的未来发展》,载《农业经济问题》2003年第1期。

[5] 参见屈韬:《中国农村消费行为及其制约因素分析》,载《经济学家》2009年第9期。

求向现实消费转化。(3)农村基础设施建设将会对农村消费产生综合效应。一方面,农村基础设施建设的加强将有助于推动城乡消费信息的交流互动,城镇居民的现代消费行为和观念将会对农村居民产生“示范效应”,进而在一定程度上促进农村居民消费心理和消费观念的改变,激发农村居民的消费热情和消费愿望。[1] 另一方面,农村基础设施的建设与管理将会提供一定数量的就业机会,在促进农民就业的基础上,将有助于农民收入的增加和消费能力的提高。[2]

农村消费的发展、农民消费潜力的释放与农村基础设施的建设存在密切关系,取决于农村基础设施的匹配程度。[3] 但从农村的实际情况来看,农村基础设施建设处于长期滞后的状态,无法满足农村消费需求实现的要求。近年来,农村基础设施虽有较大改善,但用电难、饮水难、行路难、上网难等问题还很突出。据农业部的相关数据显示,截至 2013 年年底,全国还有 1.1 亿农村人口饮水未达到安全标准,供水保证程度也有待提高,部分农村仍采用小型和分散方式供水;西部偏远农村地区,不仅中低压电网不稳,且有 23 万人没有用上电;农村人均商业面积仅为城市的 1/10;实行农村垃圾、生活污水处理的行政村仅为 36%、9%;无害化厕所的覆盖率仅 50% 左右。[4] 农村基础设施长期滞后的根本原因就在于受城乡二元分割体制影响,政府偏重于城市基础设施的改善,而对农村地区基础设施(尤其是生活性设施)的改善关注较少,财政投入严重不足。

基础设施建设的长期滞后不仅增加了农民消费成本支出、抑制了农民消费需求满足、阻碍了农村消费水平提高,而且直接影响农村居民的日常生活。[5]

---

〔1〕 参见王向楠:《我国农村基础设施建设的消费效应研究》,载《西安财经学院学报》2013 年第 2 期。

〔2〕 农村基础设施建设所涉及的原材料采购、用工、后勤保障等都会对当地社会经济发展产生刺激作用,直接或间接促进农民增收。据测算,农村基础设施建设投资的 30% ~40% 会转化为农民收入。参见黄华绮:《启动农村市场的思路》,载《湘潭大学社会科学学报》2000 年第 1 期。

〔3〕 参见马志敏:《农村消费环境现状分析及优化对策》,载《经济问题》2016 年第 7 期。

〔4〕 参见张晓山:《新常态下农业和农村发展面临的机遇和挑战》,载《学习与探索》2015 年第 3 期。

〔5〕 在当前农村消费实践中,既存在“买不起”的问题,也存在“用不起、用不了”的问题。在国家大规模实施农村电网改造之前,农村电价普遍高于城市,有的农村地区电价曾一度高达 2 ~ 3 元/度。另外,由于农村电网荷载不足,农村电压不稳、经常性断电,导致农村家电既“用不起”,也“用不了”。据国家统计局的统计资料显示,目前农户家庭的大件耐用消费品中有 12% 以上处于闲置状态,尤其以电冰箱、洗衣机等家电产品最严重。此外,较高的通信费、水费也增加了农民的使用成本,进而在一定程度上抑制了农村消费。

在新常态下，要有效推进农村消费，必须要祛除基础设施滞后羁绊、加大农村基础设施建设力度，同时，这是政府强化农村公共产品供给的应有之责。

加强农村基础设施建设的关键是要完善相应的投融资机制，以为农村基础设施建设奠定坚实的物质保障基础。首先，要明确政府责任，加大财政资金投入力度。具体来说，就是要在明确农村基础设施建设项目财政预算地位上建立稳定增长的长期财政投入机制，有效提高农村基础设施投资在社会总投资中比重。其次，要积极探索新型投融资方式，引导社会资本流入农村基础设施建设领域。要积极引导社会资本进入农村基础设施建设领域，以满足政府建设资金的不足，进而消除阻碍农村消费发展的基础设施建设“瓶颈”。[1] 可根据农村基础设施性质的差异，将其划分为公益性、准经营性和经营性三大类别，进而建立包括政府财政、社会资金等在内的多元化投融资模式，以此改善投资总量不足、融资渠道单一、筹资手段有限的状况。[2] 在完善农村基础设施建设投融资机制的同时，还应规范农村基础设施建设资金使用机制，确保建设资金落到实处、发挥应有作用，强化监督检查，杜绝资金违规使用。[3]

加强农村基础设施建设，除需对投融资机制进行系统完善，还应积极创新农村基础设施建设与管护体制。例如，在农村基础设施的建设上，应尽可能采用直接投资或以工代赈、以奖代补、直接补贴等形式，让农民直接受益，使基础设施建设投入通过“涓滴”效应转化为农民的收入，以增强其消费和投资能力。[4]

加强农村基础设施建设，还应健全建设规划与项目评估机制。具体来说，就是要以农村实际需要为基本出发点，充分尊重农民意愿、广泛征求农民建议，以合理编制农村基础设施建设规划、科学确定农村基础设施具体建设项目，确保以农田水利建设、农村公路建设、农村饮用水工程建设、农村电网建设、农村信息化建设、农村科教文卫体建设等为核心的农村基础设施建设水平得到显著提升。

---

〔1〕 参见鲁钊阳、郑中伟：《经济新常态下新消费增长点培育的逻辑起点、约束条件与路径选择》，载《经济问题探索》2016 年第 1 期。

〔2〕 参见梁坤、刘广明：《后家电下乡时代推进农村消费的政府干预论纲》，载《河北学刊》2015 年第 3 期。

〔3〕 参见鲁钊阳、郑中伟：《经济新常态下新消费增长点培育的逻辑起点、约束条件与路径选择》，载《经济问题探索》2016 年第 1 期。

〔4〕 参见徐振宇、谢志华：《中国农村居民消费政策反思与建议》，载《中国市场》2013 年第 23 期。

四、优化农村消费环境治理机制

(一)优化农村消费环境治理机制的意义阐释

作为对消费者消费心理与消费行为产生一定影响的、外在的各种因素的总和,[1]消费环境对于消费的影响巨大,其不仅会影响消费者的消费需求,而且还会影响其消费结构。[2]一般来说,良好的消费环境会对消费行为的开展、消费需求的满足、消费结构的优化产生相应的促进作用,而不良消费环境则会抑制消费的开展。正如前文所述,作为影响农村消费的重要因素或外在条件,当前农村消费环境总体状况不佳是导致农村消费长期滞后的重要原因,同时也是未来限制农村消费有效开展的重要约束之一。一方面,农村消费安全性环境不佳,使得在农村消费实践中农村居民的人身、财产权益受到极大侵害,由此造成农村居民“不敢消费”恶果。另一方面,农村消费市场化环境的羸弱,使农村消费市场中“劣币驱逐良币”“逆向竞争”的现象多见,由此造成农村居民“消费不方便”“消费不实惠”。

若要有效推进农村消费,必须要对农村消费环境予以全面治理并构建相应长效机制,这直接关系农村消费能否顺利进行、农村消费能否实现正常增长。农村消费环境的优化、农村消费良好环境的形成,需要包括企业、消费者等社会各方的共同努力、综合施治。[3]其中,政府应有作用的有效发挥是关键环节所在;而优化农村消费环境治理机制的关键则在于在强化农村消费安全性环境的同时实现农村消费市场化环境的有效培育。

---

[1] 消费环境有广义、中义和狭义之分,广义上的消费环境既包括自然环境,也包括社会环境;中义上的消费环境主要是指社会环境;狭义上的消费环境则仅指对消费行为能够产生直接或间接影响的机制体制,即社会“软”环境,而不包括以道路、水电等为代表的基础设施建设(社会“硬”环境)。本书所研究的消费环境是狭义上的。

[2] 参见陈幼红:《优化农村消费环境的对策》,载《商业时代》2010年第10期。

[3] 正如有的研究者所指出的,除政府外,企业和消费者也是消费环境治理的重要主体,对于企业而言,其严守法律规定、恪守道德底线,进行诚信经营、从事公平竞争,进而为消费者提供合乎质量要求的商品和服务;对于消费者而言,其应该充分发挥消费环境“监督员”的作用,在发现问题之后及时反映给有关部门以使问题得到及时、有效解决,进而促进消费环境的优化。参见刘璐、张泽一:《怎样应对新常态下的消费需求升级》,载《经营与管理》2016年第1期。

(二)强化农村消费安全性环境治理

1. 农村消费安全性环境治理的现行路径梳理

安全是消费得以正常开展的基本条件,放心是消费能够顺利实施的重要保障。一个安全、放心的消费环境,不仅是保障农村消费者人身、财产安全的应有之义,而且是释放农村正常消费需求、促进农村消费市场良性发展的必然之需。农村消费安全性环境的治理可谓至关重要。从实践来看,当前对于农村消费安全性环境的治理基本是在政府主导下进行的,[1]具体来说,政府对于农村消费安全性环境的这种治理是遵循如下路径进行的:

(1)强化政府监管。对农村消费市场予以必要监管是政府的法定职责。实践证明,农村消费安全性环境不佳与政府对农村消费市场的监管不力有着直接关系:政府对违规经营者打击不力,将助长其从事违法经营的嚣张气焰;政府对守规经营者保护不够,将导致其在与违规经营者的竞争中处于劣势;政府对消费者合法权益保护不周,不仅会使其受损权益无法得到应有补偿,而且会导致消费者与违规经营者之间的力量对比进一步失衡。而以上种种现象无疑都会恶化农村消费安全性环境。由此决定,强化市场监管是政府用以治理农村消费安全性环境的基本路径,且在很长一段时期内,强化市场监管一度成为政府整顿农村消费市场、治理农村消费安全性环境的唯一手段。从既有实践来看,在农村消费安全性环境治理中,政府(主要是指基层地方政府及其相关职能部门)强化市场监管的具体手段主要包括:一是强化执法队伍建设,如通过开展教育培训以提高执法人员的专业素质和业务能力。二是加大执法力度,主要是通过专项执法的形式,如根据农时季节,集中力量对种子、化肥、农药、农机及零配件等商品开展有针对性的专项执法行动,对重点商品、重点区域、重点场所加大执法检查力度和处罚力度,如对违规经营者在法律规定的幅度内予以"顶格"处罚。三是整合监管力量,如实施包括工商、卫生、质检、公安等多部门在内的联合执法。四是创新执法方式,如实行"流动"执法等。其中,专项执法是

---

〔1〕 就农村消费安全性环境治理问题,笔者曾进行过专项调研,调研是分期进行的,时间跨度由2011年7月至2014年8月,集中调研时段主要包括2011年7月28日至8月15日、2012年8月2日至21日、2013年8月15日至30日、2014年7月25日至8月10日,调研地域范围主要涉及河北省鹿泉市、平山县、任丘市、文安县、清苑县、晋州市、大城县、灵寿县等11个县(市、区),调研采取了问卷、访谈和座谈相结合的方式,其中,共收回有效调查问卷360份。

为社会所最为熟知的一种执法方式，也是很多地方政府所最为青睐和倚重的监管手段。就此所进行的实地调研也印证了这一点，在与部分基层执法部门的座谈中和对部分基层执法人员的访谈中，当被问及“怎样加强农村消费市场的政府监管”“如何消除农村消费市场中广泛存在的假冒伪劣商品”之类的问题时，绝大多数人的回答是，“开展专项执法”“加大执法处罚力度”。

(2)完善基层消费维权组织建设。相对于经营者，在力量对比上(包括商品信息的占有、经济实力、诉讼能力等)，消费者无疑处于弱势地位。而在农村消费市场，由于农村消费者在文化水平、质量认知能力、消费维权能力等方面有所欠缺。因此，相对于经营者，其弱势地位更为明显，而违规经营者则恰恰利用这一点进行违规经营以谋取高额不当利润。正是考虑到这一点，政府从20世纪末开始着手完善农村基层消费维权组织建设，以实现对农村消费者权益的更好保护和对农村消费安全性环境的有效治理，其核心内容就是推进“一会两站”的建设。所谓“一会两站”建设，指在政府的推动下、在工商行政主管部门和消费者协会的具体指导下，在乡(镇)建立消费者协会基层分会，在行政村建立消费者投诉站和“12315”维权联络站，由此将消费者权益保护网络向农村延伸。[1] 早在1998年，中国消费者协会就制定下发了《全国消费者协会基层组织网络建设规范意见》，要求在乡(镇)建立消费者协会基层分会，在行政村建立消费纠纷投诉站；从2005年开始，工商行政管理部门就开始着手在农村建立“12315”联络站。自此，“一会两站”在许多地方被逐渐纳入政府主导下的农村消费维权工程。[2] 2009年，国家工商总局出台《关于加强“一会两站”规范化建设的意见》，对“一会两站”的工作职责、工作程序、工作制度等问题作了明确规定。总体来看，“一会两站”的建设在保护农村消费者权益、治理农村消费安全性环境方面产生了一定的积极效应：一是便于农村消费者投诉和消费纠纷的处理，农村消费者在遇到消费纠纷时，在村里就可以进行投诉，消费纠纷也能够就地、就近、及时得到解决处理。二是有利于强化农村消费市场监管，“一会两站”的建立不仅便利了消费者举报、投诉的受理，而且相应拓展了政府监管信

---

〔1〕 四川省在“一会两站”的基础上增设了农村消费教育指导站，形成了“一会三站”的格局，农村消费教育指导站的建立推动了农村消费安全教育工作的开展。

〔2〕 参见陈郁：《农村消费维权工作取得长足进展》，载《经济日报》2008年2月19日，第16版。

息的收集渠道,进而在一定程度上强化了政府对于市场的监管。三是有助于提高农村消费者的维权意识,“一会两站”消费维权宣传功能的发挥对农村消费者维权意识、维权能力的提高大有裨益。

2. 农村消费安全性环境治理现行路径检讨

如上文所述,目前对农村消费安全性环境的治理基本上是在政府的主导下进行的,并取得了一定成效,但从农村消费实践来看,政府对于农村消费安全性环境的治理亦存在不少问题。

(1)政府监管强化存在局限。强化对于农村消费市场的监管是政府治理农村消费安全性环境的基本路径,农村消费安全性环境的治理也确实离不开政府的有效监管,但从目前的情况来看,政府的这种监管还存在诸多不足,突出体现在政府强化市场监管的方式存在局限。正如上文所述,在通过强化市场监管以治理农村消费安全性环境的过程中,受人员编制有限、经费预算不足等因素所限,加之,受多年来的惯性思维影响,许多地方政府及其相关职能部门过分倚重于专项执法这一方式,即通过对农村消费市场进行定期或不定期的专项整治行动,并辅之以加大处罚力度方式,以打击违规经营者、规范市场竞争秩序,进而优化农村消费安全性环境。但在实践中,这种专项执法很容易演变为“运动式”执法,功效因此大打折扣,“雷声大、雨点小”,难以祛除农村消费市场安全性环境不佳的“病根”。在运动式执法的实施过程中,监管者在“明”,违法者在“暗”,违法者既可以采取“时间逃避”以规避监管者的打击,即“你来我停”,进而达到“打而复生”“卷土重来”的目的。同时,可以采取“空间逃避”以规避监管者的打击,即“你来我跑”,进而实现“野草烧不尽,春风吹又生”的效果。从实践来看,囿于人员不足、经费缺乏,在专项执法过程中,监管部门往往只能把监管力量放在重点行业、重点领域,而无法顾及全面,其效果因此更是受到极大影响。此外,在农村消费市场,因制假的成本低廉,违法者很容易“另起炉灶”。由此导致通过专项执法对假冒伪劣商品予以打击就像是“割韭菜”,“割了一拨,又长一拨”。调研发现,在政府监管中还存在一个更严峻的问题,即作为“监管者”的基层执法人员很容易被作为“被监管者”的违规经营者以经济手段“俘获”。在部分地区,一些监管者受经济利益所惑,对违规经营者的违规违法行为“睁一只眼闭一只眼”,甚至公然成为违规经营者的“保护伞”。更有甚者,在违规经营者因违法行为而被查处时,还想方设法为其开脱罪责。

(2)基层消费维权组织建设存在“瓶颈”。近年来,基层消费维权组织建设取得了可喜的成绩,“一会两站”的数量不断增加、覆盖面不断提高,其在保护农村消费者合法权益、治理农村消费安全性环境方面的作用也越发突出。但基层消费维权组织建设这一制度创设并非完美无瑕,在“一会两站”的建设中,还存在许多问题。概括而言,主要体现在以下几个方面:其一,“一会两站”的工作人员多为兼职且基本上没有报酬,由此导致其对消费维权工作投入的时间和精力不够,进而影响消费维权工作的有效开展。从调研所走访的“一会两站”来看,“两站”的工作人员无一例外都是兼职人员,且基本上没有报酬,情况好一点的,会对工作人员给予一定的通信、交通补贴;而“一会”的工作人员也大多都是兼职人员,即便有的“一会”也聘请一些专职人员,但基本上都是没有正式编制的临时工。由此导致“一会两站”的工作人员积极性普遍不高。此外,调研还发现,在有些地区,有的工作人员实际上并非是“心甘情愿”加入“一会两站”,[1]因此,对消费维权工作更是存在消极情绪,“人难找、事难办”的现象在一定范围内存在。其二,“一会两站”的工作人员年龄普遍偏大、文化水平普遍偏低,消费维权能力的不足制约了消费维权工作的有效开展。调研发现,在“一会两站”的建设中,“两站”的负责人虽多由所在村的村支部书记或村主任兼任,但从事具体工作的人员多为具有一定公益心的村民担任,而这些村民的年龄普遍偏大且文化水平相对偏低,相关法律知识的欠缺导致其对消费纠纷的判断存在偏差、处置存在不当。例如,在有些地区,“一会两站”工作人员对于消费纠纷没有一个基于法律规定的正确判断,对消费纠纷的处置也往往采取“各打五十大板”“和稀泥”的做法。其三,“一会两站”的建设和运行缺乏有效的经费保障。调研发现,在有的地区,由于没有正式、有效的经费保障机制,“一会两站”(尤其是“两站”)的工作经费严重缺乏,这不仅严重挫伤工作人员的积极性,甚至直接影响“一会两站”的正常运转。

3. 农村消费安全性环境治理现行路径优化

确保农村消费环境安全、放心,保护消费者的合法权益是政府的法定职责

---

[1] 正如前文所述,“一会两站”的建设是在政府的推动下进行的,但在部分地区,受政府及其职能部门认识有误、工作人员能力不足、农民意识薄弱等因素所限,“一会两站”的建设“变了味”,由一项利国利民的公益事业变成了一个不得不完成的“政治任务”。

所在。[1] 从实践情况来看，当前政府主导下的农村消费安全性环境治理在取得一定成效的同时，也存在不少问题。要充分发挥政府在农村消费安全性环境治理中的积极作用，并化解当前所存在的诸多问题，亟须对政府主导下的农村消费安全性环境治理路径予以优化。

（1）完善政府监管。监管是市场建设永恒的主题，市场的正常运行和发展离不开来自政府的必要监管，而强化监管则是政府治理农村消费安全性环境的基本路径。无论出于何种考虑，政府都应该强化市场监管机制，维护农村消费市场的正常秩序，肃清市场违规行为，将假冒伪劣产品踢出农村消费市场，这是政府最基本的职责。

从一定意义上讲，唯有进行有效监管，方能实现农村消费安全性环境治理的目标、改变农村消费安全性环境不佳的状况，进而实现对农村消费者合法权益的应有保护、释放农村正常消费需求、促进农村消费市场良性发展。因此，若要实现农村消费安全性环境的有效治理，首先需要完善政府对于农村消费市场的监管。完善政府对于农村消费市场的监管，就是要在增加政府投入、实行综合治理的基础上，探索适合农村消费市场特点的监管形式，关键是要做好以下几项工作：

一是要加强执法部门内部监管。“打铁尚需自身硬。”完善、强化政府对于农村消费市场的监管，首要一点就是要加强执法部门的内部监管。一方面，要建立健全监管责任制，即按照职责分工，把监管职责具体落实到每个执法部门、每个执法单位和每个执法岗位，确保监管到位，不留空间；另一方面，要实行责任追究制，即对不履行或者不正确履行职责的、对监管不到位或监管不得力的，要依据法律法规追究有关部门、单位和个人的行政责任和刑事责任。[2] 唯有

---

〔1〕 还以2014年实施的《消费者权益保护法》为例，该法对政府保护消费者合法权益的法定职责作了明确而全面的规定。该法第5条规定，“国家保护消费者的合法权益不受侵害”，“国家采取措施，保障消费者依法行使权利，维护消费者的合法权益”；该法第31条规定，“各级人民政府应当加强领导，组织、协调、督促有关行政部门做好保护消费者合法权益的工作，落实保护消费者合法权益的职责”，“各级人民政府应当加强监督，预防危害消费者人身、财产安全行为的发生，及时制止危害消费者人身、财产安全的行为”；该法第32条第1款规定，“各级人民政府工商行政管理部门和其他有关行政部门应当依照法律、法规的规定，在各自的职责范围内，采取措施，保护消费者的合法权益”；该法第34条规定，“有关国家机关应当依照法律、法规的规定，惩处经营者在提供商品和服务中侵害消费者合法权益的违法犯罪行为”。由上述规定不难看出，基于保护农村消费者合法权益而对农村消费安全性环境进行治理是政府履行其法定职责的应有之义。

〔2〕 参见邓敏：《营造农村安全消费环境提高农民幸福指数论析》，载《消费经济》2011年第5期。

如此,才能有望打掉违规经营者的“保护伞”,改变政府监管形同虚设、执法监督软弱无力的局面。

二是要完善农村消费市场准入管理。经营者素质参差不齐、“鱼龙混杂”既是农村消费市场的一个基本表征,也是造成农村消费安全性环境不佳的一个重要因素。完善政府监管的关键内容之一,就是要加强农村消费市场的准入管理,借此对农村消费市场的经营者进行一个必要“筛选”,实现“去伪存真”“除劣留优”,进而通过提高经营者整体素质以优化农村消费安全性环境。加强农村消费市场的准入管理,一个基本要求就是要制定严格的市场准入标准,加强农村消费市场经营登记备案管理。此外,要推行经营者信用分类监管制度,即以经营者注册登记记录为基础,并及时录入日常巡查、案件查处等信息,实现对农村经营者的信用等级划分,建立相应的评价体系,进而实施分类监管。[1] 建立经营者及从业者失信“黑名单”制度,对于造成消费安全事故的经营者及直接责任人员要视其违法情节、危害后果的轻重程度,对其实施准入限制(如设定禁入期限、提高进入门槛等)或准入禁止。

三是要重视农村消费安全预警管理。“重打击、轻预防”是当前政府监管的一个典型特征,其直接后果就是大大增加了政府监管的成本,且既有实践也证明,仅靠“严打”很难实现农村消费安全性环境的有效治理。完善政府监管亟须转变思路,即要改变“重打击、轻预防”的错误做法,而对“预防”与“打击”予以同等重视,唯有如此,方能实现农村消费安全性环境的有效治理。将“预防”与“打击”并重,走“打防结合”的路子,就是要实现消费安全风险预防和消费侵权行为打击的有效结合。若要实现消费安全风险的有效预防,首先就是要对农村消费安全预警管理予以高度重视,建立涉农消费安全预警制度。具体来说,就是要在对投诉举报、执法检查、案件查处等所获信息进行系统整理、科学分析的基础上,对农村消费安全风险进行评估,及时向消费者发出消费警示。

(2)加强基层消费维权组织建设。正如上文所论及的,基层消费维权组织的建立对于农村消费安全性环境的治理产生了相应的积极效应,但同时也存在诸多消极效应。若要充分发挥其积极效应并抑制其消极效应,进而推进农村消

---

〔1〕 参见河北省农村消费维权课题组:《建立农村消费维权长效机制的思考》,载《中国工商管理研究》2005 年第 11 期。

费安全性环境的治理,应进一步加强基层消费维权组织建设。

基层消费维权组织的建设始于政府的大力推动,而基层消费维权组织的进一步完善、作用的正常发挥亦离不开政府的必要支持。这一点不仅已成为理论共识,也已为既有实践所证明。[1] 政府对基层消费维权组织建设予以必要支持的关键就在于要为基层消费维权组织工作的开展提供必要经费。[2] 2014 年实施的《消费者权益保护法》第 37 条第 2 款明确规定:“各级人民政府对消费者协会履行职责应当予以必要的经费等支持。”在此基础上,应进一步明确,基层消费维权组织的日常经费应列入财政预算予以保障。具体来说,应主要由县级财政承担,乡(镇)财政给予适当支持,对于经济困难县(市),省、市级财政应予以必要支持。一个基本的“底线”是,即便不能为所有工作人员提供正式编制,但也应为其工作的开展提供必要经费保障、对其劳动付出给予相应经济补助,使基层消费维权组织真正成为为广大农村消费者排忧解难的守护者。

在建立经费保障机制的基础上,还需完善消费维权工作考核机制,通过“奖惩结合”的方式实现对工作人员的有效激励与必要约束。具体来说,就是要在明确消费维权工作考核内容和办法的前提下,对于考核不合格的工作人员予以约谈、辞退等惩罚,对于考核合格的工作人员予以必要经济补助,对于考核优秀的工作人员予以额外物质奖励,以充分调动其工作积极性。此外,还应对消费维权工作机制予以细化,以提高基层消费维权组织的工作效能。

4. 农村消费安全性环境治理路径创新:充分发挥消费者作用

既有实践证明,农村消费安全性环境的治理离不开政府的适时介入,政府的必要干预是农村消费安全性环境治理目标得以实现的关键,且通过治理农村消费安全性环境以保障农村消费者合法权益系政府的法定职责。但必须要予以明确的是,政府干预是一把“双刃剑”:干预得好会对农村社会经济的发展起

---

[1] 相关论述可参阅任震宇:《一会两站将维权工作向农村全面拓展》,载《中国消费者报》2008 年 6 月 20 日,A05 版;余知都:《推进“一会两站”工作　改善农村消费环境》,载《中国消费者报》2008 年 10 月 17 日,A02 版;维浩:《农村消费维权的现状及解决对策》,载《新农村商报》2012 年 11 月 14 日,C11 版等。

[2] 以河北省为例,河北在“一会两站”的建设上之所以能够取得较快的进展,一个重要的原因就在于政府在经费上给予了一定保障。早在 2005 年,河北省就在《关于农村“一会两站”规范化建设的意见》中对经费保障问题进行了规定,该意见不仅不明确指出,“各级工商行政管理部门要把‘一会两站’人员的宣传培训、工作奖励资金等作为专项支出列入部门预算”,而且要求“设区市、县(市、区)政府要给予一定的财力支持”。

到促进作用,干预得不好则会对农村社会经济的发展起到阻碍作用,甚至会破坏农村社会经济的正常发展。[1] 调研结果也充分印证了这一点,政府并非"万能",政府亦会存在"失灵",仅靠政府的一己之力是无法实现对农村消费安全性环境的有效治理的,甚至会带来一些负面影响。[2] 农村消费安全性环境的治理除需政府予以适时介入并秉持适度干预的原则外,还需要其他力量的有效参与、共同作用,其中,消费者作用的充分发挥尤为关键。

(1)农村消费安全性环境治理中消费者作用的重新认知。农村消费安全性环境不佳有很大一部分原因源自消费者。此次调研发现,作为消费契约关系的一方当事人,农村消费者存在诸多不足之处,维权意识薄弱、维权能力不足、维权动力欠缺,[3]导致其无法基于消费契约关系发挥对经营者应有的制衡作用,经营者与消费者之间的博弈失衡助长了违规经营者的嚣张气焰,促使其有恃无恐地制假、售假,进而恶化了农村消费安全性环境。但需要予以全面认识的是,虽较之于经营者,消费者明显处于"弱势"地位,[4]但其并非"一无是处",其具有以下显著"特质":第一,在主观能动性上,消费者对于农村消费安

---

[1] 参见李昌麒:《中国农村法治发展研究》,人民出版社 2006 年版,第 11 页。

[2] 在农村消费安全性环境治理问题上,政府失灵表现在很多方面,以政府所实施的市场监管为例:首先,作为监管者,受动力激励不足、自身能力有限等因素所限,政府所获取的信息存在不周全、不准确的问题,由此将极大影响其监管效果。其次,政府监管存在成本问题,随着生产工艺的日益复杂以及违法手段的日趋隐蔽,政府监管成本日渐增大,过分强调政府监管,将导致社会效益低下,并可能诱发其他社会问题。最后,政府(表现为地方政府、相关职能部门)及其工作人员因其"经济人"属性,可能会因经济利益而被监管对象所俘获,诱发权力寻租与腐败。在实践中,如下现象并不少见:或出于财政收入或部门收入的"公益"考虑,或出于个人利益的"私益"考虑,一些地方政府及其职能部门对经营者的违法行为"睁一只眼,闭一只眼",远未能发挥应有的监管职能。

[3] 在所收回的 360 份有效调查问卷中,对于"买到假冒伪劣商品后怎么办"这一问题的回答上,有 178 人选择了"自认倒霉",有 152 人选择了"找经营者交涉"(在这 152 人中,有 98 人同时选择了"到工商部门或消费者协会投诉",有 15 人同时选择了"到法院起诉经营者"),有 116 人选择了"到工商部门或消费者协会投诉"(在这 126 人中,有 98 人同时选择了"找经营者交涉",有 18 人同时选择了"到法院起诉经营者"),有 27 人选择了"到法院起诉经营者"(在这 27 人中,有 15 人同时选择了"找经营者交涉",有 18 人同时选择了"到工商部门或消费者协会投诉")。其中,有 13 人同时选择了"找经营者交涉"、"到工商部门或消费者协会投诉"和"到法院起诉经营者";另有 5 人选择了"其他"。之后的访谈、座谈调查环节发现,之所以有这么多的人选择"自认倒霉"而很少有人拿起法律"武器"捍卫自身合法权益,其原因复杂,但维权意识薄弱、维权能力不足、维权动力欠缺是三个最为主要的原因,"告也是白告""打官司费时费力不讨好"等是很多农村消费者的普遍心态。

[4] 消费者地位的"弱势"突出体现在以下两个方面:一是经营者在相关信息的掌握上处于绝对优势地位;二是消费者的经济实力以及诉讼能力通常处于劣势,由此导致在合法权益遭受损害后,消费者不能很好地利用法律武器维护自身权益。

全性环境的治理最具积极性。消费者是农村消费安全性环境治理最重要的利益相关者,消费者是农村消费安全性环境得以有效治理的直接受益者,同时,也是农村消费安全性环境不佳的最大受害者。消费者对农村消费安全性环境的治理具有天然的利益动力,对农村消费安全性环境治理的关切最为强烈,这种强大的利益诉求促使其成为农村消费安全性环境治理中最积极、最坚定的力量。第二,在信息占有上,消费者掌握着"一手"的经验性信息。消费者通过对商品的购买、使用,能够切实感知其相关信息(包括是否安全)。从这个意义上讲,消费者是农村消费安全性环境状况最敏锐的察觉者、农村消费侵权事件最切身的体验者。消费者所占有的经验性信息(主要表现为经营者的违法信息)往往是监管者所缺乏的,辅之以合理的信息反馈机制,能够推动政府监管工作的有效开展。第三,当发挥集体作用时,消费者的能量巨大。相对于经营者,消费者虽处于弱势地位,但若集合成一个整体则会发挥巨大能量。消费者的上述"特质"使其能够成为农村消费安全性环境治理的一支重要力量。总之,农村消费安全性环境状况的优劣直接关系到农村消费者的切身利益,农村消费安全性环境的有效治理离不开农村消费者的有效参与,充分发挥消费者的应有作用是实现农村消费安全性环境有效治理的关键节点。

在农村消费安全性环境的治理上,消费者的有效参与至少具有以下两方面的作用:第一,制衡经营者。按照博弈论的观点,消费者与经营者之间呈现这样一种互动状态:消费者的懦弱、退缩就是对违规经营者滥用"信息优势地位"提供不合格商品以牟取高额利润的放纵;消费者的积极维权、坚决抗争则是对违规经营者违规行为的有力制约。[1] 在农村消费安全性环境治理问题上,消费者的有效参与能够在一定程度上实现对经营者的制衡,促使其规范经营、提供合规商品。从消费者制衡作用的实现途径来讲,主要包括:消费者可将经营者直接诉至法院,使其承担经济及名誉损失;消费者可向政府监管部门进行投诉,使经营者面临行政处罚的不利后果;消费者可向新闻媒体及消费者协会等社会组织举报,使经营者面临社会舆论压力。第二,弥补政府干预不足。如上文所述,在农村消费安全性环境治理问题上,政府干预虽极为必要且系其法定职责,

[1] 参见刘广明、尤晓娜:《论食品安全治理的消费者参与及其机制构建》,载《消费经济》2011 年第 3 期。

但政府并非“万能”,也存在“失灵”情形,而消费者的有效参与则可以在一定程度上弥补政府干预的不足。一方面,消费者能为政府监管提供必要信息。由于农村消费市场中的经营者众多,而且以分散经营为主要形式,加之政府监管部门人力、财力有限,由此决定政府在消费安全信息的掌握上难以保证全面、准确、及时。而消费者则可通过实际消费获得经验性信息并将其反馈至政府监管部门,从而弥补政府在这方面的不足。另一方面,消费者可就政府监管部门及其工作人员的违法行为进行举报,从而起到监督“监管者”的效果,避免“权力寻租”与腐败行为的发生。

(2)消费者参与农村消费安全性环境治理的作用机制构建。从理论上讲,消费者作用的充分发挥是实现农村消费安全性环境有效治理的关键;而从实践来看,消费者却未能在农村消费安全性环境治理中发挥应有的作用。之所以出现这样的“二律背反”,其原因就在于当前缺失消费者参与农村消费安全性环境治理的有效作用机制。因此,若要充分发挥消费者应有作用进而实现农村消费安全性环境的有效治理,亟须构建相应的作用机制,且关键需要做好以下两点:[1]

一是要强化消费者司法保护机制。基于消费者的特殊地位,从一定意义上讲,消费者权益保护的周全与否是检验市场经济是否成熟的试金石,是衡量市场经济文明程度和法治化程度的重要标志,市场经济法治的历史就是一部为消费者权益保护而奋斗的历史。[2] 同时,在遭受消费侵权时,以司法手段维护自身合法权益,将违规经营者诉至法院使其承担经济及名誉损失,是消费者制衡作用发挥的主要途径。基于保护消费者合法权益、发挥消费者对经营者制衡作用的考虑,当前应主要从以下几个方面强化消费者司法保护机制:

第一,实行举证责任倒置。“谁主张,谁举证”是我国民事诉讼中关于举证责任分配的一般性规则。[3] 而在消费维权实践中,举证难是消费者在寻求司

---

〔1〕 要充分发挥消费者参与农村消费安全性环境治理的作用,需要从多方面着手构建相应的作用机制,除需强化消费者司法保护机制、细化消费者举报监督机制外,还应完善消费者安全教育培训机制,以增强其消费维权意识、提高其消费维权能力。

〔2〕 参见刘俊海:《弘扬消费者友好型裁判理念　助力新常态下经济转型升级》,载《人民司法》2015 年第 9 期。

〔3〕 《民事诉讼法》第 64 条规定:“当事人对自己提出的主张,有责任提供证据”;最高人民法院《关于民事诉讼证据的若干规定》第 2 条规定:“当事人对自己提出的诉讼请求所依据的事实或者反驳对方诉讼请求所依据的事实有责任提供证据加以证明”;“没有证据或者证据不足以证明当事人的事实主张的,由负有举证责任的当事人承担不利后果”。

法保护时所遭遇的最大障碍。此次调研亦发现，举证难是众多农村消费者在遭遇消费侵权时选择“自认倒霉”而放弃以法律“武器”维护自身合法权益的重要原因。很多农村消费者连问题商品是由特定经营者处所获得的这一基础关系都无法证实，更难以证明商品所存在的问题是由经营者所致、消费者所受损害与问题商品存在直接因果关系等关键性问题。此次调研还发现，举证难在很大程度上是由农村的消费习惯所决定的。在农村消费实践中，基本上是以口头形式进行的，没有书面协议，也很少有经营者向消费者提供发票、小票之类的交易凭证。[1] 为化解消费者举证难困局、扭转消费者较之于经营者的“非对称性”劣势，2014 年实施的《消费者权益保护法》确立了“有限”举证责任倒置规则，[2]即在特定条件下，由经营者而非消费者对消费侵权行为承担证明责任。这种“有限性”主要体现在三个方面：首先，在适用领域上有所限制，即仅适用于商品或服务的瑕疵证明责任。其次，在适用对象上有所限制，即仅限于机动车、计算机、电视机、电冰箱、空调器、洗衣机等耐用商品或者装饰装修等服务。最后，在适用期限上有所限制，即仅适用于消费者自接受商品或者服务之日起 6 个月内发现瑕疵的，超过 6 个月者，不适用举证责任倒置规则，仍由消费者承担举证责任。所以，“有限”举证责任倒置规则的确立是一种巨大进步，但从此次调研的情况来看，这种改变不能从根本上解决农村消费者的举证难问题。如上文所述，受消费习惯等因素所限，很多农村消费者连问题商品是由特定经营者处所获得的这一基础关系都无法证实，诉讼程序因此都会无法正式启动，消费者又如何能通过诉讼途径实现对自身合法权益的有效保护。

基于给予消费者应有司法保护以有效保护其合法权益、切实发挥其制衡作用进而实现农村消费安全性环境有效治理的考虑，在涉农消费诉讼中，应适用

---

〔1〕 2014 年实施的《消费者权益保护法》第 22 条规定，“经营者提供商品或者服务，应当按照国家有关规定或者商业惯例向消费者出具发票等购货凭证或者服务单据；消费者索要发票等购货凭证或者服务单据的，经营者必须出具”。但此次调研发现，在农村消费实践中，除部分家电产品（电视、冰箱、洗衣机、空调等）、大型农业机械（拖拉机、三马车、收割机等）外，在其他商品的交易中，很少有经营者向消费者提供相应交易凭证，更鲜有开具发票的。且需要说明的是，对于作为大额商品的家电产品、大型农业机械，农村消费者一般是到城里购置的。因此，从严格意义上讲，在农村消费实践中，向消费者提供发票、小票等消费凭据的经营者是少之又少，而这一习惯亦为消费者所接受。

〔2〕 2014 年实施的《消费者权益保护法》第 23 条第 3 款规定：“经营者提供的机动车、计算机、电视机、电冰箱、空调器、洗衣机等耐用商品或者装饰装修等服务，消费者自接受商品或者服务之日起六个月内发现瑕疵，发生争议的，由经营者承担有关瑕疵的举证责任。”

"全面"举证责任倒置规则:首先,在适用领域上要予以拓展,即不仅适用于商品或服务的瑕疵证明责任,而且适用于消费关系存在与否的证明。换言之,对经营者在日常经营中并未依法向消费者出具相应消费凭据的,在综合考虑其他因素〔1〕的情况下,由经营者负责证明消费者所购买、使用的商品不是由其提供的。若经营者不能提出有效反证,则推定其与消费者之间的消费关系存在。其次,在适用对象上扩展至所有商品或服务,即不限于机动车、计算机、电视机、电冰箱、空调器、洗衣机等耐用商品或者装饰装修等服务。最后,在适用期限上一般不加以限定。〔2〕"全面"举证责任倒置规则的适用不仅符合实质公平理念和效率原则,〔3〕而且具有促进农村消费安全性环境治理的正向激励作用,即"全面"举证责任倒置规则的适用会对经营者形成一定"压力",促使其主动实施规范经营、积极提高商品和服务的质量,进而促成农村消费安全性环境治理目标的实现。

第二,明确精神损害赔偿。1993 年,《消费者权益保护法》首次以特别法的形式确立了惩罚性赔偿制度,这被视为中国民事责任立法的重大突破。〔4〕2014 年实施的《消费者权益保护法》对该制度予以了进一步强化,即不仅将原来的赔偿标准由"双倍"提高到"三倍",且对惩罚性赔偿制度的适用做了相应的补充和拓展:一方面,新法规定,在按"三倍"计算赔偿数额时,所增加的赔偿

---

〔1〕 这些因素包括:经营者制造、售卖的商品与消费者购买、使用的问题商品相同(同一品种、同一型号、同一包装、同一成分等);经营者售卖商品的时间与消费者购买商品的时间重合;消费者处于经营者的经营地域之内等。

〔2〕 举证责任倒置规则的适用期限应依据商品性质不同而具体确定,不应加上诸如 6 个月之类的固定期限限制。对于有保质期或使用期的商品而言,举证责任倒置规则的适用,需以消费者所购商品仍在保质期或使用期内为前提。例如,消费者食用经营者所售食品而致身体受损时,首先应由消费者证明其是在保质期内食用该食品的,之后,才能由经营者承担消费者所购商品并不是由其售卖或虽是由其售卖但并不存在质量问题等证明责任。

〔3〕 在消费侵权诉讼中,受信息占有、经济实力等因素所限,消费者在举证责任能力方面与经营者存在显著差距,后者的举证能力明显强于前者,形成一种"实质"不平等的地位,实行举证责任倒置以对这种实质不平等地位进行必要"矫正",契合实质公平理念;在消费侵权诉讼中,经营者掌握着技术标准、生产工艺、存储环境等影响案件定性的关键信息,由其承担主要的举证责任,有助于案件事实的尽快查清,进而提高审判效率,符合效率原则。

〔4〕 作为英美法中的一种特殊民事损害赔偿制度,惩罚性损害赔偿,又称示范性赔偿和报复性赔偿,是指在法定情形下,侵权人向被侵权人支付超出其实际损失的一种损害赔偿制度。因与民事责任的填补性不相协调,惩罚性赔偿制度一直饱受争议。1993 年《消费者权益保护法》在我国首次确立了这一制度,即"经营者提供商品或者服务有欺诈行为的,应当按照消费者的要求增加赔偿其受到的损失,增加的金额为消费者购买商品的价款或者接受服务的费用的一倍"。

数额不足500元的,应按500元标准进行赔偿;另一方面,新法还规定,“经营者明知商品或者服务存在缺陷,仍然向消费者提供,造成消费者或者其他受害人死亡或者健康严重损害的”,受害人不仅有权要求经营者依照本法相应规定进行赔偿,而且“有权要求所受损失二倍以下的惩罚性赔偿”。[1]《消费者权益保护法》之所以确立并进一步强化惩罚性赔偿制度的重要原因就在于,在消费侵权中,消费者不仅处于明显的弱势地位,而且其所遭受的损害多数情况下已远远超越财产性损失而以人身性损害为主。与财产损失不同的是,人身损害很难拿金钱予以一个准确的衡量,由此,不得不通过惩罚性赔偿的形式而对消费者权益进行必要保护。但需要予以重视的是,在消费侵权事件中,消费者不仅遭受财产性损失、人身性损害,而且通常会伴有精神性损害。此次调研发现,在很多情形下,消费侵权给消费者带来的精神性损害远远超过其人身性损害及财产性损失,问题商品所带来的损害常常成为消费者长期挥之不去的“梦魇”。现行惩罚性赔偿制度虽然也可扩展解释为对消费者精神损害的赔偿,但在多数案件中,“三倍”(食品消费侵权为10倍)的上限规定更可能会成为消费者寻求精神损害赔偿的障碍。原因在于,商品价款的“三倍”(食品为10倍)仍然是一个较小数额,在多数情况下,并不能满足消费者的精神损害赔偿要求。鉴于此,应在《消费者权益保护法》中明确规定消费者的精神损害赔偿请求权,[2]并由法官在案件审理中,综合考量受害人精神损害程度、侵权人主观认知状态、侵权人经济实力等因素而进行裁定,以有效保护消费者权益、充分发挥消费者的制衡作用,进而促成农村消费安全性环境治理目标的实现。

第三,推行涉农消费小额诉讼。从农村消费实践来看,诉讼成本高是农村消费者在遭遇消费侵权时很少选择以司法手段维护自身合法权益的重要原因。农村地域广阔,交通不便,消费者居住分散,诉讼程序繁杂,检验、鉴定及诉讼费用高昂等因素综合作用,导致农村消费者在选择诉讼维权时,往往需要承担较

---

〔1〕 实际上,在此之前制定、实施的《食品安全法》已对惩罚性赔偿制度进行了相应强化,根据该法第96条第2款的规定,“生产不符合食品安全标准的食品或者销售明知是不符合食品安全标准的食品,消费者除要求赔偿损失外,还可以向生产者或者销售者要求支付价款十倍的赔偿金”,即将“双倍赔偿”提高到了“十倍”,不过这一规定仅适用于食品消费侵权领域。

〔2〕 2014年《消费者权益保护法》对精神损害赔偿有所规定,但其仅限于“经营者有侮辱诽谤、搜查身体、侵犯人身自由等侵害消费者或者其他受害人人身权益的行为并造成严重精神损害”的特定情形,除此之外的消费侵权行为不会引发精神损害赔偿。

高的经济、时间成本。作为一个“经济人”，农村消费者面临消费维权选择时，会考虑成本和产出的比较。通过诉讼方式进行维权，不仅耗时耗力、成本高昂，且“经济产出”并不确定，[1]自然不为农村消费者所青睐。要让农村消费者更多地选择以诉讼方式维护自身权益，必须降低诉讼的成本。具体来说，对于涉农消费诉讼而言，除对农村消费者予以相应费用减免外，[2]关键是要推行涉农消费小额诉讼，即对于法律关系明确、案件情节简单的涉农消费纠纷案件应适用小额诉讼制度，通过精简诉讼程序、提高诉讼效率以降低农村消费者的诉讼成本。此外，从《消费者权益保护法》的规定来看，推行涉农消费小额诉讼是符合其立法精神的。[3]

二是细化消费者举报监督机制。通过向有关部门、新闻媒体及消费者协会等社会组织举报以实现对经营者、监管者的监督制约是消费者参与农村消费安全性环境治理的又一重要途径。2014 年实施的《消费者权益保护法》虽对消费者的举报监督权进行了规定，[4]但稍嫌粗陋，有待完善。为保障消费者举报监督权的有效行使、充分发挥消费者参与农村消费安全性环境治理的应有作用，当前应从以下几个方面对消费者举报监督机制予以细化：

第一，统一经营者违规举报的受理。《消费者权益保护法》虽对消费者举报监督机制进行了规定，但对举报的受理主体未予明确。在实践操作中，实行的是“多头分类”受理，即由工商、质监、卫生等多部门依举报案件性质不同而

---

[1] 在消费者司法保护机制不健全的背景下，若消费者在遭遇消费侵权时选择诉讼方式以维护其合法权益，可能遭遇如下尴尬：能否胜诉并不确定；即便胜诉，判决所确定的赔偿能否弥补其损失无法确定；即便胜诉且判决所确定的赔偿能够弥补其损失，但赔偿能否全面执行、落到实处也无法确定。总之，诉讼的“经济产出”非常不确定。

[2] 有研究者认为，应建立涉农消费维权无偿援助制度，对农民当事人不仅要免收诉讼费，还要免收鉴定、检测、化验、评估等费用。参见熊建珩：《对〈消法〉涉农消保的修改建议》，载《中国工商管理研究》2009 年第 9 期。这一建议的立意是好的，但不切实际，在实践中无法推行。对于诉讼费的减免应根据各地实际情况（主要应考虑政府的财力）而定，宜鼓励而不应强制推行；对于鉴定、检测、化验、评估等费用的减免更不应强制推行，因为这些行为都属于市场行为，自应由市场调节而定。

[3] 2014 年《消费者权益保护法》第 35 条明确规定，“人民法院应当采取措施，方便消费者提起诉讼”；“对符合《中华人民共和国民事诉讼法》起诉条件的消费者权益争议，必须受理，及时审理”。

[4] 2014 年《消费者权益保护法》第 15 条第 2 款规定：“消费者有权检举、控告侵害消费者权益的行为和国家机关及其工作人员在保护消费者权益工作中的违法失职行为，有权对保护消费者权益工作提出批评、建议”。

分别受理。[1] 这种做法的科学性值得商榷。举报受理不同于监管治理，监管治理讲究的是专业、严谨，而举报受理则更应该坚持便民、高效的原则。“多头分类”受理的局限是非常明显的：一方面，不方便消费者举报，多数消费者对消费安全监管部门的分工并不了解，而监管部门内部的移送处理制度则可能影响举报者对监管部门的信赖度，且不便于后续处理情况的信息查询与反馈。另一方面，不利于举报的高效处理，移送处理制度程序烦琐、耗时长，且缺乏有效的处理监督机制，易造成渎职、失职行为。鉴于此，建议应由工商部门牵头成立类似“110”的举报受理平台（也可通过对“12315”举报受理网络改造升级的方式实现），统一受理有关经营者违规的举报，并由该平台按举报性质及监管部门分工进行分发处理。同时，该平台还应负责举报处理工作的监督、举报受理的反馈及相关信息的发布等工作。此外，为实现对监管者违规行为的有效查收，应该明确由上一级政府统一受理有关下级政府、相关职能部门及其工作人员违规的受理，以避免消费者的举报受到隐瞒、压制，使监管者的违规行为得不到及时处理，进而影响消费者应有作用的有效发挥。

第二，实行消费者有奖举报。消费者对经营者、监管者的违规行为进行举报，其根本目的是实现对自身合法权益的有效维护，即期冀通过举报以借助国家公权力或社会权力对侵害自身权益的违规行为进行“干预”，从而使其所遭受的损害得以弥补。由于消费者的举报将会导致违规者面临国家公权力的制裁或社会舆论的压力，因此，无论是违规的经营者，还是违规的监管者，都对此十分抵制，或事前千方百计阻挠，或事后进行疯狂报复。因此，在实践中，特别是在面对力量强大的违规者时，消费者都会就是否举报这一问题进行“利益权衡”，在感觉到“得不偿失”时，消费者通常会选择放弃对违规者的举报，这种决定自然不利于农村消费安全性环境的有效治理。为充分调动消费者积极性促使其大胆举报，应实行消费者有奖举报，以鼓励消费者同违规行为坚决斗争，积

[1] 另外，《食品安全法》第80条明确规定：“县级以上卫生行政、质量监督、工商行政管理、食品药品监督管理部门接到咨询、投诉、举报，对属于本部门职责的，应当受理，并及时进行答复、核实、处理”；“对不属于本部门职责的，应当书面通知并移交有权处理的部门处理”；“有权处理的部门应当及时处理，不得推诿”。由上述规定不难看出，在食品消费侵权领域，法律已正式确认了“多头分类”举报受理制度。

极参与农村消费安全性环境的治理。[1]

第三,加强对举报人的保护。消费者对违规行为的积极举报对农村消费安全性环境的治理大有裨益,但举报极有可能招致违规者的报复,给作为消费者的举报人带来不利后果,甚至会危及举报人的人身安全。实践中不乏这样的案例。如果没有有效的举报人保护制度,将会使举报人面临巨大风险,并由此会影响举报监督机制作用的发挥,进而影响农村消费安全性环境治理工作的有效开展。基于此,必须要加强对举报人的保护,其中,最关键的是要建立举报受理保密及损害赔偿连带责任制度,即举报受理单位应对举报人的个人信息予以保密,违反者将依法追究法律责任,并对举报人因此而遭受的损害承担连带民事赔偿责任。[2]

(三)加强农村消费市场化环境培育

如前文所述,从目前农村消费实践来看,除安全性环境不佳外,市场化环境羸弱也是农村消费环境所存在的重要问题之一。农村流通体系的滞后、农村消费市场主体的弱小与分散、农村消费服务机制的滞后、农村消费市场竞争和交易秩序的失范不仅导致其未对农村消费的开展发挥应有作用,而且抑制了农村居民的正常消费需求和农村居民消费结构的升级。由此决定,优化农村消费治理机制的另一重要任务就是要加强农村消费市场化环境的培育。具体而言,应重点把握好以下几点:

1. 完善农村流通体系

作为消费市场化环境的基本要素之一,流通体系与消费行为具有密切联系,流通体系的健全对于消费行为的开展具有显著的促进作用,是刺激消费、扩大内需的"金钥匙"。[3] 首先,流通体系的健全能在一定程度上降低消费品的流转成本,进而降低消费者的成本支出。其次,流通体系的健全能够提高消费

---

〔1〕 实行消费者有奖举报具备立法及实践基础。早在2001年,财政部、工商总局、质检总局就制定了《举报制售假冒伪劣产品违法犯罪活动有功人员奖励办法》,对举报奖励范围、举报奖励标准等问题作了明确规定。此外,2007年7月25日《国务院关于加强食品等产品安全监督管理的特别规定》也进行了相应规定,即"举报经调查属实的,受理举报的部门应当给予举报人奖励"。

〔2〕 参见刘广明、尤晓娜:《谫论农村消费安全性环境的治理——基于河北省部分县市的实地调研》,载《经济法论坛》2015年第1期。

〔3〕 参见方婷婷:《新时期我国农村消费中的流通业影响发展研究》,载《商业经济研究》2016年第11期。

市场消费品的丰富度，不仅使消费者可以实现就近消费而节省消费成本支出，而且极大地提高了消费者的可选性进而有助于促进消费结构的升级。最后，流通体系的健全有助于提高有效供给、增加消费需求，[1] 有助于提升消费市场的现代化程度，进而促进市场竞争机制作用的有效发挥使消费市场走向规范。就农村消费而言，亦是如此。此外，农村流通体系的健全还会带来其他积极效应，包括带动就业进而促进农民增收、增强信息交流进而改变农民消费观念等，进而推进农村消费的开展。[2]

作为连接生产和消费的桥梁，农村流通体系在促进农村消费方面起着不可替代的作用，对扩大农村消费需求、开拓农村消费市场、提高农民消费水平、优化农民消费结构具有重要意义，农村流通体系的健全是繁荣农村消费市场、激活农村商品流通的应有之义。[3] 近年来，政府相继出台了以"万村千乡市场工程""双百工程"等典型代表的相关政策，以推进农村流通体系建设，并取得可喜进展。[4] 但总体而言，受长期以来"重生产、轻流通"的传统观念以及"重城市、轻农村"的发展思路所影响，我国农村流通体系建设还较为落后，存在流通渠道不畅、流通效率低下、流通费用高、组织化程度低、供需结构失衡、基础设施建设滞后等诸多问题，并由此制约了农村消费的有效发展。

为有效推进农村消费，当前亟须对农村流通体系予以系统完善，具体而言，应主要从以下方面着手：(1) 加强基础设施建设。基础设施系农村流通体系的基础所在，"基础不牢，地动山摇"，从总体上看，当前农村流通基础设施还比较滞后，突出体现为道路交通和通信网络建设的滞后，交通不便、信息不灵，极大地阻碍了农村流通体系的建设，并直接影响城乡流通业的一体化发展。因此，

---

[1] 参见清华：《流通网络组织开拓农村消费市场的必要性及创新路径》，载《商业经济研究》2016 年第 23 期。

[2] 参见郑斌斌：《我国农村流通体系对农村消费需求的影响分析》，载《商业经济研究》2016 年第 18 期。

[3] 参见夏妍、程斌：《我国农村流通业与农村居民消费水平协调发展机制研究》，载《商业经济研究》2016 年第 13 期。

[4] 近年来，农村流通体系建设成果集中体现在以下三个方面：一是农村流通体系的业态组织不断增多；二是农村流通体系的基础设施逐步完善；三是农村流通体系的流通主体逐步多元化。相关论述参见郑斌斌：《我国农村流通体系对农村消费需求的影响分析》，载《商业经济研究》2016 年第 18 期。农村流通体系的建设对于农村消费起到一定促进作用，在一定程度上满足了农民消费需求、优化了农民消费结构、提升了农民消费观念。

完善农村流通体系,首要是加强农村流通基础设施建设,其关键是要建立健全以政府财政资金投入为主、积极吸引社会资本参加为核心内容的多元投融资机制,进而加大农村流通基础设施建设投入力度、提升农村流通基础设施建设水平。(2)强化信息化建设。从目前农村流通的实际情况来看,其信息化程度严重滞后城市,并由此造成农村消费品流通效率居于较低水平且流通成本较高。行业数据显示,目前有73.2%的农村消费品批发市场仍采用传统交易方式,仅9.2%的农村消费品批发市场采用电子商务交易技术,仅约2%的农村消费品批发市场拥有电子结算设备。[1] 完善农村流通体系的核心目标就是提高交易效率、降低交易成本,由此决定,完善农村流通体系必须要强化信息化建设,为农村流通体系作用的发挥插上"现代化的翅膀"。(3)创新农村流通方式。总体而言,当前农村消费品流通方式还较为滞后,仍以传统流通方式为主,现代化的先进流通方式尚未得到有效发展,由此直接限制了流通效率的提升。由此决定,完善农村流通体系建设必须要对流通方式予以必要创新,应将现代化的先进流通方式引入农村流通之中,具体而言,就是要在农村消费市场,大力推广以超市、连锁店为代表的连锁经营方式以及订单购销等现代流通方式。[2] (4)加大物流配送中心建设。从实践来看,因物流配送中心数量少、规模小、辐射面窄、现代化程度低而导致的物流配送能力不足是造成农村消费品流通效率低下的重要原因之一。完善农村流通体系建设必须加大物流配送中心建设,推进与农村消费市场经营主体的对接,实现配送率和配送质量的有效提高,并最终促进农村消费品流通效率的提高。

2. 积极培育现代化市场经营主体

农村消费市场化环境羸弱、农村消费市场发育不良的另一重要表现就是农村消费市场主体的普遍弱小和高度分散。以集贸市场、小型杂货店、流动商贩为代表的传统流通业在农村消费市场长期占据主导地位,以"夫妻店""代销店"等为代表的农家店在大部分地区仍是农村消费市场的核心甚至唯一主体,消费市场主体的弱小直接限制了其管理水平和经营方式,经营呈现出显著的原

---

[1] 参见夏元燕:《农村消费品流通业发展的效率提升路径探讨》,载《商业经济研究》2016年第24期。

[2] 同上。

子化特征，由此使其不仅难以提供更好的服务，且在一定程度上恶化了农村消费市场的安全状况。[1] 由此决定加强农村消费市场化环境培育的关键举措之一就是积极培育现代化的市场经营主体，以更好地促进农村消费。具体来说，应着力把握好以下工作：(1)健全农村消费市场准入机制。通过进一步清理不必要的准入限制，促进更多现代化市场经营主体进入农村消费市场。(2)完善农村消费市场退出机制。通过完善农村消费市场退出机制，对不符合农村消费市场发展需要或未来发展趋势的市场经营主体，通过差异化政策引导其逐步退出农村消费市场；对于从事假冒伪劣商品生产销售违法行为的违规市场经营主体，依法勒令其退出农村消费市场。(3)建立农村消费现代化市场主体"哺育"机制。通过财政补贴、税费优惠以及金融支持等政策创新，引导、推动农村消费市场经营主体尽快向现代化、规范化目标迈进。

3. 加强农村售后服务机制建设

农村消费市场化环境羸弱、农村消费市场发育不良的另一重要表现就是售后服务机制的滞后。售后服务体系残缺、售后服务功能虚化导致农村居民在购买商品(尤其是耐用消费品)、完成消费之后，其售后服务无法保证，由此导致其消费权益受到极大伤害。由此决定，加强农村售后服务机制建设亦是加强农村消费市场化环境培育的核心内容之一。加强农村售后服务机制建设的基本要求就是要在清楚认识农村消费实际情况的基础上，以农村消费市场经营主体为基本责任主体，并辅之以必要政策支持和政府引导，积极创新以上门服务和集中服务相结合的农村售后服务模式，[2]减少农民消费的后顾之忧，切实保障农民消费者利益。[3]

---

〔1〕 农村消费市场主体弱小带来的问题就是经营者素质参差不齐，农村消费市场主体分散化则意味着政府部门对经营者的监管难度加大，经营者素质参差不齐且难以监管也正是造成农村消费安全环境不佳的重要因素之一。其典型表现为，受管理水平所限，传统农家店的进货渠道比较混乱，进而助推了假冒伪劣产品在农村消费市场的泛滥，恶化了农村消费市场的安全状况。

〔2〕 参见山西行政学院理论研究中心：《构建扩大农村居民消费需求长效机制研究——基于山西农村的调查分析》，载《国家行政学院学报》2014 年第 2 期。

〔3〕 参见王志：《制约中国农村居民消费增长的原因及促进政策》，载《大连海事大学学报》(社会科学版)2014 年第 2 期。

五、完善农村消费经济激励机制

(一)完善农村消费经济激励机制的意义阐释

从推进农村消费的既有政策实践来看,对农村消费予以必要经济激励是其核心机理所在,其原因在于:一方面,因收入不高、消费能力有限,且无法在短期内予以根本性改变,所以,农民亟须必要经济扶助,方能满足正常消费之需;另一方面,因农村消费市场利润空间有限,且进入农村消费市场的前期成本和经营费用相对较高,经营者亦需相应的经济扶持。[1] 此外,从实践来看,农村消费经济激励的效果亦非常明显,正是因为有了经济激励这一核心机制,才使得"家电下乡""万村千乡市场工程"等政策顺利实现其既定目标。

在我国经济发展步入新常态的当下,也恰恰是经济发展步入"三期叠加"的特定阶段。基于此,很多研究者认为,在我国仍处于"前期刺激政策消化期"的特定阶段,目前不宜实施"强"刺激政策。[2] 这一论断的科学性毋庸置疑,但对此应该予以全面看待:一方面,"强"刺激政策的退出并不意味着刺激政策完全退出舞台,至少在某些领域,刺激政策还有其适用空间和必要;另一方面,"强"刺激政策的舍弃只是意味着刺激政策力度的调整,"微"刺激政策应取代"强"刺激成为主旋律。

就农村消费而言,经济激励机制的建立健全还有其必要性,因为,包括农民收入水平、农民消费能力、农村消费市场特点等在内的关键要素并未发生根本改变,因此,已被实践所证明的经济激励机制在农村消费领域还有其适用空间和必要性。此外,在新常态下,完善农村消费经济激励机制不仅必要且十分紧迫。"三期叠加"不仅标志着我国还处于"前期刺激政策消化期",由此决定不宜实施"大水漫灌"的强刺激政策。但"三期叠加"还标志着我国当前经济发展

---

〔1〕 参见梁坤、刘广明:《后"家电下乡"时代推进农村消费的政府干预论纲》,载《河北学刊》2015年第3期。

〔2〕 持该观点的研究者认为,大规模的强刺激会导致经济起伏过大,使近年来已得到有效治理的通胀死灰复燃,且不利于进行经济结构调整。相关论述参见李停:《经济新常态与我国宏观经济调控转变》,载《现代经济探讨》2015年第4期;国家行政学院经济学部课题组:《中国经济新常态若干问题研究》,载《经济研究参考》2015年第1期;李永康:《新常态下如何调整经济增长动力——基于最终需求角度》,载《生产力研究》2015年第12期;曲琦:《经济学家李稻葵谈新常态中的热点问题——消费将是拉动未来中国经济的重要因素》,载《大连日报》2015年9月10日,第11版等。

已进入“增长速度换挡期”和“经济结构调整阵痛期”，这意味着就业将遭遇严峻调整、居民收入持续增长将面临严重压力，对于综合实力相对弱小的乡镇企业、专业技能相对低下的农民工而言，其影响更直接，由此使其就业和收入面临严重压力。由此决定，在经济发展步入新常态和“三期叠加”的特定时期，在农民持续增收有一定困难的当下，通过完善相应长期机制对农村消费予以必要经济激励不仅必要，而且是十分迫切的。经济激励的实施就是启动农村消费市场、推进农村消费的“第一脚油门”。

但需要说明的是，若要想有效发挥经济激励对于农村消费的应有和必要作用，在完善农村消费经济激励机制的过程中，必须要把握好以下几点：一是经济激励的运用应以尊重市场基本规律为基础，逆市场规律的经济激励不仅难以发挥应有作用，而且蕴含巨大风险。二是经济激励的运用应以满足农村消费需求为前提，应该做到“有的放矢”，唯有如此，才能切实保障农民权益、有效推进农村消费。三是经济激励的运用应以间接措施为主，并辅之以必要的直接措施，做到间接与直接措施有效结合，发挥经济激励的综合效能。四是经济激励的运用应坚持“微”刺激，应实现精细化管理，杜绝“大水漫灌”、实现“精准滴灌”，以有效提升经济激励的社会经济效果。五是实现经济激励成本的合理分担，科学处理中央政府和地方政府之间关系，实现事权和财权的对等协调，确保实质公平理念的有效实现。

（二）完善农村消费经济激励机制的关键节点分析

在新常态下，通过完善农村消费经济激励机制以有效推进农村消费，关键是要把握好以下几点工作：

1. 完善农村消费财政补贴

作为经济激励机制的核心措施，财政补贴是政府对农村消费予以干预的重要手段，是有效推进农村消费的关键“抓手”。“万村千乡市场工程”“家电下乡”等农村消费促进政策的实施都是以财政补贴的运用为核心机制的，财政补贴的运用被认为是抓住了开拓农村消费市场的“牛鼻子”，其对农村消费的促进效应十分明显。[1] 从广义上讲，财政补贴包括消费性补贴和生产性补贴，消费性补贴是对消费者的直接补贴，其能够直接影响消费价格水平，可以使消费

---

〔1〕 参见刘广明：《农村消费市场开拓的政府干预及其实现》，载《理论与改革》2011年第4期。

者以较低价格购买到受补贴或指定的消费品,相当于增加了消费者的可支配收入。[1] 生产性补贴是对经营者的补贴,其通过对经营者经营行为(主要体现为生产,同时也包括销售)的引导,以推动其为消费者提供更优质、更低廉的消费品,进而满足消费者消费需求、促进消费行为的开展。"家电下乡"政策实施所倚赖的主要是生活性补贴,即对消费者购买指定消费品予以直接经济补贴,进而直接促进农村消费的开展。而"万村千乡市场工程"政策的实施则是依赖于生产性补贴,其通过对消费者的补贴以引导经营者的行为,进而间接促进农村消费的开展。同时,无法回避的是,在消费领域,财政补贴的应用还存在不少问题:一是财政补贴的应用缺乏连续性,政策调整频繁,"一锤子买卖"的补贴方式导致农村消费发展存在"潮汐现象",无法实现持续发展、真正改观。二是财政补贴的应用缺乏综合性,更多地是"为补贴而补贴",由此限制了财政补贴综合效应的发挥。[2] 三是财政补贴应用的管理失范,粗放有余、惊喜不足,导致"无的放矢""事半功倍",财政补贴的社会经济效果不理想。[3]

在新常态下,完善财政补贴以推进农村消费,需在明晰财政补贴功能、明确财政补贴地位的基础上,进一步提高财政补贴运用的科学性,重点做好以下几点工作:

(1)要突出财政补贴运用的差别性。因我国社会经济结构的二元性特征突出,区域经济发展的非均衡性特点显著,农民内部贫富差距有进一步拉大的可能,因此,在财政补贴的运用上应重视差别性,坚持资源倾斜性配置,强调城乡间、地区间、农民间实质公平的实现,要突出"雪中送炭"而非"锦上添花"的社会经济效果。[4] 其中,关键是在充分认识地区社会经济发展差距的基础上,以实质公平为基本理念,通过差别性财政补贴的运用,加大对于落后地区农村消费的支持力度,以有效推进其消费发展,在促进消费的同时实现改革成果的公平分享,实现农村生活水平的显著提高。而要实现这一目标,一个基本的要

---

〔1〕 参见王娜、张磊:《拉动农村居民消费的财政支持机制研究》,载《价格理论与实践》2016 年第 2 期。

〔2〕 参见张喜才:《新常态下农村市场体系建设研究》,载《商业经济》2016 年第 7 期。

〔3〕 参见王培婷、李云翔、贾慧慧、刘小玉:《应采取阶梯式扩大农村消费需求政策》,载《合作经济与科技》2014 年第 10 期。

〔4〕 参见刘广明:《刍议"家电下乡"财政补贴目标定位及其制度完善》,载《求实》2009 年第 10 期。

求就是要在财政补贴的负担上，对于经济落后地区，应由中央政府承担更多责任，通过财政转移支付机制的完善，给予其必要援助；对于经济发达地区，则应由地方政府承担更多责任，以节约中央政府财力，用于支援更需要的地区、项目和人群。

（2）要实现财政补贴运用的常态化。在我国经济发展进入新常态的特定时代背景之下，应实现财政补贴运用由短期化向常态化的转变，形成财政补贴运用的长效机制，给市场经营者和农民以稳定的预期，进而充分调动经营者开拓农村消费市场、农民实施正常消费行为的积极性，并最终实现对农村消费的深入推进。另外，需要着重指出的是，财政补贴运用的常态化与大规模消费补贴政策的调整并不冲突，补贴的常态化并不意味着消费财政补贴规模的显著提高，而是要求消费财政补贴项目的明确和常态。

（3）要加强财政补贴运用的监管力度。从农村消费促进的既有政策来看，"家电下乡""万村千乡市场工程"的实施虽得益于财政补贴的运用，但同时在其实施过程中，亦存在不少问题。例如，在"家电下乡"实施过程中，部分地区存在截留、私分财政补贴的现象，这不仅极大地削弱了财政补贴运用的效果，而且产生了极坏的社会影响。另外，在"万村千乡市场工程"实践中，个别地区也存在"灰色连锁""黑色连锁"的现象，或通过"伪连锁"骗取政府财政补贴，或利用职权直接侵吞补贴资金。为充分发挥财政补贴的应有功效，在新常态下，亟须加强对财政补贴运用的监管力度。[1]

2. 实施农村消费税费减免

税收与补贴存在密切联系，其有如一枚硬币的正反面，二者具有负相关性，"税就是一种负补贴"。[2] 较之于财政补贴的运用，税收制度的完善、税收减免的实施具有以下显著优势：一方面，税收手段的运用在实施成本上要更低，在调控指向性上要更强，其对消费的激励效应要更显著。[3] 研究结果显示，社会保障、财政补贴、税收减免等因素对农村消费虽均产生正向影响，但影响程度不

---

〔1〕 参见梁坤、刘广明：《后"家电下乡"时代推进农村消费的政府干预论纲》，载《河北学刊》2015年第3期。

〔2〕 参见慕永通、朱玉贵：《补贴概念与效果》，载《财贸研究》2006年第4期。

〔3〕 参见刘广明：《农村消费市场开拓的政府干预及其实现》，载《理论与改革》2011年第4期。

同,其中,减税对于消费的促进作用要远高于财政补贴。[1] 另一方面,税收手段的运用所带来的负面效应要远低于财政补贴的运用。财政补贴这一刺激措施的应用不仅容易滋生腐败,而且社会经济效果受限。[2] 而税收减免的实施既是刺激,更是改革,其不但有助于扩大消费需求、化解产能过剩,而且有助于提振经济信心。[3]

作为宏观经济调控的重要手段之一,税收对于调控收入分配、影响居民消费能力均具有显著作用,科学、完善的税制结构能够起到优化消费环境、更新居民消费观念、提升居民消费能力的显著作用,进而有助于促进消费需求扩大。[4] 更为关键的是,在新常态下,税收减免政策的实施有其特殊意义。新常态的到来意味着经济发展由高速增长向中高速增长的转变,并且这一转变的实现需要克服诸多困难,短期内经济下行压力的加大、部分生产要素成本的提高、产能的结构性过剩等都会使企业(尤其是中小企业)面临较大压力,而税收减免能够起到直接降低企业经营负担的效果,并经实践证明确实是行之有效的措施之一。[5] 此外,从促进农村消费的既有实践来看,税收优惠制度的缺失,在一定程度上抵消了财政补贴的积极效应,并进而影响农村消费政策的有效实施。[6] 由此决定,完善农村消费经济激励机制,除需对农村消费财政补贴予以完善外,还应实施农村消费税收减免。

在新常态下,在政府对农村消费予以干预的过程中,应更注重税收手段的运用,即要通过税收减免政策的实施以推进农村消费。[7] 税收减免的重点应

---

[1] 参见李香菊、卫帅弟:《扩大我国农村居民消费的财税政策研究》,载《长白学刊》2016 年第 5 期。

[2] 补贴的消极影响体现在很多方面:补贴范围过广、项目过多会扭曲价格关系,削弱价格的经济杠杆作用,进而刺激不合理消费、加大宏观调控难度;补贴的长期运用还使得接受补贴者滋生依赖思想,影响经济效率的提高和资源配置的合理;补贴项目设定和实施的不科学、不规范还会扰乱市场竞争秩序、恶化不公平竞争。相关论述参见王娜、张磊:《拉动农村居民消费的财政支持机制研究》,载《价格理论与实践》2016 年第 2 期。

[3] 参见刘胜军:《通往新常态之路》,载《中国经济报告》2015 年第 1 期。

[4] 参见周金琳:《新常态下促进居民消费的税收政策思考》,载《财会月刊》2016 年第 2 期。

[5] 近年来,为减轻企业税收负担、缓解企业经济压力,我国相继出台了系列减税措施,其效果十分明显。

[6] 参见刘广明:《刍议"家电下乡"财政补贴目标定位及其制度完善》,载《求实》2009 年第 10 期。

[7] 参见梁坤、刘广明:《后"家电下乡"时代推进农村消费的政府干预论纲》,载《河北学刊》2015 年第 3 期。

包括以下方面:(1)对农村消费市场经营者减税,以有效降低其税负。其原因在于:一方面,通过减轻经营者税收负担,可促进经营者将更多资金用于技术创新和扩大生产,不仅有助于推动经营者为消费者提供更优质、更丰富的消费品,而且有助于推动经济发展方式转变。另一方面,通过减轻经营者税收负担,有助于提高经营者盈利能力、盈利水平,有助于推动经营者所雇佣职工收入的增加,进而能够间接促进消费开展。[1] (2)对农村重点消费品(如生活必需品、农业生产资料等)减税,以降低其消费价格,进而促进消费开展。但是,需要注意的一点是,减税一定要照顾到地方政府利益。由于我国实行的是中央与地方分税体制,且目前中央政府财力雄厚而大部分地方政府财力较弱,因此减税的重点应该是中央享有税。对于地方享有税的减免不应进行统一规定、强制推行,而应交由地方政府根据本地实际情况自行决定。[2]

同理,在进行税收减免的同时,还应对相关收费进行减免(其基本前提就是首先要取缔违规收费项目)。具体而言,就是应当改变农村电、水、热、排污等收费标准,降低农村电视、电话、移动通信资费水平。[3] 另外,建议参照目前部分地区实行的农产品运销"绿色通道"制度,对运输农村消费品的车辆降低通行费收取标准(甚至免收通行费),以降低农村消费品流通成本。

3. 强化农村消费金融支持

除完善农村消费财政补贴、实施农村消费税费减免外,完善农村消费经济激励机制还应强化农村消费金融支持,这是由金融的地位以及金融与消费之间的关系所决定的。

作为现代市场经济的核心,金融与消费之间具有很强的正相关性,金融的介入对农村消费的开展有着重要的支持作用。一般认为,金融之于农村消费的支持作用主要通过以下两个途径实现:(1)通过生活性消费贷款的给予提高农民的即期消费能力,解决农民消费所面临的"流动性约束",使农民的消费在一定程度上超越即期收入的限制,平衡即期与跨期消费,减少消费的波动性,提高

---

[1] 参见卞文志:《减费降税:促进生产拉动消费》,载《新产经》2015年第6期。
[2] 参见刘广明:《农村消费市场开拓的政府干预及其实现》,载《理论与改革》2011年第4期。
[3] 参见丁万明:《促进农村消费要多举并用》,载《中国改革报》2008年4月14日,第5版。

农民消费的平稳性和持续性。[1] (2)通过生产性贷款的给予为农业、农村非农产业提供发展所必需的资金支持,在促进农村社会经济发展的基础上,实现农民收入的增加、农民消费能力的提高,从而在根本上推动农村消费的开展。金融支持作用的发挥不仅活跃了农村消费市场,大大增加了农村的流动性资金,而且还会产生乘数效应。以投资方式注入的资金,会通过投资乘数产生数倍于投资的收入,从而间接提高农民的消费能力。以消费信贷注入用于农村生产性消费的资金,是为提高农业生产而进行的准备和投入,也会在一定程度上增加农民收入,进一步积累农村消费资金。此时,农村内部资金流动就不再是单线型,而是单向和循环共同交织,在资金的持续运动中,农村消费能力不断累积。[2]

此外,从更深远的意义上讲,金融还将在多个方面促进农村消费的开展:稳定的金融供给将促进农民传统消费习惯的改变,降低消费的过度敏感性,减少预防性储蓄,而将更多的收入用于消费。完善的金融服务则有助于农民利用金融市场进行投资,实现资产的保值、增值,进而有助于提高农民的财产性收入和消费能力。金融对农村基础设施建设的有力支持,将促进农村消费环境的改善,使农民消费更“方便”、更“实惠”。[3] 金融对于农村居民消费能力的促进与提升将有助于优化其消费结构,使农民提前享受到高品质的生活,从而缩小城乡居民生活差距。金融对农村消费者生产具有巨大促进作用,将推动经营者实施技术创新、扩大消费品生产,丰富的、高品质的消费品将有助于优化农民消费结构、提高农民消费水平。商业性涉农保险的发展则可在一定程度上缓解农村社会保障“托底”力度不足的现状,消除农民消费顾虑,促进农民消费行为开展。[4]

“农村金融是农村经济的核心”,农村消费市场的开拓、农村消费的推进离

---

[1] 较之于城镇居民,农村居民生活性贷款的获得更有助于促进消费作用的发挥,其原因在于,受自身财富所限,农村居民申请生活性贷款的目的就是用于必需消费支出而非投融资之需,由此决定其所获得的生活性贷款将大部或主要用于生活消费之需,进而有效转化为消费动力。相关论述参见何瑞:《关于我国农村消费影响因素的思考》,载《时代金融》2016 年第 8 期。

[2] 参见叶琪:《基于金融视角的我国农村消费支持体系构建》,载《华中农业大学学报》(社会科学版)2010 年第 1 期。

[3] 参见刘广明:《农村消费市场开拓的金融支持探析》,载《中央财经大学学报》2011 年第 6 期。

[4] 参见王娜、张磊:《供给侧改革背景下引领农村消费的金融支持研究》,载《价格理论与实践》2016 年第 8 期。

不开金融的有力支持。但在实践中,金融缺乏对农村消费的应有支持,其支持作用严重不足:[1] (1)农村消费性金融需求严重受限。这主要体现在以下几个方面:其一,农村消费信贷总量不足、发展缓慢。据《中国农村金融服务报告(2014)》所披露的数据显示,截至2014年年底,中国金融机构本外币农村贷款余额为19.4万亿元,占各项贷款余额比重不到23%。[2] 此外,农村消费信贷长期发展缓慢,在2006年还出现过负增长现象(负增长1.5%),2007年虽出现反弹,增长了13.8%,但2008年又回落至7.2%。[3] 其二,农村贷款结构不合理。目前金融机构所发放的多是针对乡镇企业及农业的生产性贷款,[4]而农民消费性贷款的适用范围非常有限。尽管农村小额信用贷款可以用于住房、教育、耐用品消费,但因未被作为单独的贷款品种加以管理,而是集中在农户小额信用贷款项下,从而不利于其纵深发展及农村消费市场挖潜。其三,农民贷款满足率低。据有关部门问卷调查显示,农户对现有的借款体系满意率很低,农户贷款期望值与实际发生额相差甚远,只有总数不到10%的农户的贷款需求能够得到满足。[5] 另据调查数据显示,我国农村居民金融需求通过正规金融得到满足的,不足金融需求总量的5%。[6] 总体来看,"三农"贷款"难"的问题迟迟未得到解决。农民在正规金融机构处受挫,只能通过民间借贷以及高利贷等非正规金融途径解决其燃眉之急,由此不仅使农民获取金融资金的成本飙升,而且埋下其他社会隐患。(2)农村金融资源获取成本过大。首先,农村金融服务存在价格歧视。在很多地区,金融机构在农村贷款发放上都执行了较高的利率浮动比例,甚至是"一浮到顶"。有的农村信用社的贷款利率超过了农

---

〔1〕 参见刘广明:《农村消费市场开拓的金融支持探析》,载《中央财经大学学报》2011年第6期。

〔2〕 《互联网金融机构抢滩农村金融"处女地"》,载中国经济网:http://www.ce.cn/culture/gd/201605/28/t20160528_12135313.shtml,最后访问日期:2018年9月10日。

〔3〕 参见陈普兴:《农村消费信贷对农村消费发展的实证分析》,载《金融与经济》2009年第11期。

〔4〕 即便是生产性贷款需求,受"重城市、轻农村"的传统体制所影响,农民生产经营活动也较少能够获得必要的金融支持,其生产性投入在很大程度上还主要依靠自身储蓄来加以解决,由此极大地限制了农民收入的增加。相关论述参见冯娜:《关于农村消费需求与动力研究》,载《中国商论》2016年第24期。

〔5〕 参见张笑寒、张娟:《农户贷款困境与农地金融制度的构建》,载《江西财经大学学报》2005年第6期。

〔6〕 参见王娜、张磊:《供给侧改革背景下引领农村消费的金融支持研究》,载《价格理论与实践》2016年第8期。

户所能承受的范围,据调查显示,39.9%的农户认为信用社的利率太高。[1] 其次,农民申请贷款的隐性成本较高。由于农村金融市场存在一定程度上的垄断,有的金融机构及其工作人员对农民“吃拿卡要”,造成农民申请贷款存在较高的隐性成本。最后,金融机构设置“远离”农村导致农民申请贷款成本增加。当前,金融机构设置普遍“远离”农村,即便是作为农村金融主力军的农村信用合作社也无一例外地将其分支机构设在乡镇政府所在地及经济发达地区。农村金融机构的设置远离广大农村地区,不仅不利于金融机构和农民的信息交流与沟通,更是增加了农民获得金融资源的经济成本。总体来看,较之于城镇,农村金融资源获取成本过大,“三农”贷款“贵”的问题亦未能得到有效解决。(3)农村金融服务水平低下。由于农村人均资金需求量少,金融机构难以获得规模效益,加之农民的核心财产(农地承包经营权、农村宅基地使用权以及农村房屋)抵押融资功能长期受限,造成金融机构在包括农村消费金融需求在内的农村金融业务领域积极性不足,[2]进而导致其金融服务水平低下,主要体现在以下几个方面:一是存在金融服务真空。在县级以下地区目前还存在金融服务真空。据《中国农村金融服务报告(2014)》所披露的数据显示,截至2014年年底,全国金融机构空白乡镇虽5年来减少近1400家,但仍有1570个金融机构空白乡镇。[3] 二是金融产品单一。随着农业产业化程度不断提高、农村非农产业的逐步发展及新农村建设的日渐深入,金融服务需求趋向多样化,需要金融机构在信贷、结算、委托代理、投资理财、信息咨询等方面提供全方位的服务和支持,但大多数农村金融机构所提供的服务仍限于存款、生产资料贷款和普通结算的“老三样”,金融理财产品尤为缺乏。三是金融服务不能贴近“三农”。农村金融机构不能按照农业生产、农民生活、农村非农产业发展的金融需求特点,调整、拓展其金融服务,如过分强调贷款的生产与生活用途之分,再如,贷款周期缺乏灵活性调整而与农业生产周期不相符等。由此,不仅增加了农民贷款难度,而且造成贷款的实际效用价值很低。四是贷

---

〔1〕 参见韩俊、罗丹、程郁:《农村金融现状调查》,载《农村金融研究》2007年第9期。

〔2〕 参见山西行政学院理论研究中心:《构建扩大农村居民消费需求长效机制研究——基于山西农村的调查分析》,载《国家行政学院学报》2014年第2期。

〔3〕 《央行:截至2014年底全国金融机构空白乡镇1570个》,载中国新闻网:http://www.chinanews.com/fortune/2015/03-25/7158291.shtml,最后访问日期:2018年9月10日。

款手续烦琐。农村贷款程序复杂、耗时长，往往即便审批下来，也早已贻误农时。水平低下、创新不足，服务体系呈现出日渐荒凉的局面，农村金融服务处于一个艰难的低潮期。[1]

金融支持不足在一定程度上抑制了农村消费市场的开拓、农民消费需求的满足。农村金融缘何非但未成为农村消费开展的有力支撑，反而成为制约农村消费开展的重要因素？农业效益比较低、涉农贷款存在严重信息不对称、农村金融市场存在一定程度上的垄断等被普遍认为是问题存在的原因。在已有研究的基础上，将农村消费金融支持不足的命题置于农村金融改革的大背景之下，其实有更深层的原因。自1979年恢复农业银行以来，在很长一段时期内其是农村金融资源供给的绝对主体。这种状况在20世纪90年代中期发生了根本性变化，农业银行所进行的“一分一脱”的市场化改革[2]不仅奠定了目前农村金融“三分天下”的局面，而且使农业银行真正成为实行“自主经营、自担风险、自负盈亏、自我约束”的商业银行，同其他商业银行一样，“安全性、流动性、效益性”成为其根本经营原则。此次改革的重要意义在于：农村商业性金融[3]与政策性金融分野，农村商业性金融成为农村金融的主体力量；市场化运作成为农村商业性金融的根本发展路径，市场机制成为农村金融资源配置的主导方式。之后所进行的系列改革以及当前所进行的农村信用社的新一轮改革、农村商业银行与村镇银行的组建、农业银行的上市等，都是市场化改革思路的逐步实现与日趋深入。[4] 与农村金融机构大力推进市场化改革、市场机制成为农村金融资源配置主导方式相矛盾的是，农村金融的市场化环境基础缺失，由此

[1] 参见陈洪波、刘强：《农村金融改革路漫漫》，载《农民日报》2006年7月15日，第1版。

[2] 1994年，根据国务院下发的《关于组建中国农业发展银行的通知》，中国农业发展银行从中国农业银行中分立出来，成为承担国家粮棉油储备和农村副产品合同收购、农业开发等业务的独立政策性银行；1996年，根据《国务院关于农村金融体制改革的决定》的要求，农村信用社脱离与中国农业银行的行政隶属关系，独立性显著增强。

[3] 本书称农村商业性金融系广义上的，即不仅包括传统意义上的以农业银行为代表的农村商业性金融，而且包括以农村信用合作社为代表的农村合作性金融。作为农村合作性金融（包括农村信用合作社及以其为基础改制而来的农村合作银行），兼具合作性与商业性特点，从农村合作性金融的产生历史和股东构成来看，具有合作性特征；从农村合作性金融的经营及发展方向来看，其商业性特征明显；随着农村合作性金融市场化改革的不断深入，农村合作性金融的商业性特点将会越发显著，将会与传统意义上的农村商业性金融共同构成为广义上的农村商业性金融（或称为非政策性正规农村金融）。

[4] 参见刘广明：《农村商业性金融改革的路径选择》，载李昌麒、岳彩申主编：《经济法论坛》（第7卷），群众出版社2010年版。

导致农村金融呈“市场机制抑制”状态[1]:(1)“安全性”环境缺失使金融机构“不敢”发挥支持作用。“安全”是金融机构开展经营的首要原则,[2]然而,目前农村恰恰缺失相应的“安全性”经营环境,这主要体现在以下几个方面:一是农村信用基础薄弱、农村征信体制不完善,导致农村金融生态环境不佳,转借、冒名贷款、严重拖欠银行本息,悬空和逃废金融债务时有发生。二是农地、农房抵押受限,造成农民缺乏获得金融资源的有效担保物。现行法律对农地(使用权)抵押进行了极大的限制,一方面,在范围上仅限于乡镇企业用地、“四荒”土地以及林地等特殊类型农地,对于具有“普适性”意义的农用地(实行家庭承包经营的农村土地)、宅基地则严禁抵押。另一方面,在条件上加以严格限制,乡镇企业用地(使用权)仅能“附随”厂房等建筑同时抵押,“四荒”土地(使用权)的抵押必须是经招标、拍卖、公开协商等方式取得且须经发包方同意方可抵押。此外,根据“房地一体”的流转规则,宅基地抵押受限造成农房也无法用于抵押融资。三是农村担保体系尚未健全,担保机构经济规模偏小、担保能力有限,金融机构对其信任度不足、接受度较低。(2)“营利性”基础薄弱导致金融机构“不愿”发挥支持作用。“自负盈亏”是农村金融市场化经营改革后对商业性金融机构的基本要求,金融企业为实现生存与发展,“营利”自然成为其经营活动的首选目标。然而,当前农村金融市场的“营利性”基础还很薄弱:一方面,农村金融市场存在严重的信息不对称,造成农村金融机构贷款发放成本高企。农村金融市场目前存在严重的信息不对称,金融机构对于贷款申请人信息的了解非常有限,信息收集难度大且成本高。此外,由于农村贷款的单笔数额相对较小,由此造成发放贷款的平均成本很高。另一方面,农业的弱质性、农村非农产业发展的初级性决定了农村金融市场的经济回报较低。就农业而言,由于传统农业目前还居于主导地位,“靠天吃饭”在许多地区还是一个普遍现象。加之我国又是一个自然灾害频发的国家,且农村市场还不健全、农业市场风险较高,由此造成农业弱质性特点突出,农业比较效益

---

[1] 任何一种经济机制作用的发挥都必须依存于一定的环境,离开与其相适应的环境,不仅会导致其作用难以有效发挥,而且还可能会导致其作用的“实际结果”与“应得结果”严重偏离。就市场机制而言,其机制越健全、作用发挥得越充分,它在不完善的市场环境中的作用后果就越可能与它应该达到的结果大相径庭,导致“市场机制抑制”状况的出现。

[2] 《商业银行法》对此已作出明确规定,依据该法第4条规定,“商业银行以安全性、流动性、效益性为经营原则,实行自主经营,自担风险,自负盈亏,自我约束”。

较低。就农村非农产业而言,其发展还处于初级阶段,科技含量有限、产品附加值不高。由此决定,金融机构投资于农业、农村非农产业的经济回报要较低,出于对更高利润的追求,农村金融机构更乐于将资金投向城市工商业而非农业及农村非农产业。农村金融市场化环境基础缺失,市场机制呈“抑制”状态,金融机构在农村不但难以获得较高利润,而且连贷款资金的安全都难以保证,收益与风险严重不成比例,由此造成金融对农村消费支持不足。[1]

作为农村经济的核心,农村金融理应成为推进农村消费的有力支撑。已有实践亦证明,[2]发挥金融支持作用有助于推动农村消费的开展、促进农村消费市场的开拓。在新常态下,若要有效推进农村消费,必须要完善农村消费经济激励,而金融支持的强化则是其关键环节。在考察农村消费金融支持现状、存在问题并分析问题存在原因的基础上,应从以下两个方面着手强化农村消费金融支持:

(1)大力培育农村金融市场环境。回顾我国农村金融30年来的改革发展历程,就是顺应农村市场经济体制建设要求逐步由计划向市场转轨的30年,而坚持市场化主导方向则是30年农村金融改革发展的基本经验。[3]农村消费市场开拓金融支持不足、农村金融“市场机制抑制”并非是已进行的市场化改革之过,而恰恰是因为市场化改革不彻底、不全面,使市场机制作用的环境基础缺失。农村金融改革绝非仅限于农村金融机构的市场化改革,而应是全方位的、系统性的。强化农村消费金融支持,亟须大力培育农村金融市场化环境,这主要体现在两个方面:

一是要构建农地金融制度。农地金融是以农地作为信用担保(抵押)而获得的资金融通,其实质是发挥土地的财产功能,将固定在土地上的资金重新启

---

〔1〕 参见刘广明:《农村消费市场开拓的金融支持探析》,载《中央财经大学学报》2011年第6期。

〔2〕 山东、江西、四川、广西等部分地区以“家电下乡”“汽车下乡”为契机,积极发展“家电”“汽车”等消费信贷,取得了良好的社会经济效果。以江西为例,江西省商务厅与江西省农村信用联社于2009年5月11日联合发布《关于开展“家电下乡”农户消费贷款促进农村消费的实施意见》(以下简称《意见》),该《意见》规定,农户购买家电下乡产品,可在当地农村信用社申请消费贷款(最高可贷款2万元,期限最长2年,贷款利率比农户小额信用贷款同期同档次利率下浮10%),此举在解决农民资金不足的同时,有力地促进了“家电下乡”工作的开展,从2009年5月到2009年年底,即累积发放“家电下乡农户消费贷款”750万元,带动家电销售额4830万元。

〔3〕 参见蒋定之:《农村金融改革发展三十年》,载《中国金融家》2008年第12期。

动起来,使其进入流通领域,以扩大社会资金的来源。[1] 构建农地金融制度,让农地得以成为金融的"媒介",其最直接的意义就是能够解决长期困扰农村金融发展的关键问题——适格抵押品的缺失。这样不仅能够使作为贷款申请人的农民具备了以农地为抵押品的贷款资格,提高农民通过信贷从金融机构融资的能力,而且也能够激发金融机构支持农村社会经济发展、农村消费市场开拓的积极性。

构建农地金融制度,关键在于拓宽农地抵押适用范围;就目前农村的实际情况和已有的制度安排来看,[2]应将农地抵押适用范围拓展至家庭农地承包经营权及宅基地使用权。家庭农地承包经营权应可抵押主要基于以下理由:首先,由于家庭农地承包经营权所指向的客体——农用地,不仅规模较大、经济价值较高,且直接与农业发展相联系,赋予家庭农地承包经营权人以农地抵押权,有助于将社会资金引入农业领域,进而推动现代农业的发展。其次,家庭农地承包经营权现有制度安排已比较完善,将农地抵押范围拓展至家庭农地承包经营权,在技术上较容易。例如,家庭农地承包经营权具有明确的期限限制,权利人在法定期限内将其抵押融资,即便因抵押权的行使而失去该土地,也只是暂时的,待期限届满后,仍可通过承包或续包的方式获得相应土地的使用权。最后,在农村社会保障体系不断健全的大背景下,[3]家庭农地承包经营权

---

〔1〕 参见宋磊:《构建我国新型农地金融制度的思考》,载《海南金融》2005年第7期。

〔2〕 2008年《中共中央关于推进农村改革发展若干重大问题的决定》提出要"建立现代农村金融制度",而其重要举措则是要"扩大农村有效担保物范围"。党的十七届三中全会闭幕不久,人民银行和银监会即出台《关于加快推进农村金融产品和服务方式创新的意见》,决定在中部和东北地区选择试点县市开展以创新担保方式、扩大有效担保范围为主要内容的农村金融产品和服务方式创新。该意见颁布后,湖北荆门(2008年)、山东枣庄(2008年)、湖北武汉(2009年)、山东莱芜(2009年)、浙江天台(2009年)、四川成都(2009年)、浙江温岭(2009年)、陕西高陵(2010年)、重庆石柱(2010年)等地相继开展以农地(主要是指农村土地承包经营权、农村宅基地使用权)、农房抵押融资为主要内容的试点改革,加上之前浙江湖州(2001年)、浙江乐清(2003年)、广东(2005年)、福建三明(2006年)、宁夏同心(2006年)等地所进行的类似改革,农地金融度制度创新改革已成遍地开花之势。

〔3〕 2009年6月24日,国务院常务会议决定2009年在全国10%的县(市、区)开展新型农村社会养老保险试点,采取个人缴费、集体补助和政府补贴相结合的新型筹资方式;2009年9月4日,国务院发布《关于开展新型农村社会养老保险试点的指导意见》,提出要在2020年之前基本实现对农村适龄居民的全覆盖;2011年,新农保试点将扩大到40%的县(市、区)。在此之前,新型农村合作医疗已于2003年开始实施,2007年国务院又决定在全国建立最低生活保障制度。据有关数据显示,2010年全国参加新型农村合作医疗的农村人口已达8.35亿人,参保率达95%(数据来自卫生部官方网站);截至2011年2月,全国农村的低保对象已达5214.8万人(数据来自民政部官方网站)。随着新型农村社会养老保险的试点及推广,农村社会保障体系的骨架将基本形成。

的保障功能已大为弱化，其抵押融资的社会基础已经具备。[1] 就宅基地使用权而言，其与家庭农地承包经营权差别较大，性质与社会意义也更复杂。因此，宅基地虽可以用于抵押，但在条件上应予以严格限制。例如，应规定拥有一块以上宅基地的农户方可将其多出的宅基地进行抵押。

二是完善农村金融市场准入制度。农村金融机构稍嫌单一、农村金融市场存在一定程度上的垄断是造成农村消费金融支持不足的重要原因之一。因此，培育农村金融市场化环境的一个重要内容就是要完善农村金融市场准入制度，通过放宽农村金融市场准入门槛、实现农村金融主体结构的多元化，以形成良好的市场竞争态势、消除现有僵化农村金融制度的惰性，[2]进而为农村社会经济发展、农村消费开展提供有效的金融供给。从 2006 年 12 月银监会启动农村金融市场准入制度试点改革，[3]到2009 年6 月末，全国已有 118 家新型农村金融机构开业，其中村镇银行 100 家，贷款公司 7 家，农村资金互助社 11 家。但对于广大农村而言，农村人均拥有机构网点及从业人员仍与实际需求有较大差距。完善农村金融市场准入制度的关键在于大力发展区域性的农村中小金融机构，原因在于金融理论和实践均已证明，区域性的中小金融机构是为农村中小企业和农户提供金融服务的最有效主体。具体而言，就是要降低小额信贷机构的市场准入门槛，发展适合农村需求特点的多种所有制、多种形式的新型农村金融组织，进而增加对农村社会经济发展、农村消费市场开拓的金融支持。但是，需要指出的是，农村金融市场准入制度的改革并非是简单降低准入门槛，应确保真正符合农村需要、适应农村情况的主体进入农村金融市场，尤其需要对农村金融风险防范问题予以重点考虑。20 世纪八九十年代，农村合作基金会的快速兴起又迅速衰落是前车之鉴。此外，在农村金融市场准入制度的完善中，需要对地方政府的行为予以规范，避免地方政府对农村金融机构的“直接干预”。

---

[1] 参见刘广明：《农村商业性金融改革的路径选择》，载李昌麒、岳彩申主编：《经济法论坛》（第 7 卷），群众出版社 2010 年版。

[2] 参见陈治国、李成友、辛冲冲、刘向晖、李红：《基于 OPLS 回归模型的农村金融对农村居民消费支出的影响效应研究》，载《经济与管理评论》2016 年第 2 期。

[3] 2006 年 12 月银监会发布《调整放宽农村地区银行业金融机构准入政策的若干意见》首次允许产业资本和民间资本到农村地区新设银行，并提出要在农村增设村镇银行、贷款公司和农村资金互助社等三类金融机构；2007 年 10 月经国务院批准，村镇银行等试点工作扩大到全国 31 个省（自治区、直辖市），标志着农村金融市场准入制度改革开始成为新一轮农村金融改革的重要内容。

（2）积极完善政府宏观调控。现代市场经济离不开政府的宏观调控，二者之间存在紧密的共生性及内在关联，是一种相辅相成、相互为用和相互促进的关系。宏观调控的有效性、调控水平的高低，直接关系市场机制的作用效果，以及市场经济的可能发展程度，这是我国经济体制改革几十年实践所得出的经验。就农村金融而言，宏观调控至关重要。就强化农村消费市场开拓金融支持而言，在坚持、深化市场化改革的基础上完善政府宏观调控至关重要，主要体现在以下两个方面：

一是建立农村金融经济激励与制约机制。农业的弱质性、农村非农产业的低效益性以及农村金融市场的信息严重不对称导致农村金融市场的“营利性”环境基础薄弱。为改变这种状态，调动金融机构服务“三农”、支持农村消费市场开拓的积极性，需要建立相应的经济激励机制，这是完善国家宏观调控的关键内容。该经济激励机制至少应该包括以下几个方面：第一，实行差别性存款准备金制度。自1983年国务院颁布《关于中国人民银行专门行使中央银行职能的决定》以来，存款准备金就成为国家管理金融机构进而调控经济发展的重要手段之一。[1] 从农村金融现实情况及当前经济形势来看，应进一步完善差别性存款准备金制度，明确农村金融机构的存款准备金率低于其他金融机构，并逐步扩大其存款准备金率差距，以增加农村金融机构的资金流及农村金融资金供给，进而促进农村消费开展。第二，实施灵活的利率政策。实施灵活的利率政策，使金融机构能够根据自身经营成本和管理能力自主定价，实现利率覆盖经营风险和成本，不仅有利于增加支农资金供应、提高农民贷款的可获得性，而且有助于非农资金流入农村、扩大农村金融资金供应量。第三，构建财税扶持制度。通过降低农村金融机构税率、增加支农贷款利息补贴等具体措施，构建“扶持有力、导向明确、激励有效、协调配套”的扶持体系，以调动农村金融机

〔1〕 我国存款准备金制度建立之初，在利率上采取了差别性存款准备金率制度，即按照存款种类核定存款准备金率，企业存款为20%，储蓄存款为40%，农村存款为25%。之后，在一段时期内，曾实行“单一准备金率”。2004年经国务院批准后，人民银行又开始实行差别性存款准备金率制度，不过此次的“差别对待”不再是以存款性质为依据，而是依金融机构资产状况而定，即存款类金融机构适用的存款准备金率与其资本充足率、资产质量状况等指标挂钩：金融机构资本充足率越低、不良贷款比率越高，适用的存款准备金率就越高；反之，金融机构资本充足率高、不良贷款比率低，适用的存款准备金率就越低。

构的支农主动性和积极性，[1]引导更多信贷资金和社会资金投向农村，解决农民贷款难问题，为有效推进农村消费提供良好的金融支持。第四，完善再贷款制度。在现行制度下，再贷款的条件和期限的规定都较严格。在未来制度的完善中，应该对农村金融机构在再贷款方面实行较宽松的条件，以提高其支持农村消费的能力。在建立经济激励机制的基础上，还应构建针对农村金融机构的制约机制，以保障宏观调控得以有效落实。其中，最关键的就是要对农村金融机构资金上存比率进行限制性规定，以实现农村金融资源的必要"回流"，发挥金融对于消费的支持作用。2005 年《中共中央国务院关于进一步加强农村工作提高农业综合生产能力若干政策的意见》指出，要"抓紧制定县域内各金融机构承担支持'三农'义务的政策措施，明确金融机构在县及县以下机构、网点新增存款用于支持当地农业和农村经济发展的比例"。并"采取有效办法，引导县及县以下吸收的邮政储蓄资金回流农村"。此后，2006 年、2007 年、2008 年、2009 年及 2010 年等多个"中央一号文件"对该问题予以强调。鉴于当前农村金融大规模"外逃"的现实情况，应对农村基层金融机构资金上存比率予以明确规定，而非停留在政策鼓励层面。违反者不仅不再享有国家相关优惠政策，而且将面临包括清退出农村金融市场在内的相应处罚。这将有力限制农村资金通过上存渠道流出农村，进而增加农业、农村非农产业的资金供给，并最终促进农村消费的发展。

二是健全农村金融风险规避与分散机制。"安全"是金融支持作用发挥的最基本要求，构建农地金融制度是金融机构规避农村金融风险的一个市场化出路。从宏观调控角度来看，健全农村金融风险规避机制主要体现在以下方面：一是要加强农村信用体系建设。信用环境是金融生态的重要支撑，建设农村信用体系是发展农村金融的第一命题。加强农村信用体系建设，优化农村金融生态环境，是促进农村金融机构降低信贷门槛、扩大消费信贷规模，进而实现农村消费市场开拓的关键措施之一。加强农村信用体系建设，关键在于在坚持"政府主导、综合治理"的思路下，构建系统化、规范化、网络化的信用管理体系。同时，应建立守信受益、失信受惩的正向激励机制和逆向惩戒机制，以减少、杜

[1] 参见刘玉梅：《农村金融是现代农村经济的核心——就农村金融改革问题的访谈》，载《河南日报》2008 年 11 月 5 日，第 9 版。

绝失信行为。二是要完善农村金融贷款担保制度。一方面,要大力发展农村互助担保机构。从已有实践来看,较之于政策性担保和商业性担保,互助性农村信用担保具有明显优势,其担保对象定位明确,所担保贷款安全性高、风险可控,金融机构对其认可度和信任度高。因此,应大力发展农村互助担保机构,包括农村互助性行业担保机构和农户互助性担保机构。[1] 另一方面,要积极完善农村担保风险补偿制度,关键是要进一步完善风险补偿专项基金制度,建立中央、省、地、县四级风险补偿专项基金,以加强对农村信用担保机构的风险补偿。此外,在健全风险规避机制的基础上,还应完善农村金融风险分散机制,其核心内容就是要健全农业保险体系。健全农业保险体系,一是要积极探索适合我国国情的政策性农业保险经营机制和发展模式,不断扩大农业保险保费补贴的品种和区域覆盖范围,并重点加大对中西部地区的保费补贴力度。二是建立巨灾风险分散制度,建立以农业再保险为主,农业巨灾风险基金、共保体为辅的农业巨灾风险损失分摊机制。三是要通过税收、补贴等多种方式,加大对农业保险的支持力度,稳步提高农业保险覆盖面和保障程度。四是实行差别费率制度,根据风险的不同等级制定不同档次的费率,纠正实施多年的全省(直辖市、自治区)实行统一费率的制度,以减少、防止农业保险经营中的"逆选择"和"道德风险"。[2]

六、建立农村居民消费教育机制

(一)建立农村居民消费教育机制的意义阐释

如前文所述,除收入水平、消费环境、消费品与公共产品供给等客观因素外,消费行为还受消费文化、消费观念、消费习惯等主观因素的影响,农村消费亦是如此。消费文化的不成熟、消费观念的滞后、消费习惯的不良都是阻碍农村消费的重要因素,其对于农村消费的负面影响复杂而深远:消费文化的不成熟、消费观念的滞后、消费习惯的不良不仅导致农村居民"不愿消费""不会消费",而且还会带来诸多"无效消费"。例如,攀比消费、人情过度消费、享乐消费以及愚昧与违法消费所带来的消费效应多为负面的,不仅无助于农村消费的

---

〔1〕 参见黄庆安:《农村信用担保机构发展研究——基于福建省的调查分析》,载《农业经济问题》2011 年第 1 期。

〔2〕 参见庹国柱:《农业保险试验四年回顾与展望》,载《中国保险》2011 年第 1 期。

有效开展，而且往往造成严重的社会问题，进而影响农村社会的和谐稳定与农村经济的持续健康发展。

2017 年 10 月，党的十九大报告明确指出，要“反对奢侈浪费和不合理消费。”若要有效推进农村消费，必须要改变消费文化不成熟、消费观念滞后以及消费习惯不良的状况，而要促成消费文化的成熟、推进消费观念的提升、实现消费习惯的改良，其关键就是要建立农村居民消费教育机制。其原因在于，理论和实践均证明，仅通过农村居民的内心自省、行为自觉很难实现消费文化的尽早成熟、消费观念的有效提升和消费习惯的显著改良，至少在短期内无法实现。而且，这显然是无法满足有效推进农村消费这一时代要求的。

建立农村居民消费教育机制，促成消费文化的成熟、推进消费观念的提升、实现消费习惯的改良，对于有效推进农村消费具有重要且深远的意义，主要体现在以下方面：(1)消费文化的成熟、消费观念的提升、消费习惯的改变，会对消费行为的开展产生正向激励效应，有助于挖掘农村消费潜能、扩大农村消费需求，进而有助于提高农村消费规模。(2)消费文化的成熟、消费观念的提升、消费习惯的改变，有助于推动“生存型消费”向“发展型消费”的转变，有助于扩大交通通信、文娱娱乐、医疗保健等方面的消费支出，进而有助于优化农村消费结构、提高农民生活品质。[1] (3)消费文化的成熟、消费观念的提升、消费习惯的改变，有助于促进创新、生产新的消费点，不仅会使那些代表时代发展潮流而目前处于萌芽期或者是成长期的商品受到消费者的青睐，而且会推动生产这些商品的经营者发展壮大。[2] (4)消费文化的成熟、消费观念的提升、消费习惯的改变会反作用于生产，促进生产的发展。[3] 对消费质量要求的提高会激励经营者提供更优质的商品和服务，进而有助于提高消费水平。

(二)建立农村居民消费教育机制的基本路径分析

1. 农村居民消费教育目标厘定

教育目标厘定是建立农村居民消费教育机制的前提，唯有对农村消费教育

---

〔1〕 参见段冲冲、吴杰：《新型城镇化背景下中国财政支农支出对农村居民消费影响的实证分析》，载《湖北农业科学》2016 年第 4 期。

〔2〕 参见鲁钊阳、郑中伟：《经济新常态下新消费增长点培育的逻辑起点、约束条件与路径选择》，载《经济问题探索》2016 年第 1 期。

〔3〕 参见冯娜：《关于农村消费需求与动力研究》，载《中国商论》2016 年第 24 期。

目标予以科学厘定，才能确定农村居民消费教育机制建立的基点，并以此为核心廓清农村居民消费教育机制建立的具体路径。总地来说，农村居民消费教育目标应厘定为：改变消费文化不成熟、消费观念滞后、消费习惯不良的现状，形成与农村社会经济发展、农村消费功能定位及未来发展相适应的成熟消费文化、先进消费观念与良好消费习惯。这一宏观目标又可进一步细化为若干具体目标，主要包括：(1)务实消费目标。消费目标的厘定首先应与农村社会经济发展水平相适应，其原因在于，作为重要经济行为之一的消费与社会经济发展密切相关，社会经济发展水平从根本上决定了消费需求的内容、水准及其满足度。由此决定了消费文化、消费观念以及消费习惯必须以合理务实为第一目标，要使消费者的消费能力与社会生产能力、社会经济发展水平相协调，要使社会消费情况与人类自身发展的内在需要相吻合。务实消费目标的确定，要求消费行为回归理性，务实的大众消费要成为消费主流，而过度消费、攀比消费、享乐消费等都应予以祛除。务实消费目标的确定，意味着消费至上错误理念的纠正，消费水平和消费能力不应成为评判身份地位的标准。在新常态下，引导消费回归理性，树立务实的大众消费观不仅是对中国传统美德崇俭观念的继承发展，而且对于个人自身价值的追求及社会关系的和谐发展都具有现实意义。[1]
(2)绿色消费目标。一般认为，所谓绿色消费，指从满足生态需要出发，以有益健康和保护生态环境为基本内涵，符合人的健康和环境保护标准的各种消费行为和消费方式的统称。绿色消费要求在消费过程中应崇尚勤俭节约，减少损失浪费，选择高效、环保的产品和服务，降低消费过程中的资源消耗和污染排放。促进绿色消费，既是传承中华民族勤俭节约传统美德、弘扬社会主义核心价值观的重要体现，也是顺应消费升级趋势、推动供给侧改革、培育新的经济增长点的重要手段，更是缓解资源环境压力、建设生态文明的现实需要。[2] 就农村消费而言，其亦应坚持绿色消费的基本要求，因此，农村居民消费教育应确立绿色消费这一具体目标，努力促进农村消费文化、消费观念和消费习惯的“绿化”，以在满足消费需求的同时实现对生态环境的有效保护。(3)适度消费目标。

---

〔1〕 参见张艳涛、林倩倩：《论新常态视阈下中国消费文化建设》，载《广义虚拟经济研究》2016年第1期。

〔2〕 参见国家发展改革委、中宣部、科技部、财政部、环境保护部等十部委于2016年12月颁布的《关于促进率消费的指导意见》。

一般认为,所谓适度消费,是指消费水平应与社会经济发展水平、个人收入水平以及消费未来发展趋势保持一致,做到张弛有度、确保合理的消费状态。适度消费的厘定标准主要有二:一是消费应与社会经济发展水平总体保持一致,既不过度超越,也不明显落后于社会经济发展水平。二是消费应与个人实际消费需求、个人收入水平及未来发展趋势保持一致,既要以现实收入为基础、以实际消费需求满足为标准,又要着眼于未来发展。从发展的角度来看,适度消费要求消费水平的适时提高、消费结构的必要优化,即在经济发展水平提高、居民收入总额增加的基础上及时实现消费水平的提高和消费结构的优化。适度消费的基本要求,就是要通过消费教育,引导、鼓励农村居民在吃饱穿暖的基础上,实现营养、环保、健康消费,鼓励农村居民增加在医疗保健、文化教育娱乐、交通通信消费等方面的支出,进而实现改善消费结构、提高生活质量的目的。[1] 适度消费目标的厘定对于农村消费的发展至关重要,在当前农村消费实际中,既存在受攀比文化、人情观念等因素所导致的过度消费现象,同时也存在受传统消费观念所导致的过度节俭、过分压缩消费的现象,而这两种现象都与农村消费健康发展的要求相背离。

2. 农村居民消费教育责任主体界定

消费文化与消费观念的形成、消费习惯的养成是一个长期过程,是多种因素综合作用的结果,由此决定,消费文化、消费观念以及消费习惯的改变往往难度较大、不能轻易实现,这也是建立农村居民消费教育机制的必要性。除需对教育目标予以准确厘定外,在农村居民消费教育机制的建立过程中还应对教育责任主体予以科学界定,这是机制建立的关键环节。虽然在农村居民消费教育的具体实践中,其主体是多元的,既包括以工商、食药监等为代表的市场监管部门,也包括以消费者协会、行业协会、非政府公益组织等为社会团体,还包括以村委会为代表的群众自治性组织、以学校为代表的教育机构以及经营者等其他主体。但就责任主体而言,政府无疑是最适格的主体,唯有政府才能组织好上述主体充分发挥消费教育机制的作用,同时,这也是政府的法定职责。

---

〔1〕 参见山西行政学院理论研究中心:《构建扩大农村居民消费需求长效机制研究——基于山西农村的调查分析》,载《国家行政学院学报》2014 年第 2 期。

3. 农村居民消费教育原则释明

为有效实现农村消费教育既定目标，在农村居民消费教育过程及机制建立中，需秉持如下基本原则：(1)以人为本原则。作为科学发展观的核心，以人为本与党的宗旨一脉相承，是全心全意为人民服务的应有之义。其基本要求，要以人的发展统领经济、社会发展，要以实现人的全面发展为目标，要从人民群众的根本利益出发谋发展、促发展，要不断满足人民群众日益增长的物质文化需要，要切实保障人民群众的经济、政治和文化权益，要让发展的成果惠及全体人民。在新常态下，推进农村消费的核心目的就在于要实现广大农民群众的全面发展。由此决定了农村居民消费教育亦应秉持以人为本的基本原则。要坚持以人为本开展消费教育，要积极促成农村消费文化成熟、消费理念提升、消费习惯改良，要把促进广大农民群众的全面发展作为推进农村消费的出发点和归宿，要通过教育开展帮助广大农民群众树立和加强科学消费观，要通过开展教育而反对消费异化和“物化”并弘扬消费本质和人的本性。[1] (2)长期持久原则。消费文化、消费观念以及消费习惯的形成有其深刻的社会经济、历史传统等原因，因此，其具有较强的稳定性，不易改变，由此决定了农村居民消费教育的应该坚持长期持久的基本原则。唯有长期持久开展消费教育，秉持持之以恒、锲而不舍、驰而不息的精神，树立久久为功、利在长远的信念，才能实现农村居民消费教育目标，才能真正促成农村消费文化的成熟、消费理念的提升、消费习惯的改良，也才能最终实现有效推进农村消费的根本任务。(3)形式多样原则。消费文化与消费观念的形成、消费习惯的养成是由社会经济、历史传统、地域特点、家族传承等多元因素综合作用的结果，对消费文化、消费观念、消费习惯的改变必须要考虑到这些因素，并且要提出富有针对性的教育措施，实现教育形式的多样化，唯有如此，才能有效实现消费教育的既定目标。此外，如前文所述，虽然政府是农村居民消费教育的责任主体，但农村消费教育的具体实施主体是多元的，包括政府监管部门、社会团体、教育机构、群众性自治组织以及农村消费市场经营者，而多元教育主体必然带来教育形式的多样化。

4. 农村居民消费教育重点廓清

农村居民消费教育的根本目标是要改变消费文化不成熟、消费观念滞后、

---

[1] 参见文启湘、文晖：《加快推进消费转型升级——新常态下消费发展的若干思考》，载《消费经济》2016年第1期。

消费习惯不良的现状,形成与农村社会经济发展、农村消费功能定位及未来发展相适应的成熟消费文化、先进消费观念与良好消费习惯。为实现这一目标,在教育内容上要确保丰富、充实,且关键是要把握好以下重点内容:(1)消费权益保护知识。农村居民消费教育一定要以农民消费权益的有效保障为出发点和归宿点,这是农村居民消费教育既定目标实现的基础所在。必须要将消费教育与农民消费权益保护工作相结合,只有农民的消费权益得到了有效保障,农村居民才会放心大胆地消费。[1] 也唯有实现农民消费权益的有效保障,才能顺利促成农村消费文化、消费观念与消费习惯的适时转变。如果农民在消费过程中合法权益都无法得到有效保障,成熟消费文化与先进消费观念的形成、良好消费习惯的养成无疑是"痴人说梦""难于上青天"。由此决定,消费权益保护知识应当且必须要成为农村居民消费教育的重点内容。消费权益保护知识教育的核心目标在于帮助农村居民增强权益保护意识,学会用法律武器来保护自身合法权益。[2] 从具体内容来看,消费权益保护知识不限于消费者权益保护相关法律规定,而且还包括消费知识、消费技能等,这些均是关系农民消费权益保护的必要知识。其中,农村居民权利意识应成为消费权益知识教育的重点。从农村消费实践来看,农村居民消费维权意识的淡薄是导致农村居民消费权益受损的重要原因,而人身、财产权益的严重受损又导致农村居民对消费产生错误认识,造成"不敢消费"与"不愿消费"的严重后果。因此,农村居民权利意识应该成为农村居民消费教育的重中之重。(2)文明理性消费知识。如前文所述,作为消费文化不成熟的重要表现之一,愚昧消费行为在部分农村地区还非常多见,愚昧消费不仅无法形成有效消费、无法助推社会经济健康发展,而且会带来诸多社会问题。促成消费文化成熟、推进农村消费首先必须要祛除愚昧消费行为,摒除传统消费陋习以及封建落后庸俗消费,[3]进而引导农民由愚昧、庸俗消费走向文明、理性消费,由此决定文明理性消费知识应成为农村居民消费教育的重点内容之一。(3)消费金融知识。"金融是现代经济的核心",金融与消费之间具有很强的正相关性,金融的介入对农村消费的开展起到了重要

[1] 参见冯娜:《关于农村消费需求与动力研究》,载《中国商论》2016年第24期。
[2] 参见傅雅慧:《关于拓展我国农村消费市场的思考》,载《商场现代化》2016年第1期。
[3] 参见冯娜:《关于农村消费需求与动力研究》,载《中国商论》2016年第24期。

的支持作用。但从实际情况来看,金融却缺乏对农村消费的应有支持,其支持作用严重不足。金融支持作用未得到应有发挥的原因众多,其中,农村居民金融意识的滞后、金融知识的缺乏是重要原因。受“量入为出”“存钱消费”的传统消费理念影响,大部分农村居民的消费金融意识欠缺,在其面临流动性约束时也往往不能主动或很好地利用金融力量,[1]进而导致其消费需求受到极大抑制、消费行为无法正常开展。要想有效发挥金融对于农村消费的支持作用,需提升农村居民消费意识、增加农村居民金融知识。由此决定,消费金融知识亦应成为农村居民消费教育的重点内容之一。

〔1〕 参见韩丽娜、张树安、马树昇:《传统文化、消费习惯与农村居民消费行为》,载《大连民族大学学报》2016 年第 4 期。

第五章　新常态背景下推进农村消费政府干预的着力点探析

在推进消费的过程中，消费增长点的确定与培育至关重要，其直接关系经济中高速增长的保持、经济结构的转型升级以及经济发展的创新驱动，也唯有科学确定和有效培育消费增长点才能实现“以点带面”效应并真正促进消费发展。李克强总理在《2015 年中央政府工作报告》中明确提出，“加快培育消费增长点”，同时具体指出要在“鼓励大众消费，控制‘三公’消费”的基础上，“促进养老家政健康消费，壮大信息消费，提升旅游休闲消费，推动绿色消费，稳定住房消费，扩大教育文化体育消费”。[1] 就农村消费推进的政府干预而言，其亦有“轻重缓急”之分，唯有把握好重点问题、学会“弹钢琴”，方能实现政府干预的目的，方能有效推进农村消费。在新常态背景下，立基于农村实际情况，在对农村消费进行政府干预、在推进农村消费的过程中，关键要把握好以下两个着力点。

一、促进农村文化消费

（一）促进农村文化消费的意义阐释

目前，虽然对文化消费的概念界定还存在不同认识，但多数研究者认为，所谓文化消费，是指相对于物质消费而言，以满足人们精神文化需要、以文化产品

---

〔1〕《2015 年中央政府工作报告》，载人民网：http://lianghui.people.com.cn/2015npc/n/2015/0305/c394298-26642056-5.html，最后访问日期：2018 年 9 月 20 日。

和服务为消费标的的消费形式、消费类型或消费行为。[1] 从文化消费的范畴来看，其涵盖教育培训、旅游观光、展会演出、休闲娱乐、体育健身、科技文化等诸多方面。[2] 按照结构层次，又可分为娱乐性、消遣性、发展性和智力性等具体消费类型。[3] 不同于一般的物质消费，文化消费对于个体与社会的发展影响深远，就农村文化消费而言，促进其发展具有以下重要意义：

1. 有利于提高农民生活质量和生活品位

社会学者认为，生活质量主要是指人生活的舒适程度，尤其是体现在精神上所获得的享受与乐趣，而这主要依靠文化消费才能实现，消费层次和质量的提高也主要体现为文化消费的扩大。[4] 精神文化不仅能够开拓人的心智、提高人的精神境界，而且能够促进人的身心健康。[5] 不同于一般物质消费，作为精神性消费，文化消费能够通过商品的符号价值表征来满足消费者心理需求并使品位得到提升。[6] 作为居民消费的重要组成部分，文化消费是衡量居民生活水平的一个重要方面，文化消费的有效开展是居民生活水平

---

〔1〕 参见张苏秋、顾江：《居民教育支出对文化消费溢出效应研究——基于全面面板数据的门限回归》，载《上海经济研究》2015 年第 9 期；张冲、刘已筠：《中国居民文化消费影响因素的地区差异研究——基于东中西部地区面板数据》，载《农村经济》2016 年第 7 期；毛中根、叶胥：《经济新常态与中国文化消费提升：一致性、新挑战及政策建议》，载《哈尔滨工业大学学报》（社会科学版）2016 年第 6 期；李伟：《农村居民文化消费的空间溢出效应分析》，载《商业经济研究》2016 年第 17 期；刘晓红：《江苏农村居民文化消费需求实证分析》，载《江苏农业科学》2013 年第 4 期；郭伟、闫赫、刘慧莉：《促进吉林省文化消费的措施》，载《吉林农业》2012 年第 12 期；李斌娟、邢香菊：《河北省农村文化消费的问题及对策》，载《现代商业》2014 年第 16 期；白玉：《河南农村文化消费的"短板"与破解之策》，载《农村·农业·农民》（B 版）2013 年第 3 期；刘晓红：《经济学视阈下中国农村居民文化消费需求探析》，载《经济与管理》2012 年第 2 期；崔伟：《论当前我国农村居民文化消费》，载《内蒙古农业大学学报》（社会科学版）2013 年第 5 期；陆立新：《农村居民文化消费影响因素的区域差异及动态效应分析》，载《统计与决策》2009 年第 9 期；朱晓杰：《农村文化消费的启动与升级——以河南省为例》，载《河南财政税务高等专科学校学报》2011 年第 1 期；文启湘、文晖：《加快推进消费转型升级——新常态下消费发展的若干思考》，载《消费经济》2016 年第 1 期；何俊杰：《以"文化 +"推动形成文化消费新常态》，载《绍兴日报》2015 年 7 月 26 日，第 3 版等。

〔2〕 参见崔苗：《河北省农村文化消费支出变动分析及预测》，载《天津商务职业学院学报》2016 年第 4 期；杜华章：《江苏省农村居民收入水平与文化消费实证分析》，载《农业经济与管理》2015 年第 5 期；彭真善、李静波、曹伏良：《我国农村精神文化消费的现状及改进思路》，载《湖南大学学报》（社会科学版）2008 年第 3 期。

〔3〕 参见张佳玉：《从农村文化消费现状看基层文化建设存在的问题》，载《群文天地》2012 年第 22 期。

〔4〕 参见尹世杰：《消费力经济学》，西南财经大学出版社 2010 年版，第 68 页。

〔5〕 参见尹世杰：《消费文化学》，湖北人民出版社 2002 年版，第 109 页。

〔6〕 参见张谨：《新农村建设中的文化消费问题研究——以广州市为例》，载《前沿》2009 年第 7 期。

提高的重要体现。[1] 由此决定,重视并发展农村文化消费不仅有助于提高农民的生活质量,而且有助于提高其生活品位。[2]

2. 有利于提高农民综合素质

精神文化能够直接影响人的思想、道德、品质以及精神面貌,对人的发展与的人的素质的提高具有重要意义。[3] 文化消费能够影响人的思维和生活方式,对人的价值观具有重大的作用,健康的文化消费能给人带来精神动力和智力支持,促使人向着好的方向发展。[4] 文化消费的显著特征之一即其是一种培养人、塑造人,陶冶人的情操、提高人的素质,促进人们全面发展的消费活动。[5] 文化消费过程蕴含着人力资本的增值和积累过程:文化消费既有利于提高劳动者的劳动技能,也有利于提高劳动者的文化素质和综合修养,能显著提高劳动者的人力资本。[6] 从一定意义上讲,文化消费就是人的智力与知识的生产,其有助于陶冶人的情操,有助于提高人的素质和能力。[7] 促进文化消费就是要更好地满足人们的精神需求,丰富其精神世界,增强其精神力量,促进文化消费必将大大促进人的全面发展。[8] 因此,重视并发展农村文化消费有助于提高农民的科学文化素质和思想道德素质,有助于从根本上提高农民的综合素质,进而有助于促进其自由全面发展。[9]

3. 有助于构建社会主义和谐社会

历史和现实均表明,农村是构建社会主义和谐社会的基础,"农村稳则社会安,农村和则天下和"。农村社会稳定实现与农村社会和谐社会构建的根本

---

〔1〕 参见王宋涛:《收入分配对中国居民文化消费的影响研究》,载《广东财经大学学报》2014 年第 2 期。

〔2〕 参见邓敏:《新形势下我国农村文化消费的问题与对策论析》,载《消费经济》2012 年第 3 期。

〔3〕 参见尹世杰:《消费力经济学》,西南财经大学出版社 2010 年版,第 68 页。

〔4〕 参见崔伟:《论当前我国农村居民文化消费》,载《内蒙古农业大学学报》(社会科学版)2013 年第 5 期。

〔5〕 参见朱晓杰:《农村文化消费的启动与升级——以河南省为例》,载《河南财政税务高等专科学校学报》2011 年第 1 期。

〔6〕 参见毛中根、叶胥:《经济新常态与中国文化消费提升:一致性、新挑战及政策建议》,载《哈尔滨工业大学学报》(社会科学版)2016 年第 6 期。

〔7〕 参见彭真善、李静波、曹伏良:《我国农村精神文化消费的现状及改进思路》,载《湖南大学学报》(社会科学版)2008 年第 3 期。

〔8〕 参见文启湘、文晖:《加快推进消费转型升级——新常态下消费发展的若干思考》,载《消费经济》2016 年第 1 期。

〔9〕 参见邓敏:《新形势下我国农村文化消费的问题与对策论析》,载《消费经济》2012 年第 3 期。

是促进农村经济发展，而关键是要推进农村文化消费与农村文化建设。其原因在于，农村文化消费的推进不仅有助于转变农民思想观念、提高其思想道德素质和科学文化水平，而且有助于形成互帮互济的良好社会风尚、形成和谐的人际关系与民主、平等、科学、诚信的社会环境。[1] 文化消费不仅使农民获得精神上的享受，而且能提高其对中国社会经济发展现状与规律的认同，[2]促进农村文化消费可以转变中国农民传统的思维方式，学会与人交流，从思想上转变为真正地为集体的发展着想，增强农村发展的凝聚力，进而有助于维护农村地区的和谐稳定发展，为社会主义和谐社会的建设奠定坚实的基础。[3]

4. 有助于建设社会主义新农村

文化消费不仅是国民幸福指数和生活质量的度量，而且是一个地区乃至国家整体上社会文明程度的标识。[4] "生产发展、生活宽裕、乡风文明、村容整洁、管理民主"，从社会主义新农村建设的总体要求来看，农村文化建设、农村文化消费就是推动社会主义新农村建设的基本要求之一。[5] 并且，相对于对资源依赖性较大的物质生产建设而言，文化所能创造出的生产力是社会主义新农村可持续发展的不竭动力，是创建和谐农村的强大精神保障。[6] 因此，要实现社会主义新农村建设的各项要求和目标，必须在大力发展经济的同时，充分利用和依靠文化力量。[7]

在我国经济发展步入新常态的当下，促进农村文化消费更有其特殊意义。从消费需求的发展规律来看，消费需求具有显著的层次性和渐进性，并由物质消费向精神文化消费发展转变、生存型消费向享受型和发展型消费转变、排浪式与模仿式消费向个性化与多样性消费转变为基本规律，[8]即相对于物质消

---

[1] 参见邓敏：《新形势下我国农村文化消费的问题与对策论析》，载《消费经济》2012 年第 3 期。

[2] 参见卓纳新、黄向阳：《农村居民文化消费的外部性研究》，载《经济与社会发展》2009 年第 3 期。

[3] 参见郑玉香：《农村文化消费市场现状及创新分析》，载《商业研究》2012 年第 10 期。

[4] 参见高峰：《环渤海地区城乡居民文化消费变迁及比较研究》，载《前沿》2014 年第 Z7 期。

[5] 参见黄向阳：《农村居民文化消费需求的生成机理研究》，载《前沿》2011 年第 17 期。

[6] 参见黄萍、邓颖颖、张伟、谢力维：《基于文化消费实证分析的四川省新农村文化建设路径研究》，载《天府新论》2013 年第 4 期。

[7] 同上。

[8] 参见毛中根、叶胥：《经济新常态与中国文化消费提升：一致性、新挑战及政策建议》，载《哈尔滨工业大学学报》(社会科学版)2016 年第 6 期。

费,文化消费属于高层次的消费样态。并且,消费需求的变化、消费样态的升级与经济发展密切相关,即当经济发展达到一定程度后,消费需求与消费样态会进入一个即将升级变化的“临界点”。经济新常态使消费需求与消费样态进入这样一个“临界点”:文化消费在居民消费中所占比重将大幅提高、文化消费规模将得到显著提升。[1] 从总体上看,农村消费亦是如此。文化消费的扩大将成为新常态下农村消费的新趋势,但这一转变不会自然实现或虽可自然实现但成本高昂、时间过长。文化淬炼时代精神,文化凝聚奋斗力量。[2] 在新常态下,保持经济中高速增长,实现经济发展“换挡”而不“失速”是新常态的内在要求,而推进文化消费、有效释放文化消费潜力则是扩大消费、促进经济中高速增长的重要突破口。[3] 由此决定,在新常态下亟须促进农村文化消费,进而实现农村消费需求与消费样态以及经济由高速增长向中高速增长的顺利转变。

(二)农村文化消费的现状考察

1. 农村文化消费的进展

随着农村社会经济的发展、农民收入的增加,在农村文化消费方面,已取得如下进展:

(1)农民文化消费支出稳定增加。研究数据显示,在 2001 ~ 2010 年,我国农民人均文化消费支出由 192.6 元增加至 366.7 元,增加数额 174.1 元,增幅约为 1.9 倍。[4] 另有研究数据显示,在 1980 ~ 2007 年,农民人均文化消费支出由 8.3 元增加至 305.7 元,增长 35 倍,年均增长 14.3%。[5]

(2)农民文化消费方式持续扩展。与农民文化消费支出增加相同步的是,农民文化消费方式得到了持续扩展,消费方式的多样化使农民更好地享受到了文化消费的社会经济效应。研究数据显示,在 2002 ~ 2009 年,农民旅游人数由

---

〔1〕 参见张京成:《融合创新促进文化消费浅谈》,载《北京联合大学学报》(人文社会科学版)2016 年第 4 期。

〔2〕 参见张杨:《文化生产视野下的农村文化建设——以湖南省石门县雁池乡为例》,载《传承》2012 年第 11 期。

〔3〕 参见毛中根、叶胥:《经济新常态与中国文化消费提升:一致性、新挑战及政策建议》,载《哈尔滨工业大学学报》(社会科学版)2016 年第 6 期。

〔4〕 参见崔伟:《我国农村居民文化消费现状及对策建议》,载《对外经贸》2013 年第 11 期。

〔5〕 参见《城乡居民生活从贫困向全面小康迈进——改革开放 30 年我国经济社会发展成就系列报告之五》,载中国政府网:http://www.gov.cn/gzdt/2008-10/31/content_1136730.htm,最后访问日期:2018 年 9 月 20 日。

4.93亿人次增加到9.99亿人次，旅游消费总支出由1030.3亿元增加到2949.9亿元，旅游人均花费由209.1元增加到295.3元。[1]

(3)农民文化消费结构日趋优化。随着农村社会经济的发展，农民文化消费结构也日趋优化，其消费重点逐渐转换为实用性较强的科技文化消费层面，越来越多的农民将金钱用于科技图书购买、科技报纸订阅、科技广播收听以及农业科技培训，实用性科技文化消费日渐成为农民文化消费的新潮流。[2]

(4)农村文化消费市场日渐形成。除农民文化消费支出增加、农民文化消费方式扩展外，另一重要进展就是农村文化消费市场的日渐形成，这是由需求与供给的密切关系所决定的。随着农村文化消费需求的增长，文化产品与服务逐渐进入农村地区，农村文化消费市场也得以日渐形成。在2004～2011年，我国农村文化经营单位由56,806家增长至140,807家，从业人口由21万余人增长至近62万人，文化经营收入由76.7亿元增长至380亿元。[3]

2. 农村文化消费的问题

在取得积极进展的同时，农村文化消费亦存在严重问题，突出体现在以下方面：

(1)农村文化消费支出占比过低。虽然随着农村社会经济的发展，文化消费支出在稳定增加，但消费总额仍然不足，主要体现在文化消费支出在消费总支出中占比过低。研究数据显示，从1999～2012年，农民用于文教娱乐的消费支出在消费总支出中的占比甚至从10.67%下降为7.5%。[4] 另有研究数据显示，在2000～2009年，全国乡村人均文化消费与人均产值的比例由2.83%下降到1.33%；占人均收入的比重由8.29%降至6.61%；占人均总消费的比重由11.2%降至8.53%。[5]

(2)城乡居民文化消费差距过大。如前文所述，从纵向来看，农村文化消

[1] 参见刘晓红：《经济学视阈下中国农村居民文化消费需求探析》，载《经济与管理》2012年第2期。

[2] 参见白玉：《河南农村文化消费的“短板”与破解之策》，载《农村·农业·农民》(B版)2013年第3期。

[3] 参见崔伟：《论当前我国农村居民文化消费》，载《内蒙古农业大学学报》(社会科学版)2013年第5期。

[4] 参见杨彬如：《基于解构模型的中国农村居民消费影响因素分析——基于1999～2012年面板数据》，载《中国农业资源与区划》2016年第3期。

[5] 参见温源：《文化消费：别把农村遗忘》，载《光明日报》2012年2月9日，第16版。

费无论是从支出金额,还是从消费方式、消费结构来看,都取得了长足进展,但从横向来看,其与城市居民还存在较大差距。根据中国文化消费需求景气评价中心与中国社会科学院文化研究中心联合发布的《文化蓝皮书:中国文化消费需求景气评价报告(2010)》显示:从2000~2009年,全国城镇人均文化消费从264.07元增长至826.88元,而全国乡村人均文化消费则从186.72元增长至340.56元,全国人均文化消费城乡比从1.41扩大至2.43,10年间城乡的文化消费需求差距扩大了71.68%。[1] 另据研究数据显示,2013年度,城镇居民用于文化、教育和娱乐的人均消费支出为2294元,农村人均文化消费支出为486元;[2] 2012年度,城镇居民人均文化消费为1912.76元,农村人均文化消费支出为416.6元;[3] 在2011年,城镇居民人均文化消费为1102元,农村人均文化消费支出为165元。[4]

(3)农村文化消费层级偏低、品位不高。从总体上看,农村文化消费层级偏低、品位不高,健康文化消费不足。总体来看,我国农村文化消费还处于普及型的文化消费层面,属于生存需要的文化消费,离高品位甚至大众型的文化消费还有相当的距离。[5] 从消费方式来看,以看电视、打麻将等为代表的消遣型、娱乐型文化消费较多,而以音乐欣赏、文艺演出、体育比赛等为代表的享受型、发展型文化消费较少。调查结果显示,在1230个调查对象中,66.8%的调查对象经常打麻将(牌),21.2%的调查对象阅读报刊书籍,18.6%的调查对象经常看电影及文艺演出(包括影碟),6.3%的调查对象经常参加体育比赛。[6] 在很多农村地区,以"白色消费"(殡葬消费)、"红色消费"(婚事消费)为代表的传统消费过度,以"灰色消费"(封建迷信消费)、"黄色消费"(色情消费)为代表的不良消费泛滥。[7] 更为严重的是,随着近年来城市对于消费环境整治力度的加大,很多假冒伪劣商品、"文化垃圾"开始大量流入农村,有些不正规

---

〔1〕 参见崔立锋:《促进我国农村文化消费需求的路径选择》,载《农业经济》2013年第8期。

〔2〕 参见李伟:《农村居民文化消费的空间溢出效应分析》,载《商业经济研究》2016年第17期。

〔3〕 参见向明:《中国农村居民文化消费研究》,载《农业技术经济》2015年第7期。

〔4〕 参见崔立锋:《促进我国农村文化消费需求的路径选择》,载《农业经济》2013年第8期。

〔5〕 参见刘树燕:《我国农村文化消费发展问题探微》,载《理论学刊》2010年第4期。

〔6〕 参见陈金波、戴化勇、陈向军:《湖北农村文化消费的实证分析及对策探讨》,载《商业时代》2014年第15期。

〔7〕 参见王凤青:《培育农村文化消费力　发展壮大文化产业》,载《山东省农业管理干部学院学报》2011年第3期。

的演出团体,为了赚钱,打着“文化下乡”的名义,演出一些格调低下、庸俗不堪的文艺节目。此外,封建迷信也死灰复燃,“巫婆神汉满村走,赌博焚香到处有”,封建迷信传统形式与现代形式并存,活动由隐蔽走向公开。[1] 调查结果显示,67%的农民反映村中有赌博现象,12%的农民认为赌博现象很严重,而被调查对象中有高达43%的人进行过小笔赌博行为;42%的人承认拜过鬼神,64%的人有过看相算命行为,甚至有57%的人认为算命比较灵;高达60%以上的农民愿意为兴建寺庙、教堂主动出资。[2] 另有调查结果显示,在1230个调查对象中,62.3%的调查对象参与过带有彩头的麻将和棋牌活动,53.6%的调查对象有过求神拜佛行为。[3] 以封建迷信、“黄赌毒”为代表的负面、愚昧消费不仅耗费了农民大量金钱,进而压缩了其他正常、积极的消费支出,而且对农村精神文明建设冲击严重,所导致的负面社会效应影响深远。若不采取有效措施加以监督和引导,将会影响我国农村文化消费市场健康有序地发展,甚至会威胁农村社会的和谐稳定。[4]

(三)促进农村文化消费的关键环节:扩大农村文化产品供给

作为消费行为得以实现、社会经济得以发展的两大决定性因素,供给与需求的关系密切,二者的相向而行、动态平衡是消费行为得以顺利开展、社会经济得以持续增长的基础,而供给与需求的背向而行、协调失范则会抑制消费行为的开展、影响社会经济的发展。并且,虽然从长期来看,需求对于供给具有引导作用,但在经济发展的特定阶段,供给则对需求具有引领、示范,甚至是决定作用,需求不仅只能在供给的范围内实现,而且会受供给的影响而有所调整。从农村实际情况来看,农村消费的迟滞不前、农村消费市场的开拓乏力,其原因主要在于供给侧。供给不力与结构失衡是造成农民消费需求无法满足、农村消费长期滞后的重要原因。就农村文化消费而言,亦是如此,农村文化产品供给不

---

[1] 参见王悦州:《农村文化消费制约因素透析——以湖北襄樊市为例》,载《襄樊学院学报》2009年第10期。

[2] 参见朱晓杰:《河南农村居民文化消费调查分析》,载《农村·农业·农民》(B版)2014年第9期。

[3] 参见陈金波、戴化勇、陈向军:《湖北农村文化消费的实证分析及对策探讨》,载《商业时代》2014年第15期。

[4] 参见熊晓玲、彭喜宝:《我国农村文化消费的困境及对策研究》,载《山西农业大学学报》(社会科学版)2012年第7期。

力是造成农村文化消费低迷、滞后的重要原因，其突出表现为：农村文化产品供给单一，无法满足农村多元文化消费需求。改革开放以来，受经济发展、收入水平等因素影响，农村社会逐步呈现出多元性的显著特征，在文化消费需求方面，多元性特征表现突出，不同地区、不同年龄、不同文化程度、不同收入水平、不同消费习惯、不同文化认知等因素都决定不同农民群体对农村文化产品的需求是不一样的。但从农村文化产品的供给来看，其对于农民的多元性文化需求考虑不足，由此导致农村文化产品供给"失效"与农村文化消费需求"受抑"的现象同时存在。此外，从总体上看，多数农民已不满足"放放电影演演戏，打打乒乓下下棋，翻翻报纸猜猜谜，哈哈镜中看自己"的简单文艺活动，而是渴望能够通过学习新技术改变生活状况，渴望改变传统的单调的休闲方式。[1] 但农村文化产品供给严重不足且质量不高直接抑制了农村文化消费需求的满足和农村文化消费的有效开展。调查数据显示，33.3%的农民表示"村里平时没有任何文化活动"，46.7%的农民对村里现有的文化活动表示"不满意"或"很不满意"，而表示"满意"的仅有13.3%。[2] 由此决定，要有效促进农村文化消费，其关键是要深化农村文化消费供给侧结构性改革、扩大农村文化产品供给，改变供给总量不足、供给结构单一、供给质量低下等诸多问题，进而促进农村文化消费的顺利开展。推进供给侧结构性改革、扩大农村文化产品供给的基本要求是，要以群众需求为导向加快文化内容生产，增加文化投入，拓宽民众文化产品获取渠道，提高文化内容供给质量，以创造文化消费需求，拓展文化消费空间，真正从文化供给端发力来实现消费升级和产业的升级。[3] 具体来说，要着力把握好以下两点：

1. 加大农村公共文化产品供给

中国未来社会的发展主要体现在公共服务上，文化怎么做好公共服务，这是一个很重要的问题。[4] 不同于消费形式，文化消费不仅关涉内需的扩大、经

---

[1] 参见贺雪峰、仝志辉：《论村庄社会关联——兼论村庄秩序的社会基础》，载《中国社会科学》2002年第3期。

[2] 参见杨春娟、邵军宁、郭清梅：《当前农民文化需求与满足途径研究》，载《河北省社会主义学院学报》2013年第4期。

[3] 参见张京成：《中国创意产业发展报告2016》，中国经济出版社2016年版，第11页。

[4] 刘琼：《大力发展公益文化事业》，载人民网：http://finance.people.com.cn/GB/9362268.html，最后访问日期：2018年9月10日。

济的发展,同时也与农村精神文明建设、社会主义和谐社会构建、社会主义新农村建设关系密切。由此决定,政府应在农村文化消费领域发挥其应有职责,做好引导服务工作。其中,承担农村公共文化产品供给之责是基本要求之一,是政府义不容辞的责任,是保障和实现公民文化权利、维护社会公平正义的基本途径。[1] 但从农村实际情况来看,政府在农村公共文化产品供给方面严重不足,并成为制约农村文化消费开展的重要原因。受"重城市、轻乡村"的传统观念影响,相对于城市而言,政府在农村文化服务体系建设方面欠账太多,对农村公共文化产品供给严重不足,文化资源在城乡之间的配置公平性缺失,广大农民群众的基本文化权利并未得到有效保障与落实,农民很难享受到基本的文化发展成果。[2] "几乎所有像样的文化设施、一流的文化人才、大多数的文化资源和文化活动均聚集在城市之中。"[3] 调查结果显示,86.4%的农村居民不满意目前的文化消费状况,希望政府能够增加农村公共文化供给。其中,65.3%的农村居民希望政府组织文艺演出,72.3%的调查对象希望政府送电影下乡,58.4%的调查对象希望政府组织体育比赛,42.8%的调查对象希望政府送图书科普知识下乡。[4]

加大农村公共文化产品供给,进而有效满足农村公共文化消费需求,关键是做好以下几点:

(1)增加政府对农村公共文化产品的供给力度。从农村文化消费实践来看,政府重视不够、履职不力、支持有限是造成农村公共文化产品供给不足的根本原因。其中,政府财政投入是提高农村公共文化服务体系建设水平、加大农村公共文化产品供给力度的关键。[5] 因此,要加大农村公共文化产品供给,其

---

[1] 参见《文化部长:文化投入在政府财政支出中的比例很低》,载人民网:http://finance.people.com.cn/n/2013/1122/c1004-23619416.html,最后访问日期:2018年9月20日。

[2] 正如有的研究者所指出的,虽然政府对农村文化服务体系建设的投资在逐步增加,但投入总量严重不足且城乡差距较大的问题依然突出;虽然农村基层公共文化设施建设逐年增多,但还没有形成一个完备的文化设施网络。相关论述参见王凤青:《培育农村文化消费力 发展壮大文化产业》,载《山东省农业管理干部学院学报》2011年第3期。

[3] 参见刘文俭、张传翔、刘效敬:《统筹城乡文化发展战略研究》,载《青岛科技大学学报》(社会科学版)2005年第2期。

[4] 参见陈金波、戴化勇、陈向军:《湖北农村文化消费的实证分析及对策探讨》,载《商业时代》2014年第15期。

[5] 参见黄萍、邓颖颖、张伟、谢力维:《基于文化消费实证分析的四川省新农村文化建设路径研究》,载《天府新论》2013年第4期。

关键就是要在明确政府法定职责的基础上，[1]加大政府对农村公共文化产品供给和农村公共文化服务体系建设上的财政资金投入力度，在确保"公共财政对文化建设投入的增长幅度高于财政经常性收入增长幅度"的基础上，稳步"提高文化支出占财政支出比例"。

（2）以农民实际文化需求为农村公共文化产品供给目标。消费行为的顺利开展、消费规模的有效增加需以供给与需求的相向而行、动态平衡为基本前提，农村公共文化产品的供给亦应与农村公共文化需求无缝对接，必须尊重农民正当意愿，必须要满足农民合理需求，这是有效推进农村公共文化消费的基本要求。[2] 但从农村实际情况来看，公共文化产品供给机制僵化，并由此导致公共文化产品供给与农村公共文化需求相脱节、供给难以有效满足实际需求，是造成农村文化消费滞后的重要原因之一。促进农村文化消费、满足农民文化需求，关键在于为其提供充足的、符合他们真正需求的、符合社会主义先进文化发展方向的公共文化产品。[3] 因此，要建立健全农民文化需求表达机制，并确保公共文化产品供给以农民实际需求为根本目标，有效理顺文化供给与需求关系，[4]进而通过改革供给以满足农村文化需求，通过建立需求导向型的农村公共文化供给机制以促进农村文化消费发展。

（3）实施公共文化供给"低保"工程。对于落后农村地区，对于贫困农村人口，不仅要实行资源倾斜性配置，加大对其支持力度，而且要实施公共文化供给"低保"工程，使其文化消费达到最低文化生活保障线，确保其能够分享到文化发展成果，进而实现其基本文化权益的应有保障。[5]

（4）加强农村文化管理人才队伍建设。推动农村文化大发展大繁荣，队伍

---

〔1〕 正如有的研究者所指出的，基于公共性的显著特征，农村公共文化产品的供给应由政府主导，这是其法定职能所在，也是建设服务型政府的基本要求。在农村公共文化产品供给中，政府不仅应担任供给者的角色，而且还应该成为农村公共文化产品供给制度的建设者和完善者。相关论述参见王红阳、王俊：《当前农村公共文化产品供给状况分析》，载《理论界》2013 年第 12 期。

〔2〕 参见杨春娟、邵军宁、郭清梅：《当前农民文化需求与满足途径研究》，载《河北省社会主义学院学报》2013 年第 4 期。

〔3〕 参见王红阳、王俊：《当前农村公共文化产品供给状况分析》，载《理论界》2013 年第 12 期。

〔4〕 参见黄洁纯、邢大伟：《农村居民文化消费需求与供给调查》，载《合作经济与科技》2013 年第 11 期。

〔5〕 参见卓纳新、黄向阳：《农村居民文化消费的外部性研究》，载《经济与社会发展》2009 年第 3 期。

是基础，人才是关键。[1] 农村文化消费滞后、农村公共文化供给不力的原因不仅限于"钱"，而且在于"人"。管理人才的数量不足、素质不高、队伍不稳、年龄不轻是造成农村公共文化产品供给不力、农村公共文化服务失位的重要原因，尤其是在基层政府、基层部门问题更为凸显。因此，要加大农村公共产品供给，除需明确政府法定责任、加大财政支持力度外，还应适应农村文化消费实际情况、农村文化建设实际需要，建立一支懂文化、懂市场、懂经营、善管理的农村文化管理人才队伍。[2]

2. 增强农村文化产品市场供给

2013 年 11 月，党的十八届三中全会所通过的《中共中央关于全面深化改革若干重大问题的决定》明确指出，作为"全面深化改革的重点"，经济体制改革的核心问题是"处理好政府和市场的关系"，其基本要求是要"使市场在资源配置中起决定性作用和更好发挥政府作用"。农村文化消费与农村文化建设领域虽有其特殊性，但这一论断同样适用。从实践来看，农村文化产品市场供给不力是制约农村文化消费顺利开展、抑制农民文化消费需求的重要原因。若要有效促进农村文化消费，除需加大农村公共文化产品供给外，还应增强农村文化产品市场供给。具体来说，应重点做好以下几点：

(1)促进农村文化产业发展。文化产业与文化消费之间关系密切，文化消费是文化产业之源，没有文化消费，文化产业就失去了发展的动力，而文化产业的发展又能够为文化消费的实现提供基础并促进文化消费向更深、更高层次发展。[3] 促进农村文化产业发展对繁荣农村文化市场、满足农村文化需求具有十分重要的意义。[4] 而从实践来看，农村文化产业的落后是导致农村文化消费滞后、农村文化需求受抑的重要原因之一。[5] 由此决定，增加农村文化产品供给必须要着力促进农村文化产业发展。促进农村文化产业发展的关键在于，

---

[1] 参见杨春娟、邵军宁、郭清梅：《当前农民文化需求与满足途径研究》，载《河北省社会主义学院学报》2013 年第 4 期。

[2] 参见李斌娟、邢香菊：《河北省农村文化消费的问题及对策》，载《现代商业》2014 年第 16 期。

[3] 参见郭伟、闫赫、刘慧莉：《促进吉林省文化消费的措施》，载《吉林农业》2010 年第 12 期。

[4] 具体来说，农村文化产业发展对农村文化消费具有以下方面积极影响：一是促进农民就业、提高农民收入，进而为包括文化消费在内的农村消费奠定物质基础；二是满足农村文化消费需求，提高农村文化消费质量；三是提高农村文化消费层次，促进农村文化消费结构优化。

[5] 虽然自改革开放以来，农村文化产品供给的商品化、市场化、产业化的程度不断提高，但总体而言，还处于发展的初级阶段，突出表现为：经营主体规模小、抗风险能力弱、社会经济效益低。

要进一步深化文化机制体制改革，加大简政放权力度，充分发挥市场在文化产业发展、文化资源配置中的决定性作用。[1] 同时，在健全农村文化产业市场准入机制与退出机制的基础上，对农村文化产业发展予以必要的政策扶持，主要包括财政补贴、税费优惠、金融支持等方面。另外，需要重点发展区域文化产业和特色文化产业，健全农村文化内生机制、鼓励农民自办文化，[2] 以确保农村文化产业的发展有基础、有市场，进而能够真正形成有效的文化产品市场供给，并最终促进农村文化消费的顺利开展。

(2)实现文化产品供给与农村实际需求的有效对接。从实践来看，农村文化产品市场供给不力的重要表现之一，就是农村文化市场的结构失衡，即农村文化产品市场供给与农村实际文化需求严重不符，由此导致市场供给的无效、文化消费的抑制。[3] 许多文化产品经营者忽视农村文化市场自身特点，简单地把农村市场与城市市场关系理解为时间先后关系，认为今天的城市市场就是今后的农村市场，进而造成其所提供的文化产品在结构、功能、价位等方面高度一致。[4] 符合农民需求、贴近农民生活的文化产品稀少、可供农民选择的文化产品不足。[5] 这显然不符合农村文化消费实际需求，在遭受市场冷落、农民抵触的同时，也导致农村文化消费发展受抑。因此，增加农村文化产品市场供给以促进农村文化消费的关键在于，引导农村文化产品市场供给，提供符合农村实际需求的文化产品，实现供给与消费的无缝对接。

(四)促进农村文化消费的重要举措

若要促进农村文化消费，除需把握好扩大农村文化产品供给这一关键环节外，还应实施以下重要举措：

---

〔1〕 参见睢海霞、陈俊江：《文化消费如何成为新的经济增长点——以成都为例》，载《开放导报》2016年第3期。

〔2〕 参见王悦洲：《扩大农村文化消费途径思考》，载《襄樊学院学报》2010年第9期。

〔3〕 参见张金桐、刘雪梅：《河北省农村文化消费现状及其发展趋势》，载《经济与管理》2007年第8期。

〔4〕 参见王悦州：《农村文化消费制约因素透析——以湖北襄樊市为例》，载《襄樊学院学报》2009年第10期。

〔5〕 参见熊晓玲、彭喜宝：《我国农村文化消费的困境及对策研究》，载《山西农业大学学报》(社会科学版)2012年第7期。

1. 规范农村文化市场环境

农村文化市场环境不佳是造成农村文化消费受抑的重要原因,其突出表现为"三俗"文化产品的泛滥以及市场良性竞争秩序的破坏。在部分农村地区,村传统文化活动逐渐式微,新的文化活动又未形成,农民的文化消费需求得不到应有满足,精神生活极度空虚,低俗娱乐、邪教组织便乘虚而入,有的农村出现了低俗表演,冲击着乡村社会的伦理价值观念。更为严重的是,地下宗教组织、邪教组织也在有的农村蔓延。这表明,如果优秀、先进的文化不占领农村阵地,引导农民的精神生活、文化消费,这块阵地很可能会被庸俗、低俗、恶俗以及落后的文化所占领。[1] 不良文化的入侵不仅吞噬了农民宝贵的时间精力与金钱、抑制了农民正常文化消费行为的开展以及基本文化消费需求的满足,而且造成农民人生观、世界观、价值观扭曲,危害巨大。[2] 同时,随着城市文化市场监管力度的加强,一些非法经营者逐渐将重心转移到了农村,进一步恶化了农村文化市场环境。[3] 此外,以盗版为典型代表的违法经营行为更是严重破坏了农村文化市场的正常竞争秩序,"劣币驱逐良币"现象普遍存在,不仅直接侵害规范经营者的合法权益,而且长远来看不利于农民消费权益的有效保护。

规范农村文化市场环境是促进农村文化消费的基础,只有形成优良的农村文化市场环境,才可能使市场机制正常发挥作用,进而促进经营者为农村消费者提供更好的文化产品供给。只有形成优良的农村文化市场环境,才能将"三俗"文化产品及其经营者淘汰出农村文化市场,才能有效保护农村文化市场经营者以及农村消费者的合法权益,并最终促进农村文化消费的顺利开展、农民文化需求的有效满足。当前,亟须从以下方面着手对农村文化市场环境予以规范:(1)加强部门协作,整合执法力量,形成监管合力,加大监管力度,对违法行为予以严厉打击,进而有效净化农村文化市场环境。其中,要对赌博、封建迷信活动等行为予以重点打击,坚决取缔农村文化市场中所存在的各种色情表演和色情、暴力影视书籍,并加大对出版宣扬愚昧迷信和伪科学内容出版物责任方的处

---

〔1〕 魏程琳:《莫让三俗打败乡村民俗》,载环球网:http://opinion.huanqiu.com/opinion_china/2015-02/5742725.html,最后访问日期:2018 年 9 月 20 日。

〔2〕 参见王悦洲:《扩大农村文化消费途径思考》,载《襄樊学院学报》2010 年第 9 期。

〔3〕 参见安敏:《通过文化消费培育农村经济新的增长点研究》,载《山西农经》2016 年第 1 期。

罚力度,消除农村文化市场"污染源"。[1] (2)完善消费投诉机制,畅通消费投诉渠道,充分发挥以消费者协会为代表的社会组织作用,进而有效维护农村文化消费者的合法权益。[2] (3)完善文化产品知识产权保护机制,营造良好的知识产权保护环境,切实维护农村文化市场规范经营者的合法权益,促进农村文化市场的公平竞争。[3] (4)完善农村文化市场引导机制,通过市场调节与政府扶持的高效协调、经济手段与行政手段的综合运用,引导健康文明、进步向上的文化产品和高品位、高质量的文化服务进入农村文化市场。[4]

2. 加强农村文化基础设施建设与管理

农村文化基础设施是农村文化消费行为得以开展、农村文化消费需求得以实现的基础条件和关键支撑。从农村的实际情况来看,虽然自改革开放以来,农村文化基础设施建设取得了积极进展,但历史欠账太多。总体而言,基础设施不足的问题仍然突出,突出体现为村级文化基础设施建设的滞后和水平的低下,并因此极大地制约了农村文化消费的正常发展。调查结果显示,在1230个调查对象中,98%的农民对政府提供的公共休闲活动场所和设施等表示不满意,其中,68%的农民认为应该有读书看报的场所,65%的农民认为应该有看电影看戏的场所,80%以上的农民认为应该有体育活动场所,70%的农民认为应该有消遣娱乐场所。目前在农村这些都是"奢侈品"。[5] 另据调查显示,在我国农村有80%的村子没有体育锻炼的场所,80%的村子没有图书馆或者文化活动室。[6] 农村文化基础设施建设的滞后导致许多文化消费行为无法顺利开展,阻碍了农村文化消费需求的满足、制约了农村文化消费层次的提高;[7]农

---

〔1〕 参见晏晓丽:《河南省农村居民文化消费扩大和优化对策探析》,载《郑州轻工业学院学报》(社会科学版)2013年第4期。

〔2〕 参见罗忻、黄永林:《我国文化消费存在的问题及引导对策研究》,载《兰州大学学报》(社会科学版)2013年第1期。

〔3〕 参见睢海霞、陈俊江:《文化消费如何成为新的经济增长点——以成都为例》,载《开放导报》2016年第3期。

〔4〕 参见张金桐、刘雪梅:《河北省农村文化消费现状及其发展趋势》,载《经济与管理》2007年第8期。

〔5〕 参见司芳琴:《新农村文化建设的若干思考》,载《郑州大学学报》(哲学社会科学版)2007年第4期。

〔6〕 参见崔伟:《论当前我国农村居民文化消费》,载《内蒙古农业大学学报》(社会科学版)2013年第5期。

〔7〕 参见李斌娟、邢香菊:《河北省农村文化消费的问题及对策》,载《现代商业》2014年第16期。

村文化基础设施建设水平的低下,使许多农村文化产品供给归于“无效”,并由此制约了农村文化产业的正常发展。

若要有效促进农村文化消费,必须加强农村文化基础设施建设,以为农村文化消费行为的开展提供必要条件,并为农村文化消费需求的满足奠定物质基础。加强农村文化基础设施建设的关键是要完善基础设施投资机制、加大基础设施投资力度。实践证明,农村文化基础设施建设滞后的根本性原因在于资金投入不足,[1]突出体现为政府财政资金投入不够。在包括文化基础设施建设在内的公共事业与公共服务建设过程中,受“重城市、轻农村”“重物质、轻文化”错误观念的影响,多数地方政府往往将财政资金投入以城市基础设施建设等其他领域中,由此导致农村文化基础设施建设投资规模严重受限。城乡文化资源长期分配不均不仅造成城乡文化消费水平差距日益扩大、城乡文化交流与传播正常途径受到阻塞,而且导致农村文化市场发展受阻、农民文化消费权益受损。[2] 由此决定在农村文化基础设施建设上,应加大政府财政资金投入力度,这是化解农村文化基础设施建设现存问题的关键,同时,也是由政府的法定职责所决定的。通过明确政府主导地位、加大财政资金投入力度,并按照公益性、基本性、均等性、便利性的基本要求,加强农村文化基础设施建设,进而有效促进农村文化消费发展。同时,为更好地推进农村文化基础设施建设,还应在加大政府财政投入的同时,完善农村文化基础设施投资机制、创新农村文化基础设施投资方式,积极引导社会资本进入农村基础设施投资领域,以尽可能提供丰富的农村文化消费物质承载载体,进而满足农村居民不断增长的文化消费需求。[3]

除需完善投资机制、加大投资力度外,加强农村文化基础设施建设还应建立健全建设规划与项目评估机制。从实践来看,农村文化基础设施不仅数量不足,而且存在结构失衡、需求错位的问题。例如,调查结果显示,在部分农村地

---

〔1〕 例如,有调研结果显示,大多数受访农民认为,缺少资金投入系农村文化基础设施建设滞后的主要原因,其迫切希望政府和社会投入更多资金,不断完善农村文化基础设施,使其休闲娱乐有去处,开展文化活动有场所,进而切实保障农民群众的基本文化权益。相关论述参见杨春娟、邵军宁、郭清梅:《当前农民文化需求与满足途径研究》,载《河北省社会主义学院学报》2013 年第 4 期。

〔2〕 参见熊晓玲、彭喜宝:《我国农村文化消费的困境及对策研究》,载《山西农业大学学报》(社会科学版)2012 年第 7 期。

〔3〕 参见邓敏:《新形势下我国农村文化消费的问题与对策论析》,载《消费经济》2012 年第 3 期。

区,农村文化基础设施供需脱节率高达60%。[1] 农村文化基础设施供需的严重脱节是由自上而下的建设体制所决定的,同时也与建设规划与项目评估机制缺失、缺位密切相关。建立健全建设规划与项目评估机制的基本要求就是要将农村文化基础设施建设纳入地方公共事业建设予以统筹,合理规划、科学评估,充分考虑农村文化消费的实际需求、农村文化事业发展的特殊规律,确保农村基础设施建设与农村实际需求相协调。[2]

从实践来看,农村文化基础设施的滞后不仅体现在建设层面,还体现在管理层面,建设力度不够与管理效率低下的问题并存。由于管理资金缺少、管理主体缺位、管理制度缺失,在很多农村地区,数量本就有限的文化基础设施并未发挥应有作用,缺乏日常维护与必要更新,损坏严重、形同摆设,利用效率非常低下,由此导致其难以满足农民群众的基本文化消费需求。[3] 调查结果显示,农村文化基础设施利用率不足、未能发挥应有功能是造成农民群众对农村文化基础设施满意度低的重要原因。[4] 由此可见,为充分发挥农村文化基础设施功能,除需加大建设力度外,还需提高管理水平。具体来说,应重点把握好以下几方面:(1)建立农村文化基础设施管理资金保障机制。"重投资轻管理"是造成农村文化基础设施管理不力的根本原因,[5] 建立农村文化基础设施管理资金保障机制,关键是要在改变"重投资、轻管理"这一错误观念的基础上,将农村文化基础设施管理纳入财政保障范围之内,明确其在财政预算中的项目地位与支出金额,进而为基础设施的日常维护、必要更新提供稳定的资金保障。(2)明确农村文化基础设施管理主体。多头管理、职责不明是农村文化基础设

[1] 根据调查,当前农村最需要的前五种公共文化设施为有线电视/电视差转台、健身场地及设施、农家书屋、棋牌室、阅报栏。而农村公共文化设施供给最多的却是农家书屋、有线电视/电视差转台、文化大院、文化活动室、有线广播,在供给最多和需求最强烈的五个公共文化设施中有三个是不一致的,供需脱节率达到60%。相关论述参见李钒、孙林霞:《农村居民文化消费的现状及对策研究——以河南省为例》,载《人民论坛》2013年第5期。

[2] 参见陈金波、戴化勇、陈向军:《湖北农村文化消费的实证分析及对策探讨》,载《商业时代》2014年第15期。

[3] 参见崔伟:《论当前我国农村居民文化消费》,载《内蒙古农业大学学报》(社会科学版)2013年第5期。

[4] 参见王昕、刘丹:《城镇化背景下天津农村居民文化消费现状分析——基于天津市717户农户的微观调查数据》,载《天津经济》2016年第9期。

[5] 参见李钒、孙林霞:《农村居民文化消费的现状及对策研究——以河南省为例》,载《人民论坛》2013年第5期。

施管理主体缺位的重要原因,明确农村文化基础设施管理主体的关键在于,在整合相关部门职权的基础上,将基础设施管理权"下放"至乡镇政府,并实现与村民委员会有效协调,明确二者的管理主体地位。(3)建立健全农村文化基础设施管理制度。在建立资金保障机制、明确管理主体的基础上,为提高农村文化基础设施管理水平,还应结合各地实际情况建立健全相应的具体管理制度,其基本要求是,在确保基础设施正常运转的基础上,满足农民相应文化消费需求。

3. 强化农村文化消费教育引导

农村文化消费滞后的原因复杂,除文化产品供给不足、基础设施落后、市场环境不佳等外部原因外,也与农村文化消费主体——农民的意识、观念等主观原因密切相关。"重物质、轻精神"的传统消费理念、过于关注短期利益而严重忽视长远发展的消费认知、"读书无用论"等错误消费观念、封建迷信思想残损、物质享乐主义盛行、"三俗"之风大行其道均是影响农村文化消费正常开展、抑制农村文化消费需求有效满足的重要原因。

若要有效促进农村文化消费,必须强化农村文化消费教育引导,为农民文化消费提供正确指引。具体来说,就是要通过农村文化消费教育引导,增强农民文化消费意识,促使其形成正确的文化消费观,并通过不断的教育宣传为文化消费产品和服务注入新的内容,创造新的形式,增强其表现力和吸引力,进而引导农民自觉养成良好的文化消费心理和习惯。[1] 具体来说,就是要在明确政府职责的同时,充分发挥教育机构、社会团体和新闻舆论的教育引导作用,通过开展形式多样、内容丰富的文化消费教育活动,促使农民树立正确文化消费观和良好消费习惯,[2]引导农民从事以不断提高文化素质、满足精神享受、实现自我全面发展、追求较高的生活品质为目的的文化消费活动。[3]

---

〔1〕 参见崔伟:《论当前我国农村居民文化消费》,载《内蒙古农业大学学报》(社会科学版)2013 年第 5 期。

〔2〕 参见杜华章:《江苏省农村居民收入水平与文化消费实证分析》,载《农业经济与管理》2015 年第 5 期。

〔3〕 参见晏晓丽:《河南省农村居民文化消费扩大和优化对策探析》,载《郑州轻工业学院学报》(社会科学版)2013 年第 4 期。

此外,因文化产品凝聚了高强度的人类智慧,其对消费主体具有较高要求,[1]由此决定促进启动农村文化消费需要培养合格的文化消费主体,提高消费者的文化素养。[2] 农村文化消费的促进与农民文化素养的提高密不可分,[3]但从实践来看,农民整体文化素养的不高影响了部分农民对文化产品的欣赏能力和消费欲望。因此,应通过强化教育培训,提高农民的科学文化素质,进而从根本上提高农民文化消费需求、促进农村文化消费发展。强化农民文化素质教育的关键是要在加大基础教育投入力度、完善教育内容、提高教育质量的基础上,按照农村的实际情况,以成人教育和继续教育为重点,开展具有针对性的农村职业化教育,开办多种形式的专门教育和专业培训,组织丰富多彩的以文化为主题的休闲教育活动,在提升农村居民思想觉悟的同时培养其对文化产品的兴趣爱好,进而全面提高农民的文化素养、综合素质。[4]

二、引导农村住房消费

(一)农村住房消费现状考察及问题分析

1. 农村住房消费现状考察

(1)农村住房消费需求持久旺盛。从农村的实际情况来看,住房消费一直位居农村消费需求前列,“有了钱先修房”的观念十分普遍。调查结果显示,目前农村消费支出的先后次序为建房、子女教育、婚嫁、家用电器和日常消费品,住房为农民消费的首要选择。[5] 据抽样调查结果显示,在12,458户被调查农

[1] 有研究者进一步指出,作为不同于物质实体的精神产品,文化产品是前人经验、知识、智慧的沉淀和凝结,其在使消费者获取精神愉悦和心灵满足的同时,也会帮助消费者获取知识、智慧和才智。正因为文化产品凝聚了高强度的人类智慧,因此,也对消费主体提出了较高的要求,即消费者必须具备一定的文化素养,具有对文化产品的理解和鉴赏能力,唯有如此,才能领略其中的奥妙,获得巨大的心灵满足。相关论述参见晏晓丽:《河南省农村居民文化消费扩大和优化对策探析》,载《郑州轻工业学院学报》(社会科学版)2013年第4期。

[2] 参见朱晓杰:《河南农村居民文化消费调查分析》,载《农村·农业·农民》(B版)2014年第9期。

[3] 参见白玉:《河南农村文化消费的“短板”与破解之策》,载《农村·农业·农民》(B版)2013年第3期。

[4] 参见朱晓杰:《河南农村居民文化消费调查分析》,载《农村·农业·农民》(B版)2014年第9期。

[5] 参见刘俊:《试论农民流动与农村住房建设》,载《现代农业》2008年第1期。

户中,有建房意向的农户数为 8752 户,占被调查农户数的 70.25%。[1] 实际上,从更长的时间跨度来看,亦是如此,农村住房消费需求长期旺盛,“建房热”经久不衰。尤其是自改革开放以来,随着农村社会经济的发展、农民收入水平的提高,农村住房需求强烈,“家家备料、村村动土”的现象普遍存在并呈阶段性迸发。对于农村住房消费需求持久旺盛与“建房热”经久不衰的评价多样、认知有别,但从原因来看,与住房消费的特殊功能、“居住有其屋”的传统观念、农民收入的快速增加、农村婚恋的现实状况、农村的“面子”文化、农民的攀比心理等因素都存在直接关联。

(2)农村住房消费支出快速增长。与消费需求持久旺盛相伴生的是,自改革开放以来,农村住房消费支出实现了快速增长。一方面,从横向比较来看,住房消费支出在农民消费总支出中的占比不断提升。研究表明,自 1993 年以来,我国农村住房消费支出在总消费支出中的占比不断提升,在生活消费中增幅最大,增长速度最快,一直维持在 13.9% ~18% 的高水平。[2] 其中,2013 年,农村人均住房消费支出占比更是达到 19.13%,而西北部地区甚至高达 21.52%。[3] 另一方面,从纵向比较来看,农民的住房消费支出金额大幅增加。研究数据显示,2006 年农村人均住房消费支出额达 468.96 元,约是 1980 年的 21 倍,超过收入水平的提高幅度。[4] 而在 2012 年,农村人均住房消费支出额达到 1086 元,约是 1990 年的 13 倍。[5]

(3)农村住房消费“量”“质”齐增。随着消费支出的增长,农村住房消费也实现了“量”“质”齐增的良好效果。一方面,农村住房消费的发展使农民住房面积得到大幅增加。从总量来看,农村住房面积从 1994 年的 72,370 万平方米增加到 2013 年的 109,242 万平方米。[6] 从人均来看,全国农村人均住房面

---

〔1〕 参见付强:《如何做大做强农民住房贷款的现实思考》,载《价格月刊》2010 年第 4 期。

〔2〕 参见宋华锋、许春玲:《西部农村居民住房投资现状及分析》,载《辽宁行政学院学报》2008 年第 10 期。

〔3〕 参见黄玉玺、李军:《我国农村住房发展的主要矛盾及影响因素分析》,载《现代经济探讨》2015 年第 7 期。

〔4〕 参见谢娜、张红:《新时期中国农村住房消费状况》,载《中国房地产》2009 年第 3 期。

〔5〕 参见陈丽:《农村居民平均住房消费倾向及其影响因素分析》,载《湖北农业科学》2015 年第 5 期。

〔6〕 参见黄玉玺、李军:《我国农村住房发展的主要矛盾及影响因素分析》,载《现代经济探讨》2015 年第 7 期。

积由1978年的8.10平方米增加到2012年的37.1平方米,预计未来10年,农村人均住房面积还会以年均0.6~0.8平方米的速度增加。[1] 另一方面,农村住房消费的发展使农村住房质量得到显著提高。目前,在农村地区,草木结构、土石结构、土坯结构的住房已成为历史,砖木结构住房日渐减少,砖混结构住房渐成主流,楼房规模快速增长,住房档次和质量得到显著提升。从总体上看,农村住房消费已由生存型向改善型、发展型转变,改善型消费渐成主流。

2. 农村住房消费现存问题分析

(1)农民住房消费支出压力较大。虽然自改革开放以来,从总体上看,农民收入实现了较大增长,但与此相对的是,农村住房需求的层次、农村住房建设的成本都同样得到显著提高,呈“水涨船高”之势,由此导致,农民在住房消费支出方面,普遍压力较大。调研结果显示,除东部经济发达地区的农村居民具有较强的住房消费支付能力外,中西部地区农村居民的住房消费支付能力普遍不足。[2]

而且受传统观念、从众心理以及婚恋为代表的现实需求等因素所限,[3]在部分农村地区,即便支付能力不足,农民也愿意在住房方面“超前”消费,不惜代价举债建房。调查结果显示,在农村住房消费支出方面,农民自有资金约占住房消费总支出的61.6%,不足部分需向外部融资。[4] 另有抽样调查数据显示,农民为实现住房消费需求而举债的比例在50%以上。[5] 由此不仅使很多农民因住房消费而承担沉重债务负担,而且极大地抑制了其他消费支出,并因此影响到正常的生产生活。调研结果显示,住房消费相当于农民10年以上的消费存量,在进行住房消费之后,农民在很长一段时

[1] 参见廖长峰、杨继瑞:《我国农村住房存在的问题与对策》,载《经济纵横》2013年第11期。

[2] 参见张大斌、凡华农、邓大才:《中国农村家庭住房消费需求微观经济分析——基于“建材下乡”政策调查的数据》,载《农业技术经济》2011年第9期。

[3] 例如,在我国农村传统观念认知中,住房不仅是家庭财富的重要象征以及勤劳、智慧、成功的最佳佐证,更是衡量农民经济社会地位的关键标准,受此影响,农民在住房消费与住房建设方面往往不惜耗费大量人财物。相关论述参见廖长峰、杨继瑞:《我国农村住房存在的问题与对策》,载《经济纵横》2013年第11期。

[4] 参见付强:《如何做大做强农民住房贷款的现实思考》,载《价格月刊》2010年第4期。

[5] 参见谢娜、张红:《新时期中国农村住房消费状况》,载《中国房地产》2009年第3期。另有调查数据显示,在自筹资金不足的情况下,农民建房借款的比率高达70%。参见郑晔、陈林顺:《发展农村住房消费信贷的建议》,载《西南金融》2004年第2期。

期内将没钱用于其他消费支出。[1] 在部分农村地区,农民不得不为住房消费而节衣缩食,甚至以学龄成员辍学打工为代价。[2]

(2)农村住房消费资金资源浪费严重。资源浪费严重是当前农村住房消费中存在的另一突出问题,其主要体现在以下方面:一是土地资源浪费严重。由农村住房建设规划缺失、土地用途管制制度落实不力以及农民对于宽敞舒适的过分追求等因素所决定,在农村住房消费与建设过程中,多占超占土地、占用耕地等行为十分普遍,“空心村”的现象非常多见,[3]由此带来的后果就是土地资源的极大浪费。二是建房资金浪费严重。受“面子”文化、攀比心理等因素的影响,在住房消费与住房建设方面,部分农村居民十分盲目,过分“追大求新”而忽视实际使用功能,“钱没少花,房子却不咋样”的现象多见,由此耗费了过多资金。更有甚者,有的农民出于攀比、炫富而频繁拆建住房,“盖了拆、拆了盖”不仅导致农村住房使用寿命急剧缩短、使用效率严重下降,更是造成了严重的资金、资源浪费。

(3)农村住房消费实际效果不佳。除消费支出压力加大、资金资源浪费严重外,实际效果不佳也是当前农村住房消费中存在的突出问题。所谓实际效果不佳,主要是指农民倾注太多感情、投入大笔金钱所获得住房在实际使用效果上并未达到预期目标,与农民的付出与投入不相称,其突出表现在以下方面:第一,因缺乏科学设计导致农村住房结构不合理、形式单一、功能落后,进而造成其实际使用功能较弱。第二,因消费能力所限导致住房配套建设和内部装修不力,进而削弱了住房的应有使用功能。第三,因基础设施建设滞后导致住房实际使用功能受到严重抑制,不能充分发挥应有功能,“室内现代化、室外脏乱差”的描述生动形象。第四,因建设施工转化程度低导致住房质量存在瑕疵,

---

[1] 参见董振国、王春雨:《农村消费分析:住房和教育支出过大》,载《乡镇论坛》2007 年第 18 期。

[2] 参见邵书峰:《新农村建设视角下农户住房投资行为分析——基于河南省南阳市 600 农户的调查》,载《调研世界》2010 年第 4 期。

[3] 所谓“空心村”,是指在村落急剧向外扩张的同时村内原居住区却陷入破败而无人居住的社会经济现象。“外面像个村,进村不是村;老屋没人住,荒地杂草生”“村外新房一排排,车水马龙;村内旧房一片片,了无生机”“说村不是村,有院没有人;说地不是地,草有半人深”等均是对“空心村”现象的典型描述。“空心村”形成的原因众多,但与农民的住房消费需求直接相关,为了获得更大面积的住宅、更便利的交通,多数农民往往在村外,尤其是交通便利的地方选地建房,而村内老宅则因面积局促、交通不便而被遗弃。从制度上讲,则与村庄发展规划、农村宅基地管理密不可分,村庄发展规划的落后、农村宅基地管理的不力导致农民“建新不拆旧”。

不仅直接影响其使用功能有效发挥,而且严重威胁农民的生命财产安全。

(二)引导农村住房消费的意义阐释

1. 有助于推进农村消费

如上文所述,由住房消费的特殊功能、"居住有其屋"的传统观念、农民收入的快速增加、农村婚恋的现实状况、农村的"面子"文化、农民的攀比心理等因素所决定,住房消费是农村消费的重点,历史和现实对此均予以证明,而且从未来发展来看,住房消费的地位也不会动摇,并极有可能越发重要。并且,从实践来看,农村住房消费还存在诸多问题,并由此制约了农村住房消费的顺利发展。扩大内需的最大潜力在于农村,而推进农村消费的重点无疑是住房。通过对农村住房消费予以科学引导,以化解其现存问题、促进其顺利发展,无疑是抓住了推进农村消费的"牛鼻子",因此,必将有助于有效推进农村消费。

2. 有助于促进农村社会经济发展

农村住房建设的发展状况,是农村社会经济发展状况的指示器;农村住房需求的增长变动,是农村经济增长变动的"晴雨表"。[1] 对农村住房消费予以科学引导,一方面,能够促进农民优化消费支出,在合理实现农村住房消费需求的同时,有效应对其消费支出,进而促进生产生活的正常开展;另一方面,能够带动建筑建材、家电家具等其他相关行业的发展,产生巨大"乘数效应",进而极大增加有效需求。而这无疑均会对农村社会经济的发展起到巨大推动作用。

3. 有助于改善农村民生

住有所居是最大的民生。住房不仅是关乎社会经济发展、人民生活水平的重要经济指标,而且也是衡量民生水平的重要评价标准。对于广大农民群众而言,亦是如此,住房是其基本生活之需、安身立命之本。通过对农村住房消费予以科学引导,以为广大农民群众提供安全、宜居的住房进而有效提升其居住水平,实现"住有所居、居有所安"的最终目标,不仅有助于推进农村消费,而且有助于改善农村民生,提高农民生活水平。[2] 此外,通过对农村住房消费予以科学引导,进而改善广大农民群众居住条件、提高其生活质量,对于农村社会稳定

---

〔1〕 参见姜长云:《中国农村住房消费需求研究》,载《调研世界》1999 年第 10 期。

〔2〕 参见应焕红:《浙江农民住房消费需求强烈——关于浙江农村住房改造和扩大消费的调研》,载《观察与思考》2010 年第 12 期。

的维护具有十分重要的意义。

4. 有助于深入推进农村改革

住房不仅是广大农民群众最重要的财产,而且与农村各项基本制度存在直接关联。通过对农村住房消费予以科学引导,并以此作为深入推进农村改革事业的切入点,将会带来村庄规划、宅基地、建筑市场等多项制度的创新,有助于促进农村社会经济资源的优化配置以及城乡建设的统筹发展。[1]

(三)引导农村住房消费的具体路径

消费是收入的函数,引导、推进农村住房消费需以农民收入的稳定增加为基础,但在促进农业生产、发展农村经济、实现农民充分就业进而提高农民收入水平、提升农民住房消费能力的基础上,还应从以下方面着手引导、推动农村住房消费:

1. 规范农村住房建设管理

不同于城市住房,长期以来,受法律滞后和政策缺失所限,农村住房建设管理呈缺位状态,处于完全的个体投资与消费状态,造成农村住房消费资金资源浪费、实际效果不佳,并由此制约了农村住房消费的顺利发展,导致其很难达到一个更高层次。[2] 因此,要引导、推进农村住房消费,亟须规范农村住房建设管理。

(1)加强农村住房建设规划管理。如上文所述,农村住房建设规划缺失是造成农村住房消费过程中资源浪费的重要原因。因此,规范农村住房建设管理首先需加强规划管理,一个基本的要求就是要做到"规划先行",明确规划的法律地位、提高规划的落实效果,"先定规划,再行建设"。在此基础上,要科学制定住房建设规划,这是加强农村住房建设规划的关键环节,具体来说,应做到以下几点:第一,农村住房建设规划要与城乡村庄规划、土地利用总体规划等保持一致。第二,农村住房建设规划要以土地资源节约、高效利用为基本原则,限制住房占地面积,充分利用村内空闲土地。第三,要立足于村庄经济发展实际,贯彻有利生产、方便生活、全面规划、合理布局的基本方针,尽量满足住房建筑形

---

[1] 参见陈丽:《农村居民平均住房消费倾向及其影响因素分析》,载《湖北农业科学》2015 年第 5 期。

[2] 参见陈宇诗:《中国农村住房问题研究综述》,载《经济视角》2011 年第 7 期。

式多样化需求。[1] 此外,在科学制定农村住房建设规划的同时,更应强化建设规划的实施管理,按照规划要求,严格规范农村住房建设行为,[2]确保规划真正落地而不是仅停留在纸面,以消除当前许多农村地区所存在的"只见新楼,不见新村"的尴尬景象。

(2)加强农村住房建设设计管理。除规划缺失外,设计落后也是农村住房建设过程中所存在的突出问题之一,并由此制约了农村住房消费的实际效果。因此,若要规范农村住房建设管理以引导、推进农村住房消费,还要加强农村住房建设设计管理。加强农村住房建设设计管理的一个基本要求就是要优化农村住房结构和提升农村住房功能,做到"造价不高质量高,面积不大功能全"。具体来说,就是要考虑各地实际情况,基于农民生产生活习惯,设计功能合理、设施完善、造型多样、体现地方农村和民族特色、满足不同经济承受能力的农村居民需求的住房设计方案,以为农村住房建设提供设计指引,[3]"引导农民建设富有地方特点、民族特色、传统风貌的安全节能环保型住房"。

需要格外强调的是,一方面,由各地区社会经济发展水平和农民住房消费需求不同所决定,农村住房建设设计一定要以符合当地农民生活习惯为基本原则,以设计多元化为基本要求,坚决不能搞"一刀切";另一方面,不同于规划管理,农村住房建设设计管理应定位于"柔性"而非"硬性",因此,应由农民自由选择,不搞强制推行,要以设计科学赢"人心",不能靠政府强制换"成果"。

(3)加强农村住房建设施工管理。除规划缺失、设计落后外,施工水平低下也是造成农村住房质量不高、农村住房消费实际效果不佳、农村住房消费资金资源浪费的重要原因之一。改革开放以来,农村住房消费的快速发展虽推动了农村住房施工队伍的规范和施工水平的提高,但总体来看,施工队伍还远未现代化,很多为七拼八凑的"草班子"和"杂牌军",施工技术水平还较落后,住

---

[1] 参见应焕红:《浙江农民住房消费需求强烈——关于浙江农村住房改造和扩大消费的调研》,载《观察与思考》2010年第12期。

[2] 有研究者提出,为促进农村住房建设规划的落实,可考虑引进相应奖惩机制,即对依据规划实施的住房建设行为予以适当补贴,而对违反规划的住房建设行为则给予罚款处罚。相关论述参见廖长峰、杨继瑞:《我国农村住房存在的问题与对策》,载《经济纵横》2013年第11期。这一提法极具创新性,若辅之以必要的配套制度设计进而避免其成为乡村干部滥收费的工具,很有可能会对农村住房建设规划的落实起到积极促进作用。

[3] 参见廖长峰、杨继瑞:《我国农村住房存在的问题与对策》,载《经济纵横》2013年第11期。

房质量问题突出。因此，若要规范农村住房建设管理以引导、推进农村住房消费，必须加强农村住房建设的施工管理，具体来说，要做好以下方面的工作：一是要加强农村住房建设施工队伍管理，对农村住房建筑从业人员予以必要技术培训。二是要加强农村住房建设施工质量监管，推行农村住房建设质量检查制度，实行农村住房建设监理制度，以确保农村住房质量。三是加强农村住房建设施工材料管理，确保农村住房建设所采用的建筑材料质量合格、性能突出。四是推进农村住房建设施工产业化进程，培育现代化的农村住房建设施工市场。

2. 加强农村住房消费政府保障

"民为邦本，本固邦宁。"关注民生、重视民生、保障民生、改善民生是政府义不容辞的责任，政府工作的根本目的就是让全体人民过上好日子。具体来说，就是要坚持建机制、补短板、兜底线，保障群众基本生活，不断提高人民生活水平和质量。[1] 其中，住有所居是最大的民生，其关键是要加强住房消费的财政投入力度和政府保障水平，对于农村而言亦是如此。加强农村住房消费政府保障，关键要做好以下几点：

(1)加强农村保障性安居工程建设。当前我国仍有大量农村弱势群体住房没有得到相应保障，其居住条件依然恶劣，严重制约了农村居民的生活质量。农村住房保障是社会稳定发展的基础，是广大农民生活中的头等大事。[2] 加强农村住房消费政府保障以实现广大农民群众住有所居的理想，首先需要在加大政府财政投入力度的基础上，加强农村保障性安居工程建设，将其置于城市保障房建设的同等重要地位，建立农村住房消费"低保"机制，切实保障以五保户、低保户、困难户等为代表的农村低收入人群的居住权。

(2)加大住房消费基础设施建设。从实践来看，给水、排水、供气、垃圾处理等农村生活基础设施建设滞后不仅直接影响农村住房使用效果、严重削弱农村住房设计功能，而且导致农村住房消费资金资源的严重浪费。调研结果显示，多数农民认为，相关基础设施滞后是造成农村住房消费水平低下、导致其生

---

[1] 李克强：《政府工作的根本目的是让全体人民过上好日子》，载中国政府网：http://www.gov.cn/zhuanti/2014-03/06/content_2632437.htm，最后访问日期：2018年9月20日。

[2] 参见黄玉玺、李军：《我国农村住房发展的主要矛盾及影响因素分析》，载《现代经济探讨》2015年第7期。

活质量无法有效提高的重要原因。[1] 强化农村住房消费政府保障以提高农村住房消费实际效果、发挥农村住房使用功能,还需要加大农村住房消费相关基础设施建设。其关键就是要通过加大政府财政投入力度,按照遵循可持续发展与生态建设相结合的要求,加快居住基础设施的提升与优化,为提高农民居住消费水平、居住消费质量和居住消费层次创造条件。[2]

(3)完善农村住房消费财政补贴机制。以"家电下乡"为代表的已有农村消费政府干预实践证明,财政补贴这种传统经济激励机制在推进农村消费过程中仍具有十分重要的作用。因此,要强化农村住房消费政府保障以深入推进农村住房消费、有效满足农民住房消费需求,完善农村住房消费财政补贴机制。一个基本的思路就是要在总结"建材下乡"试点经验的基础上,[3] 对关涉农村住房消费的相关产品(以环保节能为基本要求)予以必要财政补贴,通过降低消费成本的方式推进农村住房消费发展。

3. 强化农村住房消费金融支持

需求强烈但能力有限是当前农村住房消费中所存在的普遍性问题,为满足住房消费需求,在自身收入有限、消费能力不足的现实约束下,农民不得不对外寻求融资。但从农村实际情况来看,受正规金融机制体制创新不足、农村信用体系建设滞后、农村有效担保物缺乏所限,绝大多数农民很难从正规金融渠道

[1] 参见黄玉玺、李军:《我国农村住房发展的主要矛盾及影响因素分析》,载《现代经济探讨》2015年第7期。

[2] 参见张凤:《基于持久收入假说的城镇和农村居民居住消费支出比较研究》,载《农村经济》2015年第6期。

[3] 2010年"中央一号文件"——《中共中央国务院关于加大统筹城乡发展力度进一步夯实农业农村发展基础的若干意见》曾明确提出,"抓住当前农村建房快速增长和建筑材料供给充裕的时机,把支持农民建房作为扩大内需的重大举措,采取有效措施推动建材下乡,鼓励有条件的地方通过多种形式支持农民依法依规建设自用住房"。2010年,山东、宁夏曾被住建部等部门确定为建材下乡试点地区,以推动水泥产品下乡为主,鼓励使用散装水泥和预拌混凝土,同时积极探索节能、抗震等其他建材下乡的可行性。2011年9月,住建部、发改委、工信部、国土部、商务部等5部门联合下发《关于做好2011年扩大建材下乡试点的通知》,将建材下乡试点扩大至北京、天津、山东、重庆和宁夏5地,继续推动水泥下乡并推广使用散装水泥。"建材下乡"的基本原则为"直补农户为主,适度补助。"通过"建材下乡"以推动农村住房消费被认为是抓住了问题的"牛鼻子",预计带动消费800亿元,对于扩大内需、改善农民生活质量和国内经济结构,使中国经济尽快、率先走出全球金融危机的阴影,无疑将起到重大的历史性作用。相关论述参见童大焕:《促进农村住房消费的意义》,载《中国质量万里行》2010年第3期。

获得资金支持,[1]由此不得已转向包括高利贷在内的其他融资渠道,进而背负沉重债务负担。因此,当前亟须强化金融支持以缓解农村住房消费支出压力、满足农村住房消费需求,具体来说,需主要做好以下工作:

(1)建立农村住房消费信贷制度。农民在住房消费过程中很难获得正规金融支持的重要原因就在于正规金融体制机制创新不足、严重滞后,突出体现在农村住房消费信贷制度的缺失。与城市住房消费贷款迅猛发展形成鲜明对比的是,农村住房消费信贷制度呈缺位状态,[2]一直未能有效启动。[3] 因此,当前应建立农村住房消费信贷制度,通过强化金融支持以引导、推进农村住房消费,让农村居民与城市居民一样在住房消费过程中能够获得来自正规金融机构的信贷资金支持,享有住房消费融资权利。

(2)创新农村住房消费信贷抵押担保机制。农村住房消费金融发展缓慢是由多种因素综合作用导致的,其中,有效担保物缺乏是关键性原因。依据我国现行法律规定,安全是银行业金融机构首要的经营原则,因此,在其开展信贷业务、发放贷款时,应以担保贷款为原则,以信用贷款为例外。[4] 但从我国现行法律规定,农民的核心财产——土地及其住房却因受到诸多限制而很难成为适格的贷款发生担保物,有效担保物的缺失与金融机构安全性经营原则相冲突,由此导致涉农商业贷款业务发展缓慢。因此,建立农村住房消费信贷制度以强化农村住房消费金融支持,其关键是要创新农村住房消费信贷抵押担保机制。而近年来在多地实施的以"两权一房"(农村土地承包经营权、农村宅基地使用权及农村房屋所有权)抵押为核心的农地抵押融资试点改革和2015年国务院所发布的《关于开展农村承包土地的经营权和农民住房财产权抵押贷款试点的指导意见》则为农村住房消费信贷抵押担保机制的创新了积累了宝贵的实践经验、指明了发展方向。创新农村住房消费信贷抵押担保机制的基本路

---

〔1〕 调研结果显示,农民在住房消费过程中,能够从银行、信用社等正规金融获得资金支持的仅占到3%左右。参见马井静、李静:《安徽农村居民住房消费实证分析》,载《北方经贸》2009年第11期。

〔2〕 需要说明的是,农地住房消费信贷制度缺失是一个概括性描述,即从总体上看是如此状态,但并不排除在部分地区已有所实践。例如,在有的地区(如江西省的南城、金溪等县市),借新农村建设之势,以农村信用社为代表的正规金融机构已开始探索实施农村住房消费信贷业务。

〔3〕 参见郑晔、陈林顺:《发展农村住房消费信贷的建议》,载《西南金融》2004年第2期。

〔4〕 例如,我国《商业银行法》第4条第1款明确规定,"商业银行以安全性、流动性、效益性为经营原则,实行自主经营,自担风险,自负盈亏,自我约束"。同时,该法第7条第1款还规定,"商业银行开展信贷业务,应当严格审查借款人的资信,实行担保,保障按期收回贷款"。

径为,在对农房(所有权)及其所占用的农村宅基地(使用权)进行确权登记的基础上,明确其作为抵押担保物的地位,并通过完善农房(所有权)及宅基地(使用权)流转机制,以有效提高其经济价值,进而充分发挥其抵押担保功能。

(3)完善农村信用体系建设。除有效担保物缺乏外,农村信用体系建设滞后也是造成农村住房消费金融发展缓慢、农村住房消费信贷制度尚未"破题"的重要原因。从一定意义上讲,市场经济是一种信用经济,但从农村的实际情况来看,部分农村居民的法律意识、信用观念还较为薄弱,这极大地增加了金融机构推行农村住房消费信贷业务的风险,并由此制约了农村住房消费金融的发展。为确保农村住房信贷制度如期发挥应有作用,当前亟须完善农村信用体系建设,全面强化农村居民信用记录、信用评估、信用风险管理等相关工作,[1]为农村住房消费信贷业务的顺利开展提供有力支撑。

4. 培育农村住房消费科学观念

如上文所述,除外部因素外,农村居民落后的消费观念也是阻碍农村住房消费顺利开展、导致农村住房消费资金资源浪费严重的重要原因。例如,在传统观念下,拥有一套面积宽阔、装修豪华的房屋依然被视为身份与地位的象征。在此种观念的影响下,很多农村居民不仅会为住房消费需求的实现而省吃俭用、压缩其他开支,导致农业生产与日常生活受到影响,而且会在住房消费上存在盲目、冲动、攀比行为,造成严重的资金、资源浪费。

由此决定,要引导、推进农村消费,除需做好消费管理、政府保障以及金融支持这些"外部"工作外,还需做好观念培育这一"内部"工作,即要帮助农民形成科学的农村住房消费观念。总体来说,一方面,要引导农村居民量力而行,在农村住房问题上做到适度消费;另一方面,要祛除攀比消费文化,避免农村居民在住房问题上出现盲目消费行为。

---

[1] 参见郑晔、陈林顺:《发展农村住房消费信贷的建议》,载《西南金融》2004年第2期。

参考文献

一、中文期刊类

1. 安敏:《通过文化消费培育农村经济新的增长点研究》,载《山西农经》2016 年第 1 期。

2. 白玉:《河南农村文化消费的"短板"与破解之策》,载《农村 · 农业 · 农民》(B 版)2013 年第 3 期。

3. 本刊编辑部:《"家电下乡"能走多远?》,载《现代商业》2008 年第 10 期。

4. 本刊编辑部:《"家电下乡"历程回顾》,载《日用电器》2013 年第 2 期。

5. 本刊编辑部:《走过暗夜是黎明——亚洲经济危机周年反思》,载《南方窗》1998 年第 9 期。

6. 毕玉江、裴瑱:《消费惯性作用下农村居民和城镇居民消费影响因素的差异研究》,载《经济经纬》2016 年第 5 期。

7. 卞文志:《减费降税:促进生产拉动消费》,载《新产经》2015 年第 6 期。

8. 蔡文龙、匡贤明:《金融发展应适应新常态》,载《中国金融》2014 年第 24 期。

9. 蔡中为:《新常态下我国消费面临的问题及优化消费结构研究》,载《决策咨询》2016 年第 5 期。

10. 曹立生:《消费品市场平稳运行增幅再放缓　大众化理性化消费成为新常态》,载《商业经济研究》2015 年第 7 期。

11. 庹国柱:《农业保险试验四年回顾与展望》,载《中国保险》2011 年第1期。

12. 陈金波、戴化勇、陈向军:《湖北农村文化消费的实证分析及对策探讨》,载《商业时代》2014年第15期。

13. 陈丽:《农村居民平均住房消费倾向及其影响因素分析》,载《湖北农业科学》2015年第5期。

14. 陈丽芬、郭君平:《"十三五"消费环境和影响因素分析》,载《中国经贸导刊》2016年第24期。

15. 陈普兴:《农村消费信贷对农村消费发展的实证分析》,载《金融与经济》2009年第11期。

16. 陈树文:《社会保障中基本主体的责任分析》,载《科研管理》2003年第1期。

17. 陈晓飞、赵昊东:《农村居民收入来源结构与边际消费倾向——基于整体性与区域差异的比较研究》,载《商业经济研究》2016年第13期。

18. 陈幼红:《优化农村消费环境的对策》,载《商业时代》2010年第10期。

19. 陈宇诗:《中国农村住房问题研究综述》,载《经济视角》2011年第7期。

20. 陈治国、李成友、辛冲冲、刘向晖、李红:《基于OPLS回归模型的农村金融对农村居民消费支出的影响效应研究》,载《经济与管理评论》2016年第2期。

21. 成慧、王观、王浩:《2015年,新常态下百姓消费底气从哪来?》,载《就业与保障》2015年第Z1期。

22.《充分认识金融新常态》,载《中国金融》2015年第3期。

23. 储德银、黄文正、赵飞:《地区差异、收入不平等与城乡居民消费》,载《经济学动态》2013年第1期。

24. 崔潮、李娣:《家电下乡政策的背景、目标即效应分析》,载《地方财政研究》2010年第7期。

25. 崔立锋:《促进我国农村文化消费需求的路径选择》,载《农业经济》2013年第8期。

26. 崔苗:《河北省农村文化消费支出变动分析及预测》,载《天津商务职业学院学报》2016年第4期。

27. 崔伟:《论当前我国农村居民文化消费》,载《内蒙古农业大学学报》(社会科学版)2013 年第 5 期。

28. 崔伟:《我国农村居民文化消费现状及对策建议》,载《对外经贸》2013 年第 11 期。

29. 邓敏:《营造农村安全消费环境提高农民幸福指数论析》,载《消费经济》2011 年第 5 期。

30. 邓敏:《新形势下我国农村文化消费的问题与对策论析》,载《消费经济》2012 年第 3 期。

31. 丁丽琼:《消费需求发展变化趋势及其应对措施》,载《湖南行政学院学报》2015 年第 3 期。

32. 董振国、王春雨:《农村消费分析:住房和教育支出过大》,载《乡镇论坛》2007 年第 18 期。

33. 杜华章:《江苏省农村居民收入水平与文化消费实证分析》,载《农业经济与管理》2015 年第 5 期。

34. 段冲冲、吴杰:《新型城镇化背景下中国财政支农支出对农村居民消费影响的实证分析》,载《湖北农业科学》2016 年第 4 期。

35. 范玉波、张卫国:《“新常态”下经济增长动力机制转型三重解析》,载《经济问题探索》2015 年第 10 期。

36. 方福前:《中国居民消费需求不足原因研究——基于中国城乡分省数据》,载《中国社会科学》2009 年第 2 期。

37. 方松海、王为农、黄汉权:《增加农民收入与扩大农村消费研究》,载《管理世界》2011 年第 5 期。

38. 方婷婷:《新时期我国农村消费中的流通业影响发展研究》,载《商业经济研究》2016 年第 11 期。

39. 方筱萍、卢璇:《家电下乡政策的实证分析》,载《经营管理者》2009 年第12 期。

40. 冯娜:《关于农村消费需求与动力研究》,载《中国商论》2016 年第 24 期。

41. 冯岳松:《“万村千乡”市场工程对农村社会经济的影响》,载《内江科技》2006 年第 6 期。

42. 付强:《如何做大做强农民住房贷款的现实思考》,载《价格月刊》2010年第4期。

43. 傅雅慧:《关于拓展我国农村消费市场的思考》,载《商场现代化》2016年第1期。

44. 高峰:《环渤海地区城乡居民文化消费变迁及比较研究》,载《前沿》2014年第Z7期。

45. 国家行政学院经济学部课题组:《中国经济新常态若干问题研究》,载《经济研究参考》2015年第1期。

46. 郭伟、闫赫、刘慧莉:《促进吉林省文化消费的措施》,载《吉林农业》2012年第12期。

47. 郭晓妍、欧阳静宜、高嘉悦:《家电下乡"困境"的成因与对策——基于农村消费环境要素的分析》,载《北京电子科技学院学报》2011年第3期。

48. 郭月梅、蒋勇、武海燕:《新供给经济学视角下扩大消费需求的财税政策探讨》,载《税务研究》2015年第9期。

49. 郭振宗:《对"家电下乡"成效的思考》,载《管理科学文摘》2009年第5期。

50. 韩俊、罗丹、程郁:《农村金融现状调查》,载《农村金融研究》2007年第9期。

51. 韩丽娜、张树安、马树昇:《传统文化、消费习惯与农村居民消费行为》,载《大连民族大学学报》2016年第4期。

52. 韩伟、张红:《农村社会保障性支出对居民消费水平的影响——基于城乡比较的视角》,载《宜春学院学报》2014年第2期。

53. 郝爱民:《构建扩大农村居民消费长效机制研究——一个制度分析框架》,载《中国农学通报》2013年第11期。

54. 郝爱民、王章留:《论我国农村消费升级的趋势与流通业发展方式转变及扩大农村消费的对策》,载《农业现代化研究》2011年第2期。

55. 河北省农村消费维权课题组:《建立农村消费维权长效机制的思考》,载《中国工商管理研究》2005年第11期。

56. 何静:《"家电下乡"过程中的相关法律问题探讨》,载《江西农业学报》2009年第6期。

57. 何瑞:《关于我国农村消费影响因素的思考》,载《时代金融》2016 年第 8 期。

58. 贺辉、宋鑫:《(中国)消费经济学会首届年会暨第十八次全国消费经济理论与实践研讨会会议综述》,载《消费经济》2015 年第 6 期。

59. 贺景霖:《改善农村居民消费结构的有效路径分析》,载《吉林工商学院学报》2016 年第 1 期。

60. 贺雪峰:《我为什么反对家电下乡?》,载《新西部》2009 年第 4 期。

61. 贺雪峰、仝志辉:《论村庄社会关联——兼论村庄秩序的社会基础》,载《中国社会科学》2002 年第 3 期。

62. 贺莹:《农村公共品的供给与农村消费市场的启动》,载《经营管理者》2010 年第 10 期。

63. 洪银兴:《论中高速增长新常态及其支撑常态》,载《经济学动态》2014 年第 11 期。

64. 洪源:《政府民生消费性支出与居民消费:理论诠释与中国的实证分析》,载《财贸经济》2009 年第 10 期。

65. 胡鞍钢、周绍杰、任皓:《供给侧结构性改革——适应和引领中国经济新常态》,载《清华大学学报》(哲学社会科学版)2016 年第 2 期。

66. 胡兵、涂先进、胡宝娣:《社会保障对农村居民消费影响的门槛效应》,载《当代经济研究》2013 年第 12 期。

67. 胡玲:《加快培育增长点为消费注入新活力》,载《理论参考》2015 年第 3 期。

68. 胡清升:《引领消费新常态　释放消费潜力》,载《中国统计》2015 年第 7 期。

69. 胡永刚、郭新强:《内生增长、政府生产性支出与中国居民消费》,载《经济研究》2012 年第 9 期。

70. 胡在铭:《收入分配状况对消费率的影响理论研究与实证检验》,载《商业经济研究》2015 年第 17 期。

71. 怀仁、李建伟:《我国实体经济发展的困境摆脱及其或然对策》,载《改革》2014 年第 2 期。

72. 黄华绮:《启动农村市场的思路》,载《湘潭大学社会科学学报》2000 年第1期。

73. 黄洁纯、邢大伟:《农村居民文化消费需求与供给调查》,载《合作经济与科技》2013 年第 11 期。

74. 黄萍、邓颖颖、张伟、谢力维:《基于文化消费实证分析的四川省新农村文化建设路径研究》,载《天府新论》2013 年第 4 期。

75. 黄庆安:《农村信用担保机构发展研究——基于福建省的调查分析》,载《农业经济问题》2011 年第 1 期。

76. 黄荣、潘明清:《劳动力流动与中国农村居民消费结构——基于 LAIDS 模型的实证研究》,载《财经理论与实践》2014 年第 3 期。

77. 黄向阳:《农村居民文化消费需求的生成机理研究》,载《前沿》2011 年第 17 期。

78. 黄玉玺、李军:《我国农村住房发展的主要矛盾及影响因素分析》,载《现代经济探讨》2015 年第 7 期。

79. 黄志钢、刘霞辉:《"新常态"下中国经济增长的路径选择》,载《经济学动态》2015 年第 9 期。

80. 纪江明、赵毅:《中国区域间社会保障对居民消费的影响》,载《中国人口 · 资源与环境》2013 年第 5 期。

81. 贾书海:《农村文化消费的悲哀》,载《领导之友》2005 年第 2 期。

82. 贾小玫、冉净斐:《农村社会保障制度与消费需求增长的实证分析》,载《科学 · 经济 · 社会》2004 年第 2 期。

83. 简新华、郭洋志:《中国经济发展新常态的几种误读》,载《新疆师范大学学报》(哲学社会科学版)2015 年第 5 期。

84. 姜百臣、马少华、孙明华:《社会保障对我国居民消费行为的影响机制分析》,载《中国农村经济》2010 年第 11 期。

85. 姜长云:《中国农村住房消费需求研究》,载《调研世界》1999 年第 10 期。

86. 姜国强:《新常态下中国经济增长动力协同推进研究》,载《现代经济探讨》2015 年第 12 期。

87. 姜玉欣:《制约农村消费的制度性因素分析》,载《调研世界》2010 年第 7 期。

88. 蒋定之:《农村金融改革发展三十年》,载《中国金融家》2008 年第 12 期。

89. 江泽清:《新常态下江苏淮安城镇居民消费领域新特点》,载《统计科学与实践》2016 年第 1 期。

90. 金春雨、程浩、杨慧宇:《我国农村居民消费与收入的关系实证分析:基于变参数模型的计量检验》,载《江汉论坛》2011 年第 12 期。

91. 匡贤明:《消费拉动经济增长的理论探析》,载《中国井冈山干部学院学报》2015 年第 2 期。

92. 兰永生:《财政支农支出对农村居民消费的影响分析》,载《财政研究》2015 年第 3 期。

93. 雷潇雨、龚六堂:《城镇化对于居民消费率的影响:理论模型与实证分析》,载《经济研究》2014 年第 6 期。

94. 冷晨昕、刘灵芝、祝仲坤:《城镇化背景下收入来源结构对农村居民消费的影响分析》,载《消费经济》2016 年第 1 期。

95. 李斌娟、邢香菊:《河北省农村文化消费的问题及对策》,载《现代商业》2014 年第 16 期。

96. 黎东升、何蒲明:《我国农村公共品供给对农民消费影响的实证研究》,载《农业技术经济》2009 年第 6 期。

97. 李昌麒:《论经济法语境中的国家干预》,载《重庆大学学报》(社会科学版)2008 年第 4 期。

98. 李钒、孙林霞:《农村居民文化消费的现状及对策研究——以河南省为例》,载《人民论坛》2013 年第 5 期。

99. 李峰、赵怡虹:《新常态下统筹城乡公共服务促进农民消费的作用机制研究》,载《当代经济管理》2015 年第 9 期。

100. 李克强:《以改革创新为动力,加快推进农业现代化》,载《求是》2015 年第 4 期。

101. 李瑢:《提高农村居民消费质量需要优化农村消费环境》,载《消费经济》2010 年第 1 期。

102. 李锐、项海容:《不同类型的收入对农村居民消费的影响》,载《中国农村经济》2004 年第 6 期。

103. 李停:《经济“新常态”与我国宏观经济调控转变》,载《现代经济探讨》2015 年第 4 期。

104. 李伟:《农村居民文化消费的空间溢出效应分析》,载《商业经济研究》2016 年第 17 期。

105. 李香菊、卫帅弟:《扩大我国农村居民消费的财税政策研究》,载《长白学刊》2016 年第 5 期。

106. 李晓嘉:《财政民生支出对居民消费的影响研究》,载《重庆大学学报》(社会科学版)2014 年第 5 期。

107. 李艳昀:《家电下乡政策的消费效应评估——基于全国 221 个村庄的 4 年跟踪调查》,载《湛江师范学院学报》2014 年第 1 期。

108. 李永康:《新常态下如何调整经济增长动力——基于最终需求角度》,载《生产力研究》2015 年第 12 期。

109. 李子联、华桂宏:《新常态下的中国经济增长》,载《经济学家》2015 年第 6 期。

110. 李占风:《消费对经济增长拉动作用的计量分析》,载《统计与决策》2008 年第 21 期。

111. 梁达:《从改善供给角度重构经济增长新动力》,载《金融与经济》2014 年第 3 期。

112. 梁坤、刘广明:《后“家电下乡”时代推进农村消费政府干预论纲》,载《河北学刊》2015 年第 3 期。

113. 廖长峰、杨继瑞:《我国农村住房存在的问题与对策》,载《经济纵横》2013 年第 11 期。

114. 林超群:《“万村千乡”市场工程存在的问题及对策》,载《农村经济与科技》2007 年第 1 期。

115. 林毅夫:《“三农”问题与我国农村的未来发展》,载《农业经济问题》2003 年第 1 期。

116. 林毓铭:《社会保障预期与居民消费倾向分析》,载《学术研究》2002 年第 12 期。

117. 刘畅:《社会保障水平对居民消费影响的实证分析》,载《消费经济》2008 年第 3 期。

118. 刘东皇:《中国经济发展动力结构转换研究》,载《社会科学》2016 年第 1 期。

119. 刘东皇、谢忠秋、潘冬,《新常态下消费驱动需要驱动消费》,载《当代经济管理》2016 年第 1 期。

120. 刘广明:《农村消费市场开拓政府干预及其实现》,载《理论与改革》2011 年第 4 期。

121. 刘广明:《刍议"家电下乡"财政补贴目标定位及其制度完善》,载《求实》2009 年第 10 期。

122. 刘广明:《农村商业性金融改革的路径选择》,载李昌麒、岳彩申主编:《经济法论坛》(第 7 卷),群众出版社 2010 年版。

123. 刘广明:《农村消费市场开拓的金融支持探析》,载《中央财经大学学报》2011 年第 6 期。

124. 刘广明、王艳宁:《家电下乡制度构建的经济学解读——基于国家干预经济的研究路径》,载《财经问题研究》2009 年第 7 期。

125. 刘广明、尤晓娜:《诹论农村消费安全环境的治理——基于河北省部分县市的实地调研》,载李昌麒、岳彩申主编:《经济法论坛》(第 14 卷),法律出版社 2015 年版。

126. 刘广明、尤晓娜:《论食品安全治理的消费者参与及其机制构建》,载《消费经济》2011 年第 3 期。

127. 刘慧:《社会保障对居民消费影响的国内外文献综述》,载《西北农林科技大学学报》2010 年第 1 期。

128. 刘江:《消费行为研究的新视野:消费文化》,载《北京商学院学报》1994 年第 4 期。

129. 刘金新:《马克思的消费理论及现实思考——以〈政治经济学批判导言〉为对象》,载《重庆理工大学学报》(社会科学版)2016 年第 8 期。

130. 刘金新:《"十三五"时期消费需求的基础作用——基于新常态和供给侧结构性改革的分析》,载《湖北经济学院》2016 年第 4 期。

131. 刘俊:《试论农民流动与农村住房建设》,载《现代农业》2008 年第 1 期。

132. 刘俊海:《弘扬消费者友好型裁判理念　助力新常态下经济转型升级》,载《人民司法》2015 年第 9 期。

133. 刘璐、张泽一:《怎样应对新常态下的消费需求升级》,载《经营与管理》2016 年第 1 期。

134. 刘琪欣:《农村居民消费现状及影响因素研究》,载《安徽农业科学》2016 年第 1 期。

135. 刘尚希:《改革成效要以国民的"消费状态"来衡量》,载《中国发展观察》2007 年第 9 期。

136. 刘书明:《现代市场经济与中国政府经济职能》,载《社科纵横》2009 年第 4 期。

137. 刘胜军:《通往"新常态"之路》,载《中国经济报告》2015 年第 1 期。

138. 刘树燕:《我国农村文化消费发展问题探微》,载《理论学刊》2010 年第4 期。

139. 刘文俭、张传翔、刘效敬:《统筹城乡文化发展战略研究》,载《青岛科技大学学报》(社会科学版)2005 年第 2 期。

140. 刘晓红:《经济学视阈下中国农村居民文化消费需求探析》,载《经济与管理》2012 年第 2 期。

141. 刘晓红:《江苏农村居民文化消费需求实证分析》,载《江苏农业科学》2013 年第 4 期。

142. 刘新、刘伟、胡宝娣:《社会保障支出、不确定性与居民消费效应》,载《江西财经大学学报》2010 年第 5 期。

143. 刘艳华:《农业信贷配给对农村居民消费的间接效应——基于面板门槛模型的阐释》,载《农业经济问题》2016 年第 7 期。

144. 刘艳华:《农业信贷配给对农民居民消费的空间溢出效应——基于静态空间面板模型和动态空间面板模型的比较分析》,载《东岳论丛》2016 年第 7 期。

145. 刘勇:《发挥消费对增长的基础作用推动经济新常态下的工业增长》,载《理论探讨》2016 年第 1 期。

146. 刘玉萍、郭珺珺:《"万村千乡"推广悖论及其解决方案》,载《重庆工商大学学报》(西部论坛)2008 年第 6 期。

147. 刘玉萍、郭珺珺、胡碧玉:《"万村千乡"的推广难题及其解决对策》,载《农村经济与科技》2008 年第 10 期。

148. 卢嘉瑞:《优化消费环境提高消费质量》,载《河北经贸大学学报》2006年第6期。

149. 陆立新:《农村居民文化消费影响因素的区域差异及动态效应分析》,载《统计与决策》2009年第9期。

150. 鲁钊阳、郑中伟:《经济新常态下新消费增长点培育的逻辑起点、约束条件与路径选择》,载《经济问题探索》2016年第1期。

151. 罗忻、黄永林:《我国文化消费存在的问题及引导对策研究》,载《兰州大学学报》(社会科学版)2013年第1期。

152. 马海涛、和立道:《积极财政政策凸显民生财政》,载《甘肃金融》2010年第1期。

153. 马会:《中国农村居民消费水平的变化趋势分析》,载《河北青年管理干部学院学报》2016年第1期。

154. 马井静、李静:《安徽农村居民住房消费实证分析》,载《北方经贸》2009年第11期。

155. 马晓旭:《家电下乡政策对农村可持续发展的影响》,载《价格理论与实践》2010年第9期。

156. 马志敏:《农村消费环境现状分析及优化对策》,载《经济问题》2016年第7期。

157. 毛其淋:《地方政府财政支农支出与农村居民消费——来自中国29个省市面板数据的经验证据》,载《经济评论》2011年第5期。

158. 毛振华:《新常态下的宏观风险缓释机制》,载《中国金融》2014年第14期。

159. 毛中根、叶胥:《经济新常态与中国文化消费提升:一致性、新挑战及政策建议》,载《哈尔滨工业大学学报》(社会科学版)2016年第6期。

160. 慕永通、朱玉贵:《补贴概念与效果》,载《财贸研究》2006年第4期。

161. 聂喜玲:《区域农村公共产品供给的消费效应分析——基于东中西部城市经济圈的比较》,载《商业经济研究》2016年第14期。

162. 潘文轩:《我国城乡居民消费行为的差异性及其政策含义》,载《统计研究》2010年第8期。

163. 逄锦聚:《马克思主义经济学在经济新常态下的现实意义》,载《社会科学文摘》2016 年第 4 期。

164. 彭春华:《试析体制约束下的我国农村市场及其出路》,载《岭南学刊》2001 年第 1 期。

165. 彭真善、李静波、曹伏良:《我国农村精神文化消费的现状及改进思路》,载《湖南大学学报》(社会科学版)2008 年第 3 期。

166. 蒲心文:《论消费文化——左右企业经营成败看不见的手》,载《广东社会科学》1997 年第 2 期。

167. 齐昊、孙昕:《经济新常态背景下促进居民消费的财政支出政策思考》,载《改革与开放》2016 年第 16 期。

168. 祁京梅、肖晓程:《消费模式的新常态》,载《金融博览》2015 年第 1 期。

169. 乔燚宁:《我国物流业发展对农村居民消费结构的影响研究》,载《商业经济研究》2016 年第 24 期。

170. 乔榛、孙海杰:《适应经济新常态的中国收入分配制度改革》,载《学术交流》2015 年第 8 期。

171. 秦大磊、张坚:《家电下乡对农村消费者品牌意识的影响分析》,载《商业时代》2010 年第 11 期。

172. 清华:《流通网络组织开拓农村消费市场的必要性及创新路径》,载《商业经济研究》2016 年第 23 期。

173. 邱桂杰、于淼,《财政支农支出对我国农村居民消费影响的实证研究》,载《税务与经济》2014 年第 4 期。

174. 仇焕广、严健标、李登旺、韩炜:《我国农村生活能源消费现状、发展趋势及决定因素分析:基于四省两期调研的实证研究》,载《中国软科学》2015 年第 11 期。

175. 屈韬:《中国农村消费行为及其制约因素分析》,载《经济学家》2009 年第 9 期。

176. 冉净斐:《农村社会保障制度与消费需求增长的关系研究》,载《南方经济》2004 年第 2 期。

177. 任晓菲、赵利志:《社会保障拉动农村消费问题研究》,载《山西青年》2016 年第 1 期。

178. 山西行政学院理论研究中心:《构建扩大农村居民消费需求长效机制研究——基于山西农村的调查分析》,载《国家行政学院学报》2014 年第 2 期。

179. 邵书峰:《新农村建设视角下农户住房投资行为分析——基于河南省南阳市 600 农户的调查》,载《调研世界》2010 年第 4 期。

180. 沈坤荣:《供给侧结构性改革是经济治理思路的重大调整》,载《南京社会科学》2016 年第 2 期。

181. 沈坤荣、刘东皇:《以供给侧结构性改革推进经济新常态下消费成长》,载《江苏行政学院学报》2016 年第 6 期。

182. 史云、田珍:《新常态下农村中等收入者消费特征及市场驱动研究——以江苏为例》,载《江苏商论》2015 年第 10 期。

183. 司春燕:《新型城镇化中扩大消费需求的财税政策研究》,载《商业经济研究》2016 年第 4 期。

184. 司芳琴:《新农村文化建设的若干思考》,载《郑州大学学报》(哲学社会科学版)2007 年第 4 期。

185. 司瑞婕:《浅谈"万村千乡市场工程"对我国农村经济的影响》,载《经济视角》2010 年第 2 期。

186. 师建兰:《"万村千乡"市场工程对农村消费的影响及对策研究——以甘肃省为例》,载《湖北经济学院学报》(人文社会科学版)2016 年第 2 期。

187. 宋成华:《"家电下乡"政策的经济学思考》,载《黑龙江社会科学》2009 年第 4 期。

188. 宋华锋、许春玲:《西部农村居民住房投资现状及分析》,载《辽宁行政学院学报》2008 年第 10 期。

189. 宋磊:《构建我国新型农地金融制度的思考》,载《海南金融》2005 年第 7 期。

190. 宋林飞:《主动把握、适应经济发展新常态》,载《南京农业大学学报》(社会科学版)2015 年第 1 期。

191. 苏春江:《财政支农投入与城乡一体化关系研究》,载《技术经济》2009 年第 5 期。

192. 睢海霞、陈俊江:《文化消费如何成为新的经济增长点——以成都为例》,载《开放导报》2016 年第 3 期。

193. 孙保营:《河南省农村居民消费行为特征及其优化研究》,载《当代经济》2016 年第 16 期。

194. 孙菲菲:《“家电下乡”的经济效应分析》,载《商业经济》2009 年第 17 期。

195. 孙海涛、宋荣兴:《消费需求与经济增长关系的计量经济分析》,载《技术经济与管理研究》2012 年第 1 期。

196. 孙虹乔:《农村基础设施建设与消费需求的增长——基于 1978 ~ 2009 年经验数据的实证》,载《消费经济》2011 年第 5 期。

197. 唐诣:《“万村千乡”的是非》,载《中国市场》2006 年第 37 期。

198. 陶醉、易发云:《不同来源收入对农村居民消费结构的影响分析》,载《统计与决策》2016 年第 7 期。

199. 童大焕:《促进农村住房消费的意义》,载《中国质量万里行》2010 年第 3 期。

200. 汪利娜:《城市化进程中的农村消费抑制》,载《中国农村金融》2013 年第 10 期。

201. 汪露:《家电下乡财政补贴政策分析》,载《当代经济》2009 年第 2 期。

202. 汪伟:《经济新常态下如何扩大消费需求?》,载《人文杂志》2016 年第 4 期。

203. 汪伟、郭新强、艾春荣:《融资约束、劳动收入份额下降与中国低消费》,载《经济研究》2013 年第 11 期。

204. 汪旭辉:《农村消费品流通渠道对农民福利的影响——基于消费品市场购买便利性与安全性视角的分析》,载《农业经济问题》2010 年第 11 期。

205. 王保花、鹿方圆:《我国农村居民消费行为特征及影响因素研究》,载《理论与改革》2016 年第 1 期。

206. 王杜方玫:《基于 ELES 模型的陕西省农村居民消费结构分析》,载《宝鸡文理学院学报》(社会科学版)2016 年第 1 期。

207. 王凤青:《培育农村文化消费力　发展壮大文化产业》,载《山东省农业管理干部学院学报》2011 年第 3 期。

208. 王红阳、王俊:《当前农村公共文化产品供给状况分析》,载《理论界》2013 年第 12 期。

209. 王俊:《关于在经济“新常态”下转变发展方式的思考》,载《经济研究思考》2014 年第 63 期。

210. 王娜、张磊:《拉动农村居民消费的财政支持机制研究》,载《价格理论与实践》2016 年第 2 期。

211. 王培婷、李云翔、贾慧慧、刘小玉:《应采取阶梯式扩大农村消费需求政策》,载《合作经济与科技》2014 年第 10 期。

212. 王曙光、高峰:《我国家电下乡政策的影响及其建议》,载《商业经济》2012 年第 7 期。

213. 王宋涛:《收入分配对中国居民文化消费的影响研究》,载《广东财经大学学报》2014 年第 2 期。

214. 王婷:《新常态下烟台消费领域新特点》,载《中国统计》2015 年第 7 期。

215. 王小华:《优化农民收入结构、外部输血性引导与扩大农村消费》,载《西部论坛》2014 年第 2 期。

216. 王小华、温涛:《城乡居民消费行为及结构演化的差异研究》,载《数量经济技术经济研究》2015 年第 10 期。

217. 王小华、温涛、朱炯:《习惯形成、收入结构失衡与农村居民消费行为演化研究》,载《经济学动态》2016 年第 10 期。

218. 王晓霞、孙华臣:《社会保障支出对消费需求影响的实证研究》,载《东岳论丛》2008 年第 6 期。

219. 王向楠:《我国农村基础设施建设的消费效应研究》,载《西安财经学院学报》2013 年第 2 期。

220. 王昕、刘丹:《城镇化背景下天津农村居民文化消费现状分析——基于天津市 717 户农户的微观调查数据》,载《天津经济》2016 年第 9 期。

221. 王艳:《新常态下中国经济增长新动力研究》,载《中共郑州市委党校学报》2016 年第 4 期。

222. 王悦州:《农村文化消费制约因素透析——以湖北襄樊市为例》,载《襄樊学院学报》2009 年第 10 期。

223. 王悦洲:《扩大农村文化消费途径思考》,载《襄樊学院学报》2010 年第9期。

224. 王增文、Antoinette Hetzler:《融资渠道不畅、保障力度不足与农村消费动机强度低下致因分析——基于区域差异的度量、探索与诠释》,载《中国地质大学学报》(社会科学版)2014 年第 5 期。

225. 王志:《制约中国农村居民消费增长的原因及促进政策》,载《大连海事大学学报》(社会科学版)2014 年第 2 期。

226. 文峰、姚树荣:《居民消费与经济增长关系的实证分析及政策选择》,载《学术论坛》2002 年第 4 期。

227. 文启湘、文晖:《加快推进消费转型升级——新常态下消费发展的若干思考》,载《消费经济》2016 年第 1 期。

228. 魏玮:《优化财政支出结构　促进居民消费的研究》,载《天津经济》2015 年第 5 期。

229. 闻天:《从家电下乡看改善民生》,载《红旗文稿》2009 年第 4 期。

230. 温涛、田纪华、王小华:《农民收入结构对消费结构的总体影响与区域差异研究》,载《中国软科学》2013 年第 3 期。

231. 温铁军、刘海英:《家电下乡与问题分析》,载《中国金融》2009 年第 6 期。

232. 吴庆田、陈孝光:《农村社会保障消费效应的协整分析与误差修正模型》,载《统计与决策》2009 年第 18 期。

233. 吴小丁、王晓彦:《"万村千乡"龙头企业全面亏损的政策思考——吉林省"万村千乡"市场工程调查报告》,载《市场营销导刊》2008 年第 2 期。

234. 武晓光、聂爱芹:《新常态下我国分配格局失衡现状及调整对策》,载《商业经济研究》2016 年第 1 期。

235. 夏斌:《如何实现消费为纲》,载《中国产业经济动态》2009 年第 15 期。

236. 夏妍、程斌:《我国农村流通业与农村居民消费水平协调发展机制研究》,载《商业经济研究》2016 年第 13 期。

237. 夏元燕:《农村消费品流通业发展的效率提升路径探讨》,载《商业经济研究》2016 年第 24 期。

238. 向明:《中国农村居民文化消费研究》,载《农业技术经济》2015 年第 7 期。

239. 肖浩辉:《加强消费文化研究,提高消费文明》,载《消费经济》1994 年第 6 期。

240. 肖攀、李连友、苏静:《农村社会保障对农村居民消费影响的门槛效应与区域异质性——转换模型的分析》,载《软科学》2015 年第 6 期。

241. 肖攀、李连友、苏静:《农村社会保障对消费结构影响的门槛效应——基于 PSTR 模型的分析》,载《经济经纬》2016 年第 5 期。

242. 谢春玲:《新常态下提高居民消费率的政府行为选择》,载《现代经济探讨》2015 年第 11 期。

243. 谢娜、张红:《新时期中国农村住房消费状况》,载《中国房地产》2009 年第 3 期。

244. 谢文、吴庆田:《农村社会保障支出对农村居民消费的影响的实证研究》,载《财经理论与研究》2009 年第 5 期。

245. 熊汉富、袁丹洁:《消费文化是消费的知识化和理论化形态》,载《湖南教育学院学报》2000 年第 1 期。

246. 熊建珩:《对〈消法〉涉农消保的修改建议》,载《中国工商管理研究》2009 年第 9 期。

247. 熊晓玲、彭喜宝:《我国农村文化消费的困境及对策研究》,载《山西农业大学学报》(社会科学版)2012 年第 7 期。

248. 徐晨雪:《家电下乡政策实施效果分析》,载《安徽农业科学》2013 年第 5 期。

249. 徐会奇、齐齐、李辉:《我国城乡居民消费行为研究中的分歧及原因——基于文献综述》,载《南京审计学院学报》2014 年第 1 期。

250. 徐敏:《经济新常态下妥善处理投资消费比例关系的思考》,载《商业经济研究》2015 年第 28 期。

251. 徐绍史:《积极发挥新消费引领作用　加快培育形成新供给新动力》,载《中国经贸导刊》2015 年第 36 期。

252. 徐媛媛、孙浩、燕彬:《农村人口年龄结构变动对居民消费的影响研究——以西北五省为例》,载《西北人口》2016 年第 5 期。

253. 徐振宇、谢志华:《中国农村居民消费政策反思与建议》,载《中国市场》2013 年第 23 期。

254. 闫福丽、王小洋、卓伟年:《我国家电下乡政策的综合效应评价》,载《特区经济》2009 年第 7 期。

255. 晏青:《"万村千乡"见市场　千家万户得实惠》,载《当代贵州》2009 年第 16 期。

256. 晏晓丽:《河南省农村居民文化消费扩大和优化对策探析》,载《郑州轻工业学院学报》(社会科学版)2013 年第 4 期。

257. 杨彬如:《基于解构模型的中国农村居民消费影响因素分析——基于 1999 ~2012 年面板数据》,载《中国农业资源与区划》2016 年第 3 期。

258. 杨春娟、邵军宁、郭清梅:《当前农民文化需求与满足途径研究》,载《河北省社会主义学院学报》2013 年第 4 期。

259. 杨静:《"万村千乡"市场工程发展现状与模式》,载《商业时代》2013 年第 2 期。

260. 杨天宇、王小婷:《我国社会保障支出对居民消费行为的影响研究》,载《探索》2000 年第 5 期。

261. 叶琪:《基于金融视角的我国农村消费支持体系构建》,载《华中农业大学学报》(社会科学版)2010 年第 1 期。

262. 叶熠阳:《试论消费需求对安徽经济的作用》,载《时代金融》2015 年第 1 期。

263. 易培强:《经济新常态下消费发展的基本特征与主要对策》,载《湖南师范大学社会科学学报》2015 年第 5 期。

264. 尹华北、王新海:《基于转移性收入视角的农村居民消费需求研究》,载《消费经济》2010 年第 4 期。

265. 尹夼:《高房价是如何挤压国民消费的?》,载《南风窗》2016 年第 18 期。

266. 应焕红:《浙江农民住房消费需求强烈——关于浙江农村住房改造和扩大消费的调研》,载《观察与思考》2010 年第 12 期。

267. 于昊:《"家电下乡"——历史名词》,载《电器》2013 年第 2 期。

268. 于泳:《我国社会保障与居民消费的实证性研究》,载《财会研究》2009 年第 5 期。

269. 余菊、刘新:《城市化、社会保障支出与城乡收入差距——来自中国省级面板数据的经验证据》,载《经济地理》2014 年第 3 期。

270. 臧旭恒、贺洋:《坚持用马克思主义政治经济学指导消费经济理论研究》,载《马克思主义与现实》2016 年第 5 期。

271. 翟志青:《新常态下如何让居民消费增长成为常态》,载《东方企业文化》2015 年第 14 期。

272. 赵萍:《从消费市场发展看汽车消费走势》,载《汽车纵横》2015 年第 8 期。

273. 赵萍:《中国消费发展新常态》,载《理论参考》2015 年第 3 期。

274. 赵莎莎、杨建立:《家电下乡的实施效果与政策完善——基于全国 246 村 3656 农户的调查与回访》,载《西部论坛》2011 年第 2 期。

275. 张超:《我国居民消费需求不振与收入分配失衡》,载《宿州学院学报》2016 年第 2 期。

276. 张冲、刘已筠:《中国居民文化消费影响因素的地区差异研究——基于东中西部地区面板数据》,载《农村经济》2016 年第 7 期。

277. 张大斌、凡华农、邓大才:《中国农村家庭住房消费需求微观经济分析——基于"建材下乡"政策调查的数据》,载《农业技术经济》2011 年第 9 期。

278. 张凤:《基于持久收入假说的城镇和农村居民居住消费支出比较研究》,载《农村经济》2015 年第 6 期。

279. 张国光:《有效消费不足与经济可持续增长》,载《西南金融》2015 年第12 期。

280. 张慧芳、朱雅玲:《新常态下中国经济自主协调发展的驱动力模型——基于消费主导视域》,载《现代经济探讨》2015 年第 2 期。

281. 张继海:《社会保障养老金财富对城镇居民消费支出影响的实证研究》,载《山东大学学报》(哲学社会科学版)2008 年第 3 期。

282. 张佳玉:《从农村文化消费现状看基层文化建设存在的问题》,载《群文天地》2012 年第 22 期。

283. 张谨:《新农村建设中的文化消费问题研究——以广州市为例》,载《前沿》2009 年第 7 期。

284. 张金桐、刘雪梅:《河北省农村文化消费现状及其发展趋势》,载《经济与管理》2007 年第 8 期。

285. 张静、王环:《农村居民消费制约因素研究》,载《山东理工大学学报》

(社会科学版)2011 年第 5 期。

286. 张京成:《融合创新促进文化消费浅谈》,载《北京联合大学学报》(人文社会科学版)2016 年第 4 期。

287. 张康德:《是"双赢",还是"双败"? ——评"家电下乡"政策》,载《经济视角》2011 年第 7 期。

288. 张来明、李建伟:《中国经济发展新常态重要思想的科学性与理论涵义》,载《经济纵横》2015 年第 3 期。

289. 张龙、雷蕾:《收入与消费的协整检验下的我国农村消费水平的计量经济研究》,载《时代金融》2016 年第 21 期。

290. 张敏:《对城乡居民消费拉动经济增长的思考》,载《合作经济与科技》2015 年第 7 期。

291. 张娜:《我国农村社会保障对农村居民消费影响的实证分析》,载《天津农业科学》2016 年第 2 期。

292. 张秋惠、刘金星:《中国农村居民收入来源结构对其消费支出行为的影响——基于 1997 ~ 2007 年的面板数据分析》,载《中国农村经济》2010 年第 4 期。

293. 张慎霞、耿国华、朱艳红:《经济新常态下收入分配改革的挑战、机遇与对策》,载《经济纵横》2016 年第 2 期。

294. 张苏秋、顾江:《居民教育支出对文化消费溢出效应研究——基于全面面板数据的门限回归》,载《上海经济研究》2015 年第 9 期。

295. 张武康:《"万村千乡"市场工程长效机制构建的探索》,载《经济论坛》2007 年第 20 期。

296. 张喜才:《新常态下农村市场体系建设研究》,载《商业经济》2016 年第 7 期。

297. 张笑寒、张娟:《农户贷款困境与农地金融制度的构建》,载《江西财经大学学报》2005 年第 6 期。

298. 张小莉:《农村消费文化的现状分析及建议》,载《理论视野》2014 年第 3 期。

299. 张晓山:《新常态下农业和农村发展面临的机遇和挑战》,载《学习与探索》2015 年第 3 期。

300. 张欣蕾:《中国财政支出与农村居民消费之间的关系》,载《农村经济与科技》2016 年第 5 期。

301. 张艳涛:《新常态境遇下中国消费文化建设路径探析》,载《山东社会科学》2016 年第 1 期。

302. 张艳涛、林倩倩:《论新常态视阈下中国消费文化建设》,载《广义虚拟经济研究》2016 年第 1 期。

303. 张燕源:《社会保障水平与居民消费、储蓄行为的关联性分析》,载《商业时代》2010 年第 27 期。

304. 张杨:《文化生产视野下的农村文化建设——以湖南省石门县雁池乡为例》,载《传承》2012 年第 11 期。

305. 张云生:《对新常态下缩小贫富差距的思考》,载《齐齐哈尔大学学报》(哲学社会科学版)2015 年第 8 期。

306. 张占斌、周跃辉:《释放消费红利　拉动增长引擎》,载《中国党政干部论坛》2015 年第 8 期。

307. 张占仓:《中国经济新常态与可持续发展新趋势》,载《河南社会科学》2015 年第 1 期。

308. 张治觉、吴定玉:《我国财政社会保障对居民消费产生引致还是挤出效应》,载《消费经济》2010 年第 3 期。

309. 张子麟、宋蕊:《新常态下居民消费结构变化的趋势与对策》,载《宏观经济管理》2016 年第 6 期。

310. 赵周贤、刘光明:《坚持发展是硬道理的本质要求就是坚持科学发展——学习习近平总书记关于科学发展的重要论述》,载《求是》2014 年第 7 期。

311. 郑斌斌:《我国农村流通体系对农村消费需求的影响分析》,载《商业经济研究》2016 年第 18 期。

312. 郑风田:《如何改善农村消费环境》,载《时事报告》2011 年第 3 期。

313. 郑晔、陈林顺:《发展农村住房消费信贷的建议》,载《西南金融》2004 年第 2 期。

314. 郑玉香:《农村文化消费市场现状及创新分析》,载《商业研究》2012 年第10期。

315. 郑直:《农民工资性收入首次超过家庭经营纯收入》,载《乡村科技》2014 年第 9 期。

316. 钟燕琼:《农村电商发展现状及对农村居民消费的影响》,载《商业经济研究》2016 年第 11 期。

317. 周金琳:《新常态下促进居民消费的税收政策思考》,载《财会月刊》2016 年第 2 期。

318. 朱长明:《我国农村居民消费结构升级的制约因素分析》,载《生产力研究》2012 年第 4 期。

319. 朱国林、范建勇、严燕:《中国的消费不振与收入分配:理论和数据》,载《经济研究》2002 年第 5 期。

320. 朱晓杰:《农村文化消费的启动与升级——以河南省为例》,载《河南财政税务高等专科学校学报》2011 年第 1 期。

321. 朱晓杰:《河南农村居民文化消费调查分析》,载《农村 · 农业 · 农民》(B 版)2014 年第 9 期。

322. 卓纳新、黄向阳:《农村居民文化消费的外部性研究》,载《经济与社会发展》2009 年第 3 期。

二、中文报纸类

1. 安蓓、于佳欣:《新消费引领新供给打造新动力》,载《中华工商时报》2015 年 11 月 24 日,第 2 版。

2. 曹立生:《消费对 GDP 拉动作用仍居首位》,载《国际商报》2016 年 1 月 14 日,A02 版。

3. 陈洪波、刘强:《农村金融改革路漫漫》,载《农民日报》2006 年 7 月 15 日,第 1 版。

4. 陈黎明:《市场失灵政府越位导致农村劣质商品横行》,载《中国改革报》2005 年 1 月 13 日,第 2 版。

5. 陈郁:《农村消费维权工作取得长足进展》,载《经济日报》2008 年 2 月 19 日,第 16 版。

6. 丁万明:《促进农村消费要多举并用》,载《中国改革报》2008 年 4 月 14 日,第 5 版。

7. 付小为:《理解新常态下的新消费》,载《长江日报》2014 年 12 月 12 日,第 5 版。

8. 耿莉萍:《经济新常态下居民消费新变化》,载《国际商报》2015 年 1 月 19 日,A08 版。

9. 郭安丽:《个性化、多样化的消费将成新常态》,载《中国联合商报》2014 年 12 月 22 日,C01 版。

10. 何俊杰:《以"文化 +"推动形成文化消费新常态》,载《绍兴日报》2015 年 7 月 26 日,第 3 版。

11. 李佐军:《以改革实现向新常态平稳过渡》,载《经济日报》2014 年 11 月 21 日,第 5 版。

12. 朗朗:《后"家电下乡"时代》,载《21 世纪经济报道》2013 年 1 月 31 日,第 4 版。

13. 朗朗:《后"家电下乡"时代　政策红利哺乳期完结》,载《中国商报》2013 年 2 月 19 日,W04 版。

14. 李克强:《维护和平稳定推动结构改革增强发展新动能——在世界经济论坛 2015 年年会上的特别致辞》,载《光明日报》2015 年 1 月 23 日,第 3 版。

15. 林冈:《家电下乡只能是"急就章"》,载《青岛日报》2013 年 2 月 25 日,第 4 版。

16. 刘纯银:《经济运行新常态下需挖掘农民消费潜力》,载《农民日报》2015 年 1 月 14 日,第 3 版。

17. 刘连伟、邢明贵:《健全农村维权网络　提高农民维权意识　关键要改善农村消费环境》,载《消费日报》2006 年 3 月 28 日,B01 版。

18. 刘玉梅:《农村金融是现代农村经济的核心——就农村金融改革问题的访谈》,载《河南日报》2008 年 11 月 5 日,第 9 版。

19. 曲琦:《经济学家李稻葵谈新常态中的热点问题——消费将是拉动未来中国经济的重要因素》,载《大连日报》2015 年 9 月 10 日,第 11 版。

20. 任震宇:《一会两站将维权工作向农村全面拓展》,载《中国消费者报》2008 年 6 月 20 日,A05 版。

21. 维浩:《农村消费维权的现状及解决对策》,载《新农村商报》2012 年 11 月 14 日,C11 版。

22. 汪海波:《再评“迷思论”——对〈破解中国消费不足论的谜思〉一文的商榷意见》,载《中国经济时报》2013 年 2 月 26 日,第 6 版。

23. 王峰:《疏浚流通渠道　降低农村家电价格》,载《中国消费者报》2009 年 1 月 16 日,A01 版。

24. 王强:《中国农村消费与市场变局》,载《经济日报》2014 年 3 月 19 日,第 15 版。

25. 温源:《文化消费:别把农村遗忘》,载《光明日报》2012 年 2 月 9 日,第 16 版。

26. 吴力:《后家电下乡时代　促消费如何借力》,载《国际商报》2013 年 2 月 4 日,A01 版。

27. 吴新光:《全省“万村千乡市场工程”农家店突破 4 万家》,载《河北经济日报》2011 年 9 月 5 日,第 1 版。

28. 习近平:《谋求持久发展,共筑亚太梦想——在亚太经合组织工商领导人峰会开幕式上的演讲》,载《人民日报》2014 年 11 月 10 日,第 1 版。

29. 徐科:《消费需求渐成支撑经济增长持久动力》,载《证券日报》2014 年 11 月 5 日,A02 版。

30. 杨国民:《“万村千乡市场工程”稳步推进——农村市场建设系列报道之一》,载《经济日报》2006 年 7 月 30 日,第 1 版。

31. 杨瑞龙:《发展传统增长引擎,培育新经济增长点》,载《中国经济时报》2014 年 8 月 29 日。

32. 尹世杰:《加强对消费文化的研究》,载《光明日报》1995 年 4 月 30 日,第 14 版。

33. 余知都:《推进“一会两站”工作　改善农村消费环境》,载《中国消费者报》2008 年 10 月 17 日,A02 版。

34. 张云中:《家电下乡不该是“替罪羊”》,载《国际商报》2012 年 5 月 22 日,金融界:http://finance.jrj.com.cn/opinion/2012/05/22164313225080.shtml。

35. 张云中:《家电下乡政策退市风雨欲来》,载《国际商报》2011 年 11 月 9 日,中国新闻网:http://www.chinanews.com/it/2011/11-09/3449248.shtml。

36. 张斌峰:《释放消费潜力　引领消费新常态——陕西消费转型升级的路径调查》,载《陕西日报》2016 年 2 月 24 日,第 12 版。

37. 周月桂:《消费需求进入新常态——解读湖南社会消费品零售总额首过万亿元》,载《湖南日报》2015 年 1 月 23 日,第 5 版。

三、中文著作类

1. 陈冲:《不确定性条件下中国农村居民的消费行为研究》,中国经济出版社 2016 年版。

2. 陈东琪、马晓河主编:《消费引领　供给创新:"十三五"经济持续稳定增长的动力》,人民出版社 2016 年版。

3. 成思危主编:《中国农村消费市场的分析与开拓》,民主与建设出版社 2001 年版。

4. 迟福林:《第二次改革:中国未来 30 年的强国之路》,中国经济出版社 2010 年版。

5. 方松海、王为农等:《增加农民收入与农村消费》,经济科学出版社 2012 年版。

6. 郭亚军:《中国农村居民消费及其影响因素分析》,中国农业出版社 2009 年版。

7. 胡元聪等:《扩大农村消费需求的法律激励机制研究》,法律出版社 2012 年版。

8. 李昌麒等撰稿:《经济法学》,中国政法大学出版社 2002 年版。

9. 李昌麒主编:《中国农村法治发展研究》,人民出版社 2006 年版。

10. 李凌:《中国居民消费需求研究:波动与增长的视角》,上海社会科学院出版社 2016 年版。

11. 李萍等:《统筹城乡发展中的政府与市场关系研究》,经济科学出版社 2011 年版。

12. 林岗、王一鸣、马晓河、刘元春主编:《中国经济改革与发展研究报告(2014)》,中国人民大学出版社 2014 年版。

13. 林毅夫:《解读中国经济》,北京大学出版社 2014 年版。

14. 刘广明:《农地抵押融资功能实现法律制度研究》,人民出版社 2016 年版。

15. 刘晓红:《中国农村居民消费结构实证研究》,中国社会科学出版社

2016 年版。

16. 刘勇等:《新常态下的消费增长与工业转型发展》,经济管理出版社 2015 年版。

17. 刘郁葱、邱崇明指导:《中国金融约束政策对居民消费需求增长的影响:理论与实证研究》,厦门大学出版社 2014 年版。

18. 马成文、李想、郑丽琳:《农村居民消费对我国经济发展影响效应研究》,中国科学技术大学出版社 2010 年版。

19.《马克思恩格斯文集》(第 8 卷),人民出版社 2009 年版。

20.《马克思恩格斯选集》(第 2 卷),人民出版社 1972 年版。

21. [美]道格拉斯·C. 斯诺:《经济史中的结构与变迁》,陈郁、罗华平译,上海三联书店 1994 年版。

22. [美]维托·坦茨:《政府与市场:变革中的政府职能》,王宇等译,商务印书馆 2014 年版。

23. [美]约瑟夫·E. 斯蒂格利茨等、[荷]阿诺德·赫特杰主编:《政府为什么干预经济》,郑秉文译,中国物资出版社 1998 年版。

24. 申恩威、杨振:《社会主义经济条件下市场和政府关系研究》,人民日报出版社 2016 年版。

25. 邰秀军:《中国农村消费市场和农户消费行为现状分析》,经济科学出版社 2012 年版。

26. 田珍:《扩大农村内需:消费补贴制度安排与政策效应研究》,经济科学出版社 2012 年版。

27. 王进、王礼力指导:《农村居民消费的区域比较研究》,中国社会科学出版社 2011 年版。

28. 王明成:《我国私人消费不足困境的形成机理研究:基于政府支出的视角》,东南大学出版社 2016 年版。

29. 王娜、张磊:《中国财政支出拉动农村居民消费研究》,中国社会科学出版社 2011 年版。

30. 王山河、胡加、杜兴端:《中国农村消费市场开发与对策研究:以乌江流域民族地区为例》,中国经济出版社 2014 年版。

31. 王晓红:《中国农村消费需求趋势研究》,西南财经大学出版社 2015 年版。

32. 王亚南主编:《中国乡村文化消费需求景气评价报告(2012)》,社会科学文献出版社2012年版。

33. 文启湘主编:《消费经济学》,西安交通大学出版社2005年版。

34. 吴石磊:《中国文化产业发展对居民消费的影响研究》,经济科学出版社2016年版。

35. 吴学品:《中国流通业对农村居民消费的影响研究》,经济科学出版社2015年版。

36. 吴云勇:《"十二五"期间中国农民持续增收的路径选择研究》,中国社会科学出版社2012年版。

37. 肖忠意:《城镇化与金融深化对农村居民消费影响的研究》,西南财经大学出版社2015年版。

38. [新加坡]陈惠华:《变革:市场中的政府角色》,刘阿钢译,北京大学出版社2013年版。

39. 徐振宇:《中国农村居民消费发展报告》,知识产权出版社2010年版。

40. 严旭阳主编:《中国农村消费市场发展概论》,人民出版社2010年版。

41. 杨丽:《政府公共品供给对农村居民消费的影响研究:基于教育和医疗投入的分析》,中国科学技术大学出版社2014年版。

42. 杨玲玲、史为磊:《民生中国:解开束缚中国居民消费的绳索》,云南教育出版社2013年版。

43. 尹世杰:《消费力经济学》,西南财经大学出版社2010年版。

44. 尹世杰:《消费文化学》,湖北人民出版社2002年版。

45. [英]阿尔弗雷德·马歇尔:《经济学原理》(上),朱志泰、陈良璧译,商务印书馆1981年版。

46. [英]亚当·斯密:《国富论》(下),杨敬年译,陕西人民出版社2001年版。

47. [英]约翰·梅纳德·凯恩斯:《就业利息和货币通论》,徐毓枬译,商务印书馆1983年版。

48. 余姚栋、李宏瑾:《梅花与牡丹:中国经济新常态下的消费崛起》,浙江大学出版社2014年版。

49. 张京成:《中国创意产业发展报告2016》,中国经济出版社2016年版。

50. 张书云:《中国农村居民消费水平与消费结构研究》,经济科学出版社 2010 年版。

51. 朱信凯:《中国农村消费市场:理论与实践》,中国农业出版社 2011 年版。

52. 朱振亚:《经济转型期中国农村居民消费地区差异研究》,经济日报出版社 2014 年版。

四、中文网络类

1.《2015 年国民经济和社会发展统计公报》,载国家统计局官方网站:http://www.stats.gov.cn/tjsj/zxfb/201602/t20160229_1323991.html。

2.《2015 年消费市场发展报告》,载商务部官网:http://www.mofcom.gov.cn/article/shangwubangzhu/201504/20150400946803.shtml。

3.《2015 年中央政府工作报告》,载人民网:http://lianghui.people.com.cn/2015npc/n/2015/0305/c394298-26642056-5.html。

4.《2016 年国民经济和社会发展统计公报》,载国家统计局官方网站:http://www.stats.gov.cn/tjsj/zxfb/201702/t20170228_1467424.html。

5. 常晓村:《扎实推进"万村千乡市场工程" 构建农村现代流通体系》,载商务部官网:http://wcqx.mofcom.gov.cn/wcqx/_news/html/2011/3/4/1299205246657.html。

6.《城乡居民生活从贫困向全面小康迈进——改革开放 30 年我国经济社会发展成就系列报告之五》,载中国政府网:http://www.gov.cn/gzdt/2008-10/31/content_1136730.htm。

7.《关于深化收入分配制度改革的若干意见》,载人民网:http://theory.people.com.cn/n/2013/0206/c49150-20452804.html。

8.《互联网金融机构抢滩农村金融"处女地"》,载中国经济网:http://www.ce.cn/culture/gd/201605/28/t20160528_12135313.shtml。

9. 李克强:《2017 年政府工作报告》,载新浪网:http://news.sina.com.cn/china/xlxw/2017-03-05/doc-ifycaafp1903506.shtml。

10. 李克强:《政府工作的根本目的是让全体人民过上好日子》,载中国政府网:http://www.gov.cn/zhuanti/2014-03/06/content_2632437.htm。

11.《李克强在 2014 夏季达沃斯论坛开幕式发表致辞》,载中国新闻网:http://www.chinanews.com/gn/2014/09-10/6578895.shtml。

12. 李培林:《当今中国社会正经历着哪些转折》,载中国社会科学网:http://www.cssn.cn/shx/shx_shxtt/201501/t20150104_1465271.shtml。

13. 刘琼:《大力发展公益文化事业》,载人民网:http://finance.people.com.cn/GB/9362268.html。

14. 马宝成、吕洪业:《实现政府职能转变新常态》,载人民网:http://politics.people.com.cn/n/2015/0104/c1001-26319885.html。

15. 任理轩:《坚持绿色发展——"五大发展理念"解读之三》,载人民网:http://theory.people.com.cn/n1/2015/1222/c40531-27958738.html。

16. 宋红羽:《关于农村消费市场状况及监管情况的调查报告》,载国家工商总局网站:http://www.saic.gov.cn/yjzx/laowangzhan/201202/t20120216_123620.html。

17. 王子晖:《要弄明白供给侧改革,习近平这两次讲话必学》,载新华网:http://news.xinhuanet.com/politics/2016-06/01/c_1118966953.htm。

18. 魏程琳:《莫让三俗打败乡村民俗》,载环球网:http://opinion.huanqiu.com/opinion_china/2015-02/5742725.html。

19.《文化部长:文化投入在政府财政支出中的比例很低》,载人民网:http://finance.people.com.cn/n/2013/1122/c1004-23619416.html。

20.《习近平首次系统阐述"新常态"》,载新华网:http://news.xinhuanet.com/world/2014-11/09/c_1113175964.htm。

21.《习近平主席发表 2014 年新年贺词》,载新华网:http://news.xinhuanet.com/video/2013-12/31/c_125941734.htm。

22. 于佳欣、赵超:《"新常态"下如何让消费增长成为常态?》,载人民网:http://media.people.com.cn/n/2014/1218/c14677-26233142.html。

23.《央行:截至 2014 年底全国金融机构空白乡镇 1570 个》,载中国新闻网:http://www.chinanews.com/fortune/2015/03-25/7158291.shtml。

24.《中国共产党第十八届中央委员会第五次全体会议公报》,载新华网:http://news.xinhuanet.com/fortune/2015-10/29/c_1116983078.htm。

25.《中央经济工作会议在京召开》,载新华网:http://www.xinhuanet.

com/fortune/cjzthgjj/84. htm。

26.《中国共产党十八届中央委员会第五次全体会议公报》,载新华网:http://news. xinhuanet. com/politics/2015 - 10/29/c_1116983078. htm。

五、外文资料

1. Feldstein M. , "SocialSecurity Induced Retirement and Aggregate Capital Formation", *Journal of Political Economy*, 1974, 82(5):905 - 926.

2. Wouter Z. , "*Social Security Wealth and Aggregate Consumption: An Extended Life-cycle Mode-l Estimated for the Netherlands*", *De Economist*, 1988, 136(1):136 - 153.

3. Alicia H. , "Private Pensions and Savings: New Evidence", *Journal of Public Economics*, 1976, 84(5):1013 - 1032.

4. Modigliani F. , Brumberg R. , "*Utility Analysis and the Consumption Function: An Interpretation of Cross-section Data*", Kurihara K. *Post Keynesian Economics*, New Brunswick, N J: Rutgers University Press, 1954.

5. Friedman, *The Theory of the Consumption Function*, Princeton, N J: Princeton University Press, 1957.

6. Hubbard R G, Judd K L. , "Social Security and Individual Welfare: Precautionary Saving, Liquidity Constraints, and the Payroll Tax", *Social Science Electronic Publishing*, 1987, 77(4):630:646.

7. Gagan P. , *The Effects of Pension Plans on Aggregate Saving: Evidence From a Sample Survey*, New York: Columbia University Press, 1965.

8. Lelmer, Lesnoy, "Social Security and Private Saving: New Time-seriesevidence", *Journal of Political Economy*, 1982, 90(3):606 - 629.

9. Phillip C P. , *The Effect of Pension Plans on Aggregate Saving: Evidence from a Sample Survey*, New York: Columbia University Press, 1965.

10. Barro, Rober J. , "Are Government Bonds Net Wealth", *Journal of Political Economy*, 1974, 82(6):1095 - 1117.

11. Melvin, "The Impact of the 1972 Social Security Benefit Increase on Household Consumption", *Working Paper*, 2005.

后　记

本书为笔者2015年承担的河北省社会科学基金项目"'新常态'背景下推进农村消费的政府干预问题研究"(课题编号:HB15FX043)之最终研究成果。

笔者对农村消费问题关注已久,但将其作为科研课题予以研究则始于2007年,且与"家电下乡"政策的实施直接相关。2007年11月15日,财政部发布了《关于开展家电下乡试点工作的通知》,该通知提出,"为扩大农村消费,提高农民生活质量,更好地统筹城乡发展及国内外市场,促进社会主义新农村建设",决定在2007年12月1日至2008年5月31日"在山东、河南、四川三省实施家电下乡试点工作"。这标志着"家电下乡"政策的正式启动,并在之后不久实现了政策的试点扩展和全面推广。"家电下乡"政策实施时间之长、涉及范围之广,是前所未有的,同时也对农村消费乃至中国社会经济发展带来深远影响。更关键的是,在研究中发现,"家电下乡"政策及其所旨在解决的农村消费问题所涉范围极广,其不仅仅涉及经济、管理、社会等学科领域,而且是一个法律问题;其不仅关涉市场主体的经营发展,关系农村居民消费需求的满足和消费权益的保障,而且与政府经济管理职责的履行、职能的发挥密不可分。

受国际金融危机冲击和历史罕见的特大灾害影响,2008年我国国内生产总值增长速度由2007年13%的增长率急降至9%,自此以后,我国国内生产总值再未达到2007年的增长速度,并且在2012年回落至7.8%后一直保持在6%~7%的中高速增长状态。经济增长速度由高速增长转向中高速增长这一重大变化意味着我国经济发展进入了一个新阶段。习近平总书记将这一经济发展新阶段定义为新常态,并指出新常态的显著特点之一,就是“消费需求逐步成为主体”。正是受此启发,笔者于2015年以“‘新常态’背景下推进农村消费的政府干预问题研究”为题申报河北省社会科学基金项目并有幸获批。实际上,在项目申报及获批之初,笔者只是希望通过这一机会对原有研究作一系统性梳理与整合,但随着研究的开展与深入,笔者发现仅凭此前的积累和最初的设计是无法完成这一课题的,因而,对课题研究设计、研究计划作了新的完善与调整。在本书付梓之时,笔者最大的感触就是,这绝不是笔者对农村消费问题研究的“总结”或“终结”,而是进入了另一个崭新的阶段,是对农村消费问题研究新的“开始”。同时,此时的心情更多的是一种惶恐,虽然对农村消费问题早有关注,且取得了一定数量的研究成果,并在课题研究过程付出了不少心血与精力,但受个人能力所限,就这一问题所作探究还存在不少浅薄之处,有待进一步学习和思考予以完善。于此,敬请读者、学界前辈与同仁、相关实务专家不吝批评指正!

图书在版编目(CIP)数据

新常态背景下推进农村消费的政府干预研究 / 刘广明，尤晓娜著. -- 北京 : 法律出版社，2018
(国家治理法治化研究文丛 / 孟庆瑜主编)
ISBN 978 - 7 - 5197 - 1145 - 0

Ⅰ. ①新… Ⅱ. ①刘… ②尤… Ⅲ. ①农村-居民消费-研究-中国 Ⅳ. ①F126.1

中国版本图书馆 CIP 数据核字(2017)第 183440 号

新常态背景下推进农村消费的政府干预研究 **XINCHANGTAI BEIJINGXIA TUIJIN NONGCUN XIAOFEI DE ZHENGFU GANYU YANJIU**	刘广明 尤晓娜 著	策划编辑 陈 妮 责任编辑 陈 妮 装帧设计 马 帅

出版 法律出版社
总发行 中国法律图书有限公司
经销 新华书店
印刷 北京虎彩文化传播有限公司
责任校对 杨锦华
责任印制 吕亚莉
编辑统筹 财经法治出版分社
开本 720 毫米×960 毫米 1/16
印张 15.75
字数 250 千
版本 2018 年 12 月第 1 版
印次 2018 年 12 月第 1 次印刷

法律出版社/北京市丰台区莲花池西里 7 号(100073)
网址/www.lawpress.com.cn
投稿邮箱/info@lawpress.com.cn
举报维权邮箱/jbwq@lawpress.com.cn
销售热线/010 - 83938336
咨询电话/010 - 63939796

中国法律图书有限公司/北京市丰台区莲花池西里 7 号(100073)
全国各地中法图分、子公司销售电话：
统一销售客服/400 - 660 - 6393
第一法律书店/010 - 83938334/8335
西安分公司/029 - 85330678
重庆分公司/023 - 67453036
上海分公司/021 - 62071639/1636
深圳分公司/0755 - 83072995

书号：ISBN 978 - 7 - 5197 - 1145 - 0
定价：76.00 元